Alfred Bäcker

Der Völkermord
an den Sudetendeutschen

Zusammenfassung und Ergänzung
der Artikelserie
»Der Völkermord an den Sudetendeutschen«
im Organ der SLÖ
Sudetenpost

Alfred Bäcker

Zeitzeuge

Der Völkermord an den Sudetendeutschen

Die Entwicklung des
Schicksales der
Sudetendeutschen Volksgruppe
in der ČSR von der Entgermanisierung
bis zum Völkermord

1918 – 1948

Kilian-Verlag

Zur Titelseite:
Das Wappen der sudetendeutschen
Opfer des Völkermordes
*Geschaffen nach dem Jahre 1945 als Zeichen der Verbundenheit
und Einheit aller deutschen Bürger der ehemaligen Tschechoslowakei,
die nach totaler Beraubung und Entrechtung in unmenschlicher
Art aus ihrer Heimat vertrieben wurden.*

Copyright: 2006 by Alfred Bäcker, Wien
Alle Rechte vorbehalten
Herstellung: Kilian Verlag, Vöcklabruck
Druck: Vöckladruck, Vöcklabruck
Printed in Austria 2006
ISBN 3-901745-11-4

Dr. Eduard Beneš im Spiegel prominenter Zeitzeugen:

Zitate zum Geleit

Dr. Otto von Habsburg:

*Aus heutiger Sicht sagt Otto von Habsburg über Benes, er sei ein
»Genius des Bösen« gewesen.
Anthony Eden und Eduard Beneš waren »Menschen, von denen man
sagen kann, sie sind von Grund auf schlecht«*

Zitat aus Otto von Habsburg »Die Biographie«, S. 149

Wenzel Jaksch:

*Erst in der Emigration habe ich während des Krieges Beneš völlig durch-
schaut und nachträglich erkannt, dass der Führer der Tschechischen Demokratie von zwei Trieben beherrscht wurde, deren Befriedigung er jedes Opfer
brachte:
- von maßloser persönlicher Geltungs- und Herrschsucht und
- von einem abgründigen panslawistischen Hass gegen die Deutschen.*

Zitat Emil Franzel, »Sudetendeutsche Geschichte«, S. 386

Alfred M. de Zayas:

Verdikt des Prof. Dr. de Zayas
»*Dem Präsidenten Beneš bleibt also die geschichtliche Verantwortung für
die Entstehung des Vertreibungssyndromes, das nicht nur die Sudetendeutschen, sondern alle Deutschen östlich von Oder und Neisse befiel*«.

Text entnommen: W. Ahrens »Dokumente zur Vertreibung«, S. 25

Danksagung

Der

Sudetendeutsche Presseverein
als Eigentümer und Verleger des
offiziellen Organes der Sudetendeutschen in Österreich

hat die Herausgabe dieses Buches dadurch ermöglicht,
dass die diesem Buche vorausgegangene Serie
»Der Völkermord an den Sudetendeutschen«
in 23 Folgen dieser Zeitung in den Jahren 2003 – 2004
erscheinen konnte.

Dem Geschäftsführer
Ing. Peter Ludwig

dem Redakteur
Manfred Maurer

und dem Redaktionsstab
Margit Sandtner
Alfred Sandtner

gilt mein herzlicher Dank.

Alfred Bäcker

Inhalt

Bilddokumente des »humanen Transfers«

GELEITWORT

Gegen den Strom denken

Österreicher und Deutsche – in diesem Fall gilt der »Anschluss« ewig – haben sich als Täter zu betrachten, nicht als Opfer. Und wer nachweislich kein Täter gewesen sein kann, sollte sich zumindest dem Prinzip »mitgehangen – mitgefangen!« unterwerfen. Die in der Wissenschaft übliche differenzierte Betrachtungsweise ist in diesem Fall nicht unbedingt erwünscht, auch wenn gelegentlich betont wird, es dürfe kein Kollektivschuldprinzip geben. Formal gibt es ein solches zwar tatsächlich nur noch in wenigen Staaten wie der Tschechischen Republik oder der Slowakei mit den entgegen allen Verschleierungsversuchen gültigen Beneš-Dekreten, aber in der politischen Praxis feiert dieses unselige Prinzip überall »fröhliche« Urständ. In der Debatte um das in Berlin geplante »Zentrum gegen Vertreibungen« etwa wird den Opfern immer wieder einzureden versucht, dass sie eigentlich selber schuld an ihrem Schicksal seien. Kaum ein Politiker wagt in einschlägigen Reden die Unterlassung des Hinweises auf den vermeintlichen Kausalzusammenhang zwischen NS-Terror und Vertreibung.

Wo käme man denn hin, gedächte man jetzt auch noch an prominenter Stelle gleich neben der Berliner Holocaust-Gedenkstätte der Millionen deutscher Vertriebenen? Da könnte es doch sehr leicht passieren, dass sich die Österreicher und die Deutschen ihre Geschichte einmal etwas genauer anschauen und dabei tiefer reinschauen, als es die in dieser Hinsicht meist sehr dürftigen Lehrbücher an den Schulen erlauben. Da könnte es sehr leicht passieren, dass die Geschichte der Vertreibung nicht mehr ganz der Darstellung entspricht, wie sie von tschechischer Seite geschildert und hier zu Lande bislang brav und gedankenlos nachgeplappert wird. Da könnte es sehr leicht passieren, dass in einem solchen »Zentrum gegen Vertreibung« auch über andere, bislang einfach übergangene Beweggründe der Urheber dieses menschlichen Super-Gaus intensiver gesprochen wird. Da könnte es sehr leicht passieren, dass die Genesis der Vertreibung nicht 1938 oder 1933 beginnend, sondern sehr viel früher angesetzt werden müsste.

Noch gibt es dieses Zentrum des Gedenkens nicht. Aber es gibt schon ein Zentrum des Nachdenkens. Es liegt vor in der Form dieses Buches von Alfred Bäcker, das penibel all jene Fakten darlegt, die in der politischen Diskussion gern unterschlagen werden. Nach Erscheinen dieses Buches kann dies freilich nicht mehr mit Unwissenheit entschuldigt werden. Das Wissen liegt offen ausgebreitet da. Es nicht zu nutzen bedeutet Ignoranz. Unentschuldbare Ignoranz!

Manfred Maurer
Stv. Chefredakteur NEUES VOLKSBLATT
Mitarbeiter der Sudetenpost

VORWORT

Als Überlebender des tschechischen Genocids an der Sudetendeutschen Volksgruppe und als Mitglied der Erlebnisgeneration, die von Kindheit an mit den Auswirkungen des in der tschechoslowakischen Verfassung aus 1920 im § 33 festgelegtem »Prinzips der permanente Majorisierung der ethischen Minderheiten« konfrontiert war, begann ich zu Ende des Jahres 2003, in unserer – weit über die Grenzen Österreichs bekannten Zeitung – »Sudetenpost«, eine Artikelserie mit dem Titel »Der Völkermord an den Sudetendeutschen« zu verfassen.

Soweit es bei der Texterierung möglich erschien, habe ich auf eigene Stellungnahmen verzichtet, dafür jedoch unwiderlegbaren Dokumenten und Zitaten breiten Raum gegeben. Allerdings haben mir persönliches Erleben und das damals noch übliche Mithören von Gesprächen des Bekanntenkreises meiner Eltern, sowie deren Sorgen und Nöten im täglichen Leben die Beachtung und Reihung der verwendeten Unterlagen für diese Serie wesentlich erleichtert.

Diese Publikation erschien in 23 Folgen der »Sudetenpost«, jeweils als für sich alleine verständliche Artikel. Somit ergibt sich in manchen Fällen eine Doppelbehandlung von Ereignissen, allerdings unter anderen Aspekten und in mehrfacher Bedeutung. Die behandelten Themen fanden bei der Leserschaft viel Beachtung und weckten reges Interesse gefolgt von dem Wunsch, diese Serie zur leichteren Archivierung und weiteren Verbreitung, in Buchform erscheinen zu lassen.

Möge dieses Buch dazu dienen, vielen sudetendeutschen Familien der Erlebnisgeneration die Ereignisse ab den Jahren 1918 in Erinnerung zu rufen und bisher unbekannte Zusammenhänge in Erfahrung zu bringen, weiters der Nachfolge- und Bekenntnisgeneration das Recht auf eine durch Dokumente fundierte Information über das unverdiente, schreckliche Schicksal ihrer Eltern und Vorfahren zu sichern, und nicht zuletzt der Öffentlichkeit Gelegenheit zu geben, dieses Buch als Fundgrube für bisher nicht publizierte Dokumente oder Verbrechenspläne zu nützen.

Nicht Hass und Rachegefühle gegen das heutige tschechische Volk sind die Impulse zur Herausgabe dieses Werkes, sondern die tief empfundene Verpflichtung der Überlebenden, der Missachtung oder Verleumdung der sudetendeutschen Opfer eines auch heute noch weit verbreiteten blinden und faschistoiden tschechischen Nationalismus, entschieden entgegenzutreten und somit diesen unschuldigen Opfern zumindest ein Gedenken in Trauer und Ehre sowohl in der Gegenwart als auch für die Zukunft zu verbürgen.

Alfred Bäcker

Einleitung mit Zeitzeugenbericht

Die Politik

Den offiziellen als auch den offiziösen tschechischen Institutionen des In- und Auslandes wurde im Jahre 2005 von Seite der ČR-Regierungsstellen dringend - jedoch, indirekt - empfohlen, bei den immer wieder aufkeimenden Debatten um das »Sudetendeutsche« Problem, generell den Zeitraum vor dem Jahre 1939 nicht zu behandeln. Direkt formulierte man vorsichtiger, denn man empfahl tatsächlich, mit den Debatten über dieses Problem erst mit dem Jahre 1939 zu beginnen. Und das hätte aus tschechischer Sicht, so beschämend dies für eine Volksgemeinschaft innerhalb der EU von heute ist, einen guten Grund.

Geschahen doch bereits vor, mit und nach der Gründung des »Völkerkerkers Tschechoslowakische Republik« im Jahre 1918 so viele Übergriffe, Vergehen, Morde und Verbrechen gegen die Menschheit, begangen an der Sudetendeutschen Volksgruppe und es bedurfte hiezu keiner »verständlichen« Reaktion auf deutsche Übergriffe und keines nationalsozialistischen Einflusses.

Die Bezeichnung »Völkerkerker« für den Mehrvölkerstaat ČSR ist berechtigt, wenn man beachtet, dass sich dieses Staatskonstrukt zu keiner Zeit, weder 1918 noch 1938 eine Volksabstimmung über seinen Bestand leisten konnte. Denn es wäre somit sofort – und diese »Befürchtung« ist dokumentiert – unweigerlich zerfallen. Und letztendlich, ist es ja dann – auch ohne Deutschlands Schuld – von selbst zerfallen.

Die Präsidenten dieser Republik mussten konsequenterweise erfahren, dass man einen Nationalitätenstaat nicht auf Dauer als Nationalstaat einer einzelnen privilegierten Nation führen kann. Da halfen auch keine Zwangsnationalisierungsmaßnahmen im Rahmen der – vom ersten Staatspräsidenten T. G. Masaryk in Siegereuphorie des Jahres 1919 offen angekündigten – »Entgermanisierung« der neuen Republik.
Diese Pläne waren nur der Anfang des selbstverschuldeten Endes dieser Republik, das zwanzig Jahre später im Jahre 1939 eintrat.

Zeitzeugenbericht

Bereits die Eltern meiner Mutter, meine Mutter und ich selbst waren von diesen mutwilligen Nationalisierungsmaßnahmen betroffen.

Mein Großvater Zischka, ein aufrechter Sozialdemokrat, verlor seinen Posten bei der Bahn als »Partieführer« im Gleisbau im Jahre 1919, da er, geboren in Steinbach an der Steyr im Jahre 1872, zwar Tschechisch sprechen, jedoch nicht schreiben konnte. Das war genügend Anlass, um ihn aus dem ČSR-Staatsdienst zu entlassen. Er musste mit Frau und vier Kindern nach Österreich »auswandern«, um in Steyr, wieder bei der Bahn, eine Existenz zu finden.

Das Schicksal meiner Großeltern ist deshalb erwähnenswert, da das gleiche Schicksal vielen tausenden Eisenbahnern, Lehrern, Beamten, Militärs und Polizisten sowie öffentlichen Angestellten zuteil wurde. Sie waren aus Existenzgründen zum Verlassen ihrer Heimat gezwungen. Auch sie waren demnach bereits »Vertriebene« und teilten ihr Schicksal mit ca. 30.000 Gefährten!

Meine Mutter, sein fünftes Kind, verblieb in Budweis und heiratete da 1919 meinen Vater, der seit 1914 zum Direktor der »städtischen Gasanstalt« bestellt war. Er seinerseits folgte damit meinem verstorbenen Großvater Bäcker nach, der von Beruf Gaswerksbaumeister und als Besitzer eigener Patente, diese Gasanstalt erbaute und zum ersten Direktor dieser Fabrik zur Zeit der Mitte des 19. Jahrhunderts berufen wurde.

Wirtschaftlich sorgte mein Vater durch Fleiß und Korrektheit dafür, dass das Gaswerk während der Dauer seiner Direktion das einzig gewinnabwerfende städtische Unternehmen der Stadt Budweis war.

Diesem Umstand verdanke ich – so eigenartig dies klingen mag – dass ich als »Deutscher erzogen werden durfte«. Denn, bevor mein Vater als Deutscher, von der nunmehr tschechischen Stadtverwaltung als Direktor akzeptiert wurde, musste er sich verpflichten, eine Prüfung in »Tschechisch« abzulegen und zusätzlich – und das galt auch für alle deutschen Offiziere, Staatsbeamten und öffentlichen Angestellten – versprechen, dass zumindest das zweitgeborene Kind Tschechisch erzogen werden muss. Dieses Versprechen hing sieben Jahre als Damoklesschwert, da ich der Zweitgeborene war, über unserem Familienschicksal, und man gab mir vorsorglich bei meiner Geburt den internationalen Vornamen »Alfred«. Als ich dann altersbedingt zum Schuleintritt gezwungen war, war einem damals als Bürgermeister amtierenden Prager Regierungskommissar die gute Führung des Gaswerks wichtiger als die zukünftige Nationalität des Direktorkindes, und er überließ meinem Vater die freie Entscheidung der Schulwahl. So blieb ich »Deutscher«.

Vielen tausenden anderen Familien ist dies nicht gelungen. Der Zwang zum unnatürlichen Familienleben bescherte diesen Betroffenen lebenslang oft auch ausweglose Probleme. Sie mussten es aus existenziellrn Gründen auf sich nehmen, ihre Kinder in unterschiedlicher Nationalität aufzuziehen, was natürlich zu familiärer Disharmonie, zu politischen Auseinandersetzungen der Eltern und Kinder wegen der unterschiedlichen Kultur- und Informationseinflüsse führte, ja sogar oft zum Zerfall der betroffenen Familien.

Für unsere Familie schlug das Schicksal unvorhergesehen im Jahre 1938 besonders hart zu. Es war zur Zeit der zweiten Kriegsprovokation des Dr. Beneš gegen Deutschland. Dr. Beneš ließ in diesem Jahre zum zweiten Mal eine »Mobilisierung« ausrufen, anschließend sogar das »Standrecht«.
Mein Vater wurde als Deutscher, wie es hieß, »aus Sicherheitsgründen« eines Tages ohne Voraviso seines Postens enthoben, zwangspensioniert und zugleich mit Familie und Hab und Gut aus unserer Dienstwohnung zwangsdelogiert, quasi auf die »grüne Wiese«, in eine Spedition oder in ein freigewähltes Quartier. Für diese Entscheidung ließ man ihm so viel Zeit, als der erste Möbelwagen zur Beladung benötigte. Zum Glück überließ uns der deutsche Verwalter eines benachbarten Fabrikgeländes ein Magazin und einen kleinen aufgelassenen Büroraum, in dem meine Eltern monatelang hausten. Für mich war dort kein Platz, ich musste mein Quartier bei guten Bekannten finden.
Nach einigen Monaten fanden meine Eltern eine kleine Wohnung, ich schloss die deutsche Mittelschule mit Abitur ab und wurde zuerst zum Reichsarbeitsdienst und anschließend zum Militärdienst einberufen. Meinen Kriegsdienst absolvierte ich an den Fronten Kareliens, Frankreichs und Ungarns. Das Kriegsende erlebte ich in Budweis.

Von dort gelang meinen Eltern und mir am 8. Mai 1945, nach ersten Verfolgungen als Deutsche durch Partisanen, die Flucht nach Österreich, wo meine Eltern in Notquartieren hausten und später bei meinen Großeltern Zischka kostenlos bis zum Jahre 1953 einen Einzelraum benützen konnten. Das Essen mussten sie bei Verwandten erbetteln, da sie als deutsche Staatsbürger in Österreich keinerlei Unterstützung erhielten. Nach meiner Entlassung aus der Kriegsgefangenschaft als schwer Kriegsversehrter traf ich meine Eltern in desolatem Zustand an. Mein Vater litt an Hungerödemen, meine Mutter laborierte wegen Lebensmittelvergiftung an Nierenschäden. Ich hatte den Status eines staatenlosen D.P.'s, einer »displaced person«, also vollkommener Rechtlosigkeit und Arbeitsunfähigkeit. Meine erste Arbeitserlaubnis als Angestellter erhielt ich im Jahre 1952. Vorher ernährte ich meine Familie notdürftigst als Autolenker bei der US-Army und als Taglöhner bzw. Gelegenheitsarbeiter.

Mein Vater erhielt zwar eine Pensionszusage laut »Gmundener Abkommen« aus Deutschland, aber sie wurde ihm erst zwei Tage nach seinem Tod zugestellt. Er hat das Ende seiner achtjährigen Verzweiflungs- und Notzeit nicht erlebt. Auch jene Nachricht, die meine Mutter nach vielen Jahren vom Deutschen Roten Kreuz aus Berlin erhielt, hat er nicht erlebt. Diese Nachricht enthielt die Mitteilung, dass mein Bruder in den Maitagen des Jahres 1945, bei dem Ort Blatná, ca. 60 km von seinem Heimatort Budweis, begraben wurde. In Blatná wütete zu dieser Zeit ein tschechisches Standgericht. Die Hingerichteten wurden an vielen verschiedenen Orten verscharrt.

Es gibt unendlich viele Familien mit härteren, ja fürchterlichen Schicksalen. Hunderttausende davon sind dokumentiert.

Drei Generationen unserer Familie waren von Leid betroffen, das uns das damalige tschechische Regime unter der Präsidentschaft von T. G. Masaryk und Dr. E. Beneš beschert hat.

Den Kriegswirren sind wir zum Großteil entkommen, dem tschechischen Chauvinismus auch heute noch nicht.

Dieser Transport war nur wenigen Deutschen vorbehalten.

Freiheitsbrief für die Prager Deutschen

»Wißt, daß die Deutschen freie Leute sind!«

- Auszug -

1. Ich, Sobieslaus, Herzog der Böhmen, tue allen Gegenwärtigen und Zukünftigen kund, daß ich in meine Gnade und meinen Schutz nehme die Deutschen, die in der Prager Vorburg wohnen, und es beliebt mir, daß diese Deutschen, so wie sie von den Böhmen durch die Volkszugehörigkeit verschieden sind, auch von den Böhmen und von ihrem Gesetz oder ihrer Gewohnheit geschieden sein sollen.

2. Ich räume also diesen Deutschen ein, nach dem Gesetz und Rechte der Deutschen zu leben, das sie seit der Zeit meines Großvaters, des Königs Wratislaus, gehabt haben.

3. Einen Pfarrer, den sie nach ihrem Belieben für ihre Kirche auswählen mögen, räume ich ihnen ein und einen Richter. In ähnlicher Weise soll auch der Bischof ihrem Verlangen keineswegs widersprechen.

6. Wenn der Herzog außerhalb Böhmens auf einer Heerfahrt ist, dann sollen die Deutschen Prag bewachen mit zwölf Schilden bei jedem Tore.

13. Und ich räume den Deutschen auch ein, daß sie frei seien von Gästen, Fremden und Ankömmlingen.
 »Wißt, daß die Deutschen freie Leute sind!«

14. Jeder Ankömmling oder Gast, von welchem Land er kommt, der mit den Deutschen in der Gemeinde wird wohnen wollen, soll das Gesetz und die Gewohnheiten der Deutschen haben.

Herzog Sobieslaw I. von Böhmen,
ca. 1176

»Die Besiedlung des Sudetenraumes ist das Heldenzeitalter der sudetendeutschen Geschichte. In der Ahnengalerie des Sudetendeutschtums sind nur wenige Männer mit leuchtender Rüstung und Uniform zu sehen, aber Millionen zerfurchter Gesichter, Millionen schwieliger Hände.

Eine armselige Ahnenschaft, wie es scheint.

Aber von diesen Gesichtern und Händen ging jahrhundertelang ein Leuchten aus, und man nannte dieses Leuchten den Glanz der böhmischen Krone ...«

Kleo Pleyer

Heiliges Römisches Reich
Deutscher Nation (Gebietsstand 1806)

Die Heimat der Sudetendeutschen war von 918-1806 ein Bestandteil des »Heiligen Römischen Reiches Deutscher Nation«. In Prag, damals Hauptstadt des Reiches, gründete 1348 Karl IV., die erste deutsche Universität.

| Kapitel 1

Ein zeitgeschichtlicher Rückblick

Über das Zusammenleben von Tschechen und Deutschen in den Sudetengebiete des österreichischen Kaiserreiches – das heißt: in Böhmen, Mähren und Österreichisch-Schlesien – seit der ersten Jahrtausendwende gibt es reichhaltige Dokumentationen. Wir gehen auf diese Zeitabschnitte hier nicht näher ein, ohne uns deshalb dem Vorwurf einer einseitigen Schilderung der Vorgeschichte des Genozids auszusetzen. Denn nicht einmal dann, wenn seitens der sudetendeutschen Bevölkerung jemals ein Genozid am tschechischen Volk verübt worden wäre, könnte dieser Unstand zur Schuldentlastung der Geschehnisse von 1945 herangezogen werden. Ein solcher Vergleich wäre eine Aufrechnung und gegenseitige Aufrechnungen von Verbrechen wären nicht zulässig.

In diesem Zusammenhang sei erwähnt, dass sich das Deutsche Reich aus der Dezimierung der Deutschen in Böhmen und Mähren während der Hussitenkriege keine Legitimation für die Verbrechen an Tschechen in den sechs Jahren des Protektorates konstruieren durfte, genauso wenig, wie die Tschechen aus der Schlacht am »Weißen Berg« bei Prag vom 8. November 1620.
Diese Schlacht – eine der ersten des 30jährigen Krieges – verloren die Truppen der »böhmischen – nicht »tschechischen« – Stände gegen das kaiserliche Heer.
Die Bezeichnung »böhmisch« ist zutreffend, denn von 27 Anführern des Aufstandes, welche am 21. Juni 1621 am Altstädter Ring in Prag als Folge der Schlacht exekutiert wurden, waren 20 tschechische und 7 deutsche »böhmische« Opfer zu beklagen. Dies geschah vor ungefähr dreihundertachtzig Jahren. Trotzdem versuchen auch heute noch tschechische Politiker und Wissenschaftler, ein »Trauma« aus diesen Geschehnissen zur Rechtfertigung eines belasteten Verhältnisses zu den Deutschen zu begründen.

Wieweit Prof. Dr. T. G. Masaryk das Leben der Tschechen in der K. u. k. Monarchie als Dasein in einem »Völkerkerker« empfand und welchen Anteil der entflammte »Panslawismus« an seinen Plänen zur Schaffung eines Nationalitätenstaates in den Sudetenländern nach Zerschlagung des Kaiserreiches Österreich hatte, wird von Historikern unterschiedlich beurteilt.
Sein dem Staate Österreich gegenüber geleisteter Treueeid als Reichsratabgeordneter hat ihn nicht daran gehindert, aus Österreich während des Ersten Weltkrieges nach Paris und London zu emigrieren. Seine freundschaftlichen

Beziehungen zur Familie des amerikanischen Präsidenten Wilson ebneten ihm alle Wege für die Verwirklichung der Gründungspläne einer Tschecho – Slowakischen Republik. Unter Anwendung von Kabalen und Versprechungen aller Art. Auf die Tricks zur teilweisen Überlistung der slowakischen Politiker soll hier nicht eingegangen werden.

Für die Sudetendeutschen sind andere Fakten von Bedeutung. Und diese Fakten werden, chronologisch gereiht, in den folgenden Kapiteln dieses Buches behandelt, ausgehend von dem, was T. G. Masaryk und sein Assistent, Dr. Ed. Beneš, der Weltöffentlichkeit vor Gründung der Republik verschwiegen, beschönigt und versprochen haben. Weiters welches Leid sie über Deutsch-Österreich und seine Bürger diesseits und jenseits der zukünftigen Grenzen durch die Eingliederung der sudetendeutschen Gebiete in die Tschechoslowakei gebracht und welche »Entgermanisierungsmethoden« das Leben der Sudetendeutschen dramatisch erschwert haben, wie sich die Parteienlandschaft der Sudetendeutschen unter diesem dauernden politischen und existenziellen Druck verändert hat, wie die sudetendeutsche Wirtschaft systematisch ruiniert wurde und welches Echo die Benachteiligung der Deutschen im In- und Ausland hervorgerufen hat.

Bevor wir weitere Kapitel bedeutender Fakten behandeln, ist es von entscheidender Bedeutung darauf hinzuweisen, dass alle bisher erwähnten Stationen der Leidenswege der Sudetendeutschen – entgegen allen infamen Lügen – nicht durch einen direkten oder indirekten Einfluss eines damals unbedeutenden Nationalsozialismus entstanden sind oder »verständlicherweise« herbeigeführt wurden. Im Gegenteil: Die Sudetendeutschen blieben trotz aller Bedrängnisse loyale Bürger der ČSR. Sie forderten allerdings zuerst die Einhaltung der Minderheitenrechte und später vergeblich bis zum Mai des Jahres 1938 die Gewährung einer Autonomie innerhalb des tschechischen Staates!

Die auf Druck der Franzosen und Engländer am 17. September 1938 bei den Tschechen erreichte Annahme des französischen-britischen Planes zur Abtretung der ČSR-Randgebiete mit mehr als 50%iger deutscher Bevölkerung an das Deutsche Reich führte unmittelbar darauf zum Münchener Abkommen. In diesem wurden dann lediglich die Durchführungsmodalitäten der Gebietsabtretung festgelegt.

Es ist verständlich, dass die spätere Schaffung und Besetzung des »Protektorates Böhmen und Mähren« durch die deutsche Wehrmacht den Nationalstolz der Tschechen tief verletzte und weitere Antipathien der Tschechen gegen Deutsche nach sich zog. Es war aber schon die Zeit nach der Abdankung des ehemaligen Präsidenten Dr. E. Beneš, in der dieser die ersten Pläne zur Revision der Abtretung des Sudetenlandes und zur letzten Phase der »ethnischen

Säuberung« der Gebiete der ehemaligen ČSR von den Deutschen entwarf. Das zu diesem Zwecke herbeigeführte »Heydrich-Attentat« und die kalkulierten Folgen, wie die Repressalien in Lidice, haben Herrn Dr. Edward Beneš geholfen, die Alliierten zur bedingten Zustimmung von Umsiedlungsplänen zu gewinnen.

Alle diese bisher erwähnten Fakten werden in den nächsten Kapiteln geschildert beziehungsweise dokumentiert, wobei Texte, Zitate, Bilder und Zeitzeugenberichte selbstverständlich nur authentischen Quellen entspringen und wissenschaftlichen Anforderungen entsprechen.

Mit diesen Schilderungen soll in Zeiten einer gezielten und sukzessiven Verniedlichung der genoziden Vertreibung von über 3 Millionen Menschen mit vielen Zehntausenden Todesopfern ein Beitrag zur bewussten Bewältigung der Vergangenheit geleistet werden. Denn eine Versöhnung zwischen Sudetendeutschen und Tschechen kann sicher nicht durch Verdrängung, sondern nur durch Aufarbeitung der Probleme herbeigeführt werden.

| Kapitel 2

Begriffsverwirrung und Staatsanspruch

Begriffsverwirrung führt zu tragischen Irrtümern

In der deutschen Sprache unterscheidet man zwei Wörter: »Böhmisch« als hauptsächlich geographischen Begriff und »Tschechisch« als sprachlichen oder nationalen Begriff.

In der tschechischen Sprache gibt es für beide Begriffe fatalerweise nur ein Wort: »Tschechisch« (česky).

Diese Quelle eines schicksalhaften und immer wieder von tschechischer Seite missbrauchten Missverstehens wurde vom späteren Vorsitzenden der tschechoslowakischen Volkspartei, Msgn. Šrámek, mit folgenden Worten ausgesprochen: ... »die Tschechen ließen sich immer mehr von dem alten tschechischen Traum überwältigen, dass das tschechische Volk in seinen, nämlich nach seiner Sprache »Tschechischen Ländern« in Böhmen, Mähren und Schlesien, alleiniger, unbeschränkter Herr zu sein habe.«

Damit drückte Msgn. Šrámek von tschechischer Seite in der Zwischenkriegszeit aus, was bereits seit 1848, dem Beginn nationalistischer Auseinandersetzungen zwischen den tschechischen und deutschen Bewohnern der österreichischen Sudetenländer, die Begriffe verwirrte.

Das Land »Böhmen« heißt »Čechy« (Tschechien), für Tschechen demnach ein »Land der Tschechen«. Und dies führte dazu, dass im wachsenden blinden Nationalismus des beginnenden 20. Jahrhunderts »Čechy« zum Land wurde, wo nur Tschechen das Recht zu wohnen haben, die Deutschen der Sudetenländer allenfalls Gastrecht genießen. Es kann demnach nicht verwundern, wenn ein so bedeutender tschechischer Gelehrter wie Palacký die Doktrin aufstellte, »dass in Böhmen allein der Tscheche zu Hause, der Deutsche nur zu Gast sei«.

Schon 1833 wird in einer Denkschrift des Prager Historikers Knoll auf die damit beschworene Gefahr verwiesen, dass sich somit die Deutschen als Fremdlinge im Land betrachten müssten. Man warnt: es dürfe niemals so weit kommen, »dass der deutsche Bewohner des Landes als rechtlos, vielleicht gar in usurpiertem (geraubtem) Besitz des durch ihn verschönerten und veredelten Bodens oder gar als vogelfrei« gelte.

In vieler Hinsicht ist diese Begriffsverwirrung auch heute noch in der tschechischen Mentalität verwurzelt.

Die Staatsgründung

Rückblick 1907: Prof. T. G. Masaryk schreibt anlässlich seiner Wiederwahl in den österreichisch-ungarischen Reichsrat: »Wenn die böhmischen Länder eine selbständige staatsrechtliche Einheit in der historisch überlieferten Unteilbarkeit bilden sollen, so könnte das nur unter Zustimmung der deutschen Nation geschehen, welche die böhmischen Länder bewohnt. In den böhmischen Ländern sind die Tschechen nicht einmal doppelt so stark wie die Deutschen; falls diese bedeutende deutsche Minderheit nicht auf die staatsrechtlichen böhmischen Forderungen eingeht, sind diese Forderungen ... unrealisierbar«.

Folgen der Begriffverwirrung vor der Staatsgründung

Es ist voll verständlich, dass in einem Volk der Wunsch nach einer Eigenstaatlichkeit entsteht, wenn es in einem Vielvölkerstaat lebt und diesen grundsätzlich ablehnt. Und unter bestimmten Bedingungen ist dieser Wunsch sicher auch legitim und man wird prüfen müssen, ob eine »Verbesserung« der eigenen Situation herbeigeführt werden kann.
Dabei muss man, wenn man nicht früher oder später scheitern will, vieles beachten.
Zum Beispiel die Anzahl der Angehörigen des eigenen Volkes, die Größe und Struktur seines Lebensraumes, sowie die Autarkie der eigenen Wirtschaft und ob es aus eigener Kraft fähig sein wird, seine Existenz und Unabhängigkeit zu sichern.
Ist dies nicht der Fall, so kann man eben keinen eigenen Staat, so schmerzhaft dies sein mag, beanspruchen. Man kann aber auch Verbündete suchen, eventuell sogar aussuchen, mit denen man soviel Gemeinsames und Ergänzendes hat, dass eine gemeinsame Staatsgründung auf Dauer ein gesichertes und friedliches Zusammenleben wahrscheinlich erscheinen lässt (z.B. Tschechen und Slowaken).

Noch eine weitere Möglichkeit kann erwogen werden, nämlich ein Kompromiss durch den Zusammenschluss einiger regionaler ethnischer Gruppen zu einem gemeinsamen Staat. Die Gründer eines solchen Staates müssen aus geschichtlicher Erfahrung gelernt haben, gemeinsame Werte und Zielsetzungen zu finden, die es allen beteiligten Ethnien erlaubt, freiwillig und hoffnungsfroh dem neuen Staat beizutreten, dessen friedliche Existenz nur dann gesichert sein wird, wenn der Aufbau – z.B. die Verfassung und die Gesetzgebung – alle betroffenen Ethnien gleichberechtigt, sodass sie dem Ergebnis ihre volle Zustimmung geben können.

Das Beispiel des Erfolges einer solchen Staatsgründung liefert uns die Schweiz, eindeutig, bewunderungs- und nachahmenswert.
Dieses Beispiel wurde im Jahre 1918 herangezogen, als die Tschechische »Irredenta« vorgab, ihren Staat, die Tschechoslowakische Republik, im Jahre 1918 nach Schweizer Vorbild zu gründen und einrichten zu wollen.

Sobald jedoch eine ethnische Gruppe glaubt, in einem multiethnischen Staat eine Führungsrolle beanspruchen und den anderen Gruppen den Status von Minderheiten oder Gästen zumuten zu können, so wie weiters diesen Staat als den ausschließlich eigenen anzusehen, sind ethnische Auseinandersetzungen unausweichlich, die eines Tages zum Zerfall dieses Staates oder als Alternative dazu zu »ethnischen Säuberungen« führen müssen. Dieses Beispiel lieferten leider die Gründer der Tschechoslowakischen Republik Prof. T. G. Masaryk und Dr. E. Beneš.

Prof. T. G. Masaryk

Dr. E. Beneš

Unter Missachtung der eigenen tschechoslowakischen ethnischen Gebietsgrenzen beanspruchten die Gründer als Staatsgrenze für die neue Republik großzügigst die Grenzen der Gebiete des ehemaligen Königreiches Böhmen, der Markgrafschaft Mähren und des Herzogtums Schlesien. In diesen Ländern lebten jedoch nicht nur an die sieben Millionen Tschechen, sondern auch – als zweites Staatsvolk – etwas mehr als 3,5 Millionen »Deutsch-Österreicher«. Daraus ergibt sich, dass zumindest jeder dritte Bewohner dieser Länder ein Deutscher war.

Da beiden Proponenten der Gründung der ČSR dieses ethnische Verhältnis im angestrebten Staat bekannt war, entschlossen sich diese vorsichtshalber, der Friedenskonferenz zu versichern, dass der künftige tschechoslowakische Staat nach dem Vorbild der Schweiz gegründet und regiert werden wird.

Die Beneš-Memoranden
Die ersten Versprechungen

Der für den Abfall der Sudetenländer von Österreich mitverantwortliche und spätere Mitbegründer der »Tschechoslowakischen Republik« Dr. E. Beneš verfasste um die Jahreswende 1918/19, zehn Memoranden an die Adresse der Friedenskonferenz. Er wollte die Teilnehmer dieser Konferenz von der Notwendigkeit der Schaffung des tschechoslowakischen Staates überzeugen und vernieldichte in vielen Punkten die später aus der Gründung der tschechoslowakischen Republik als Nationalstaat hervorgehenden schweren Probleme Österreichs und der Sudetendeutschen Bürger.

Auszug: (Hervorhebungen durch den Autor)

Memorandum Nr. 3
Das Problem der Deutschen in Böhmen

I.
Die grundsätzliche Frage

» ... Wir glauben nun zeigen zu können, dass das Problem viel weniger verwickelt ist, als es scheint, dass es viel weniger Schwierigkeiten bietet, als man denkt, und dass es im Grunde sehr leicht zu lösen ist.

... Die Tschechoslowaken beanspruchen, dass die Gebiete, wo diese Bevölkerungen siedeln, innerhalb der Grenzen ihres Nationalstaates verbleiben, obgleich sie zugunsten der Errichtung der tschechoslowakischen Republik das große Prinzip des Rechtes der Völker anrufen, ihr Schicksal selber zu bestimmen.

II.
Die Statistik

Wie das Problem nach der Österreichischen Statistik aussieht, soll im Folgenden gezeigt werden. Nach der österreichischen amtlichen Statistik von 1910 gibt es in den tschechoslowakischen Ländern 3.512.582 Deutsche; von diesen leben:
in Böhmen 2.467.724
in Mähren 719.435
und in Schlesien 325.523
Das Problem der Deutschen besteht nur für Böhmen. Denn in Mähren leben die Deutschen zerstreut, und es gibt nirgends geschlossene, völlig deutsche Massen.

Schlussfolgerung:

Dieses Beispiel der österreichischen Statistiken beweist:

1. dass die Zahl der Deutschen in Böhmen, die sich nach den deutschen Statistiken auf 2.467.724 beläuft, um 800.000 bis eine Million vermindert werden muss, und zwar wegen der systematischen Fälschungen der österreichischen Zählungen und wegen des auf die tschechoslowakische Bevölkerung geübten Druckes.

2. dass überall in diesen Gegenden die tschechische Bevölkerung mit der deutschen Bevölkerung vermischt lebt und dass es fast keine Bezirke gibt, die wirklich deutsch wären ...

V.
Politische Gründe

Die Deutschen Böhmens sind nur Kolonisten

Es muss auch in Erwägung gezogen werden, dass die Deutschen in Böhmen nur Kolonisten oder Abkömmlinge von Kolonisten sind ...

Schlussergebnis:

1. Die Deutschen haben sich in Böhmen künstlich festgesetzt als Kolonisten oder als Beamte und Bureaukraten als gefügiges Element einer gewalttätigen Germanisierung, die von den Wiener Regierungen klug vorbereitet und geschickt geleitet wurde ...

VI.
Das Schicksal der Deutschen in der Tschechoslowakischen Republik

Es ist absolut notwendig, genau zu wissen, wie die Deutschen in dem tschechoslowakischen Staat behandelt werden. Nicht nur ist die tschechoslowakische Republik bereit, gegebenenfalls jede internationale rechtliche Regelung, die zugunsten der Minderheiten durch die Friedenskonferenz festgesetzt wird, anzunehmen, sondern sie ist außerdem noch bereit, über eine solche Regelung, hinauszugehen und den Deutschen alle Rechte zu geben, die ihnen zukommen.

Die tschechoslowakische Republik wird ein absolut demokratischer Staat sein; alle Wahlen werden nach dem allgemeinen, direkten und gleichen Wahlrecht vor sich gehen; alle Ämter werden allen Staatsbürgern zugänglich sein; die Sprache der Minderheiten wird überall zugelassen sein; das Recht, ihre eigenen Schulen, ihre Richter und ihre

Gerichtshöfe zu haben, wird niemals irgendeiner Minderheit bestritten werden. Hinzugefügt muss noch werden, dass die Tschechen, obwohl sie sich dessen bewusst sind, dass die Deutschen unter dem alten Regime übermäßig bevorrechtigt waren, keineswegs daran denken, beispielsweise die Schulen, Universitäten, technischen Hochschulen der Deutschen, die übrigens vor dem Kriege wenig besucht waren, zu unterdrücken.

Um zusammenzufassen: Die Deutschen würden in Böhmen die selben Rechte haben wie die Tschechoslowaken. Die deutsche Sprache würde die zweite Landessprache sein, und man würde sich niemals irgendeiner Unterdrückungsmaßnahme gegen den deutschen Bevölkerungsteil bedienen. Das Regime würde ähnlich dem der Schweiz sein.

Dieses Regime wird in Böhmen nicht nur deshalb eingeführt werden, weil die Tschechen immer ein tiefes Empfinden für Demokratie, Recht und Gerechtigkeit hatten und diese Rechte selbst ihren Gegnern loyal zuerkennen, sondern auch weil die Tschechen der Ansicht sind, dass diese den Deutschen günstige Lösung auch den politischen Interessen ihres eigenen Landes und ihrer eigenen Nation günstig ist. Im 19. Jahrhundert haben sie viel praktischen, vor allem aber viel politischen Sinn bewahrt. Sie sind viel zu sehr »Realisten« und haben zuviel gesunden Menschenverstand, um nicht zu sehen, dass Gewalttätigkeit und Ungerechtigkeit die Ursachen des Unterganges Österreich-Ungarns gewesen sind und dass eine ähnliche Politik nur ihrem eigenen Staate und ihrer Nation schaden könnte. Übrigens wissen dies die Deutschen selbst und geben es zu. Ihre Blätter sind reich an Schilderungen der Revolution, die in Prag im November 1918 stattgefunden hat. Diese Berichte stellen einmütig fest, dass die Tschechen allen Deutschen die Freiheit gesichert, ihre persönliche Sicherheit und ihr Privateigentum sowie ihre Rechte als freie Staatsbürger geachtet haben.

Schlussergebnis:

1. Alle Traditionen der Tschechoslowaken lassen den Schluss zu, dass die neue Republik die Deutschen in keinerlei Weise unterdrücken wird, dass sie sich vielmehr eines Regimes der Freiheit und der Gerechtigkeit erfreuen werden.
2. Während der letzten Revolution in Böhmen haben die Tschechen den Beweis hierfür erbracht, indem sie den Deutschen vollkommenste Sicherheit verbürgt haben.

VII.
Die Meinung der Deutschen Böhmens über den tschechoslowakischen Staat

... bemühen sich gewisse intellektuelle deutsche Kreise Böhmens, die immer pangermanistische Agitatoren waren, aus Leibeskräften zu schreien, um die Stimmen der vernünftigen Deutschen zu ersticken, die die Wirklichkeit sehen und bei Böhmen bleiben wollen.

Diese pangermanistischen Kreise (Intellektuelle, Beamte, Lehrer, Professoren, Angestellte verschiedener Unternehmungen) berufen sich auf die Grundsätze des Präsidenten Wilson.

Sie schicken ihm Botschaften, verlangen die Anwendung des Selbstbestimmungsrechtes der Völker usw., üben so Erpressung an den Tschechen, vor denen sie sich fürchten, weil sie sie jahrhundertelang misshandelt haben; ...

Schlussergebnis:

Aus den Dokumenten, die wir angeführt haben, ergibt sich:

1. Dass die Deutschen Böhmens kein geeintes, organisiertes und in der Richtung auf ein bestimmtes Ziel geleitetes Element darstellen.
2. Dass sie keine Führer haben, denen die Masse der Bevölkerung Vertrauen entgegenbrächte, und dass es in Böhmen keine Volksbewegung von wirklicher Kraft gibt, die berechtigt wäre, sich auf das Rechtsprinzip, über ihr Schicksal selbst zu bestimmen, zu berufen...«

Die tschechischerseits im Memorandum 3 vorgeblich freiwillig auf sich genommenen Verpflichtungen gegenüber den deutschen Mitbürgern waren glaubhaft begründet. Dies veranlasste später sogar die Friedenskonferenz, nicht nur zur Bewilligung der Staatsgründung, sondern auch auf Auferlegung von Verpflichtungen für den zu gründenden Staat gegenüber seiner deutschen Bevölkerung zu verzichten, da die im Memorandum 3 enthaltenen Versprechungen das Ausmaß möglicher Verpflichtungen überschritten hätte.

Soweit die Versprechungen.

Die spätere Beurteilung der Memoranden: »deliberate falsifications«

Von dem nüchtern denkenden britischen Premier Lloyd George als intimen Kenner der Friedensverhandlungen wurden die Memoranden als »deliberate falsifications« – als bewusste Fälschungen bezeichnet. Diese bewussten Fälschungen wurden der Friedenskonferenz unterbreitet und zwar erst nach der Schaffung vollendeter Tatsachen im Lebensraum der Sudetendeutschen. Von tschechischer Seite wurden diese Memoranden, nachdem sie ihre Schuldigkeit getan hatten, nicht mehr publiziert. Erst im Jahre 1937 wurden sie von deutscher Seite wieder veröffentlicht.

Einen Beweis ihrer Authentizität liefert auch der Kanadische Historiker Helmut Gordon mit seiner Aussage vom Sommer 1989:
»Die Beneš-Memoranden sind heute nur noch mit großen Schwierigkeiten greifbar. Bereits im Jahre 1944 arbeiteten die Alliierten Listen von Büchern aus, die nach der Besetzung des Reiches sofort aus allen deutschen Büchereien und Bibliotheken herausgezogen, vernichtet oder in die Bibliotheksbestände der Siegermächte übergehen sollten. Der Bücherkatalog umfasst fast 800 Seiten. Hinzu kam eine zweite Liste, die Bücher enthielt, welche fast ausschließlich an die Vertreter der damaligen Exilregierungen ausgeliefert werden sollten. An erster Stelle der von der tschechoslowakischen Exilregierung in London ausgearbeiteten Listen standen »Die tschechoslowakischen Denkschriften für die Friedenskonferenz von Paris 1919/20.
... Wir haben ein Exemplar in der Bibliothek des britischen Verteidigungsministeriums durch Zufall entdeckt. ... mit dem Vermerk »Withdrawn«, also aus der öffentlichen Zirkulation herausgezogen.«

Einige Lügen aus dem Memorandum 3:

– die ethnischen Grenzen stimmen etwa mit den geographischen Grenzen Böhmens überein
– das sudetendeutsche Problem beschränkt sich auf bloß 2,4 Mill. Deutsche in Böhmen und diese Zahl sei manipuliert und müsste um 800.000 – 1 Million reduziert werden (siehe Aufstellung »ethnografische Verhältnisse ...«)
– es wird mit der tschechoslowakischen Republik eine zweite Schweiz entstehen (siehe Punkt V Mem. 3.)

Die ethnografischen Verhältnisse der von tschechischer Seite eingeforderten Gebiete:

Gebiet	km²	Deutsche	Tschechen
Deutschböhmen	14.496	2.070.438	116.275
Sudetenland	6.435	643.804	25.028
Böhmerwald	3.281	176.237	6.131
Südmähren	2.225	180.449	12.477
Iglau	374	38.402	9.769
Zusammen	26.911	3.109.825 = 95 %	169.680 = 5 %

Auch das Jonglieren mit Zahlen in der Bevölkerungsstatistik zur Verniedlichung der ethnischen Probleme durch Miteinbeziehung von 3,5 Mill. Deutschen in den tschechischen Staat ist ein Spezifikum der falschen Darstellungen des Herrn Dr. E. Beneš an die Friedenskonferenz.

Eine Fälschung des Dr. Beneš

Karte unten: Die gefälschte Bevölkerungskarte, die von Dr. Beneš der Pariser Friedenskonferenz von 1918/19 vorgelegt wurde.
Die sudetendeutschen Siedlungsgebiete in Böhmen sind darauf beträchtlich verkleinert und zersplittert. Und die deutschen Gebiete Mährens ganz unterschlagen

Karte rechte Seite: Die Bevölkerungs- und Siedlungskarte der Sudetendeutschen nach den offiziellen Ergebnissen der tschechoslowakischen Volkszählung von 1930. Der Vergleich mit Dr. Beneš' Karte enthüllt den Betrug.

LES ALLEMANDS DE BOHĚME.

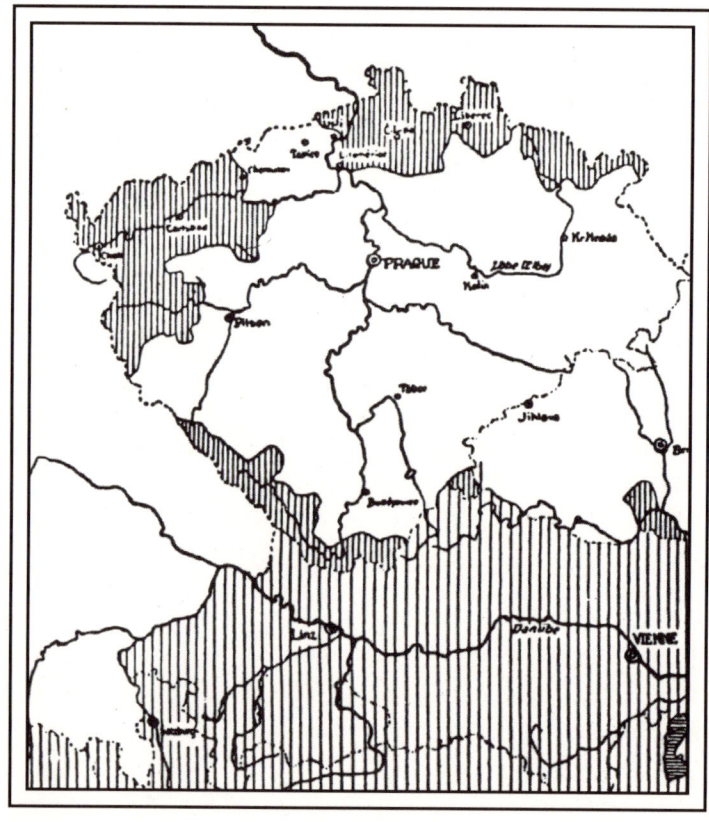

[IIIIIIIII]   Les Allemands de Bohême (the Germans of Bohemia)

[IIIIIIIII]   Les Allemands d'Autriche (the Germans of Austria)

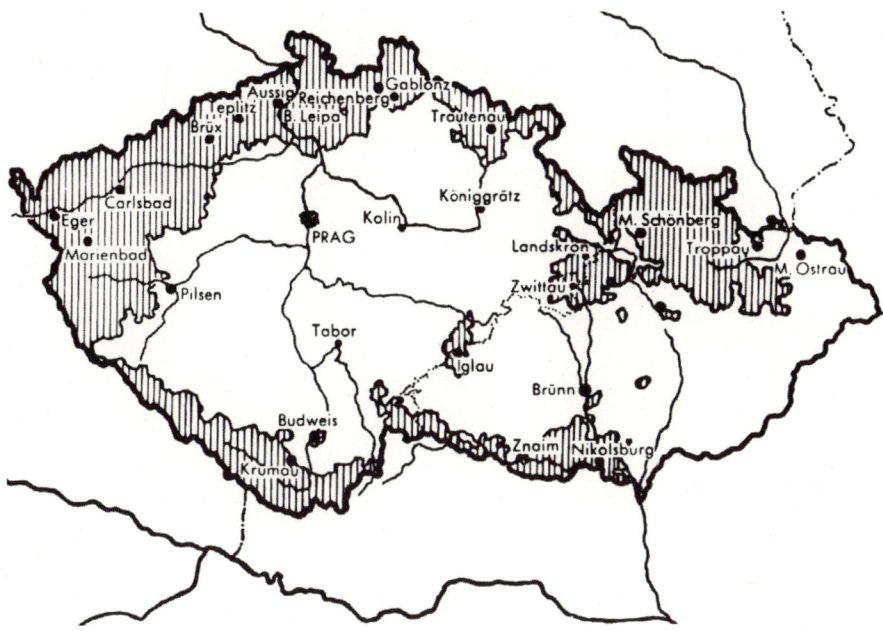

Der Vergleich der Angaben des Dr. Beneš im Memorandum 3 mit den hier angeführten Zahlen und Abbildungen bestätigt die Beurteilung dieses Elaborates durch Lloyd George als »vorsätzliche Täuschungen«.
Zum Schaden für die Sudetendeutschen.

Die ernüchternde Realität

Was dann letztendlich wirklich am 28. Oktober 1918 als tschechoslowakischer Staat ausgerufen wurde, war unglücklicherweise kein Staat nach dem »Schweizer Modell«, auch kein Nationalitätenstaat; es war ein Nationalstaat reinster chauvinistischer Prägung.

Die neue Definition formulierte der 1. Staatspräsident der »Tschechoslowakischen Republik«, Prof. T. G. Masaryk, am 22. Dezember 1918 bei seiner Antrittsrede:

»Was die Deutschen in unseren Ländern betrifft, ist unser Programm längst bekannt: Das von den Deutschen besetzte Gebiet ist unser Gebiet und wird unser Gebiet bleiben«. ....

Kapitel 3

Die Staatsgründung der ČSR
Gedanken und Hintergründe

Einschätzung der Rolle Masaryks durch Wenzel Jaksch

Wenzel Jaksch, einer der profiliertesten sozialdemokratischen Denker und sudetendeutscher Spitzenpolitiker in der Zwischenkriegs- und Nachkriegszeit (1896 – 1966) schreibt in seinem Buch »Europas Weg nach Potsdam« seine Gedanken über den Ausbruch des ersten Weltkrieges und über den Gründer der Tschechoslowakischen Republik, T. G. Masaryk nieder. Er führt aus, dass der tschechische Professor Tomas Garigue Masaryk am 17. Dezember 1914 von Österreich aus die Grenze nach Italien überschritt. Dass dieser zuerst in Rom, dann in Genf wohnte und im September 1915 nach Paris ging, wo Dr. E. Beneš zu ihm stieß, in welchem er die stärkste und auch intelligenteste Stütze für den Plan der Gründung eines »Tschechoslowakischen Staates« fand. T. G. Masaryk, so Wenzel Jaksch, war entschlossen, sich auf die Seite der Entente, der Kriegsgegner Österreichs und Deutschlands zu schlagen, was »folgenschwer für sein Volk und Europa« war. Und noch ein Stück weiter geht Wenzel Jaksch. Er meint, dass sich Masaryk an die Seite der russophilen Minderheit seiner Nation gestellt hat »die den Krieg herbeigesehnt hatte, **um einen Staat mit Gewalt zu schaffen, der mit den Mitteln des Rechts nicht zu bauen war**«.

Hintergründe

Wenn man über die folgenschwere Problematik des Zusammenlebens der Deutsch-Österreicher mit den Tschechen in einem gemeinsamen Staate nicht rätseln und spekulieren oder falsche Schlüsse ziehen will, dann muss man den Hintergründen der Entstehung des Konstruktes »Tschechoslowakische Republik« breiten Raum geben.

Die Staatsgründer alleine können gar nicht genug Energie und Intelligenz besitzen, um auf sich selbst gestellt ein solches Werk über Jahre zu betreiben, geschweige denn dieses auch zu vollenden. Weit größeren Interessengruppen und Mächten ist es vorbehalten, solche Vorhaben in einem Groß-Konzept zu planen und Maßnahmen zu treffen oder zu fördern, die diesem Vorhaben dienlich sind.

Zweifellos diente die Gründung einer Tschechoslowakischen Republik dem Bemühen um die Zerschlagung der K. u. K. Monarchie.

Paris war nicht nur Sitz der französischen Regierung, die eine besondere Rolle zur Beseitigung der Monarchien des Deutschen Bundes vor dem 1. Weltkrieg, während dieses Krieges und nach dem Kriege als Siegermacht spielte. In Paris war auch der Sitz von einflussreichen Organisationen, welche die Regierungen und die öffentliche Meinung im Sinne der Kriegsvorbereitung beeinflussten.

Wie man einem Artikel einer renommierten Wiener Tageszeitung aus Anlass des Begräbnisses der ehemaligen Kaiserin Zita entnehmen konnte, wurden diese Organisationen von der Ex-Kaiserin in Zusammenhang mit dem Attentat auf den österreichischen Thronfolger Franz-Ferdinand und seine Gattin Sophie erwähnt.

Darstellung des Attentates auf den österreichischen Thronfolger Erzherzog Franz Ferdinand und seiner Frau Sophie vor dem Rathaus in Sarajewo am 28.6.1914

Die Ermordung des reformwilligen Thronfolgers zog die <u>kalkulierte und unausweichliche katastrophale Konsequenz</u> nach sich: Den Ausbruch des ersten Weltkrieges, der das Ende der K. u. K.- Monarchie zur Folge hatte.

Dies erscheint besonders erwähnenswert, da Parallelen zu dem von Dr. E. Beneš viel später inszenierten Attentat auf Reinhard Heydrich festzustellen sind: In beiden Fällen wird gezielt auf eine Persönlichkeit ein Attentat geplant, mit dem Ziel, eine unvermeidliche, starke Sanktion zu provozieren.

*Woodrow Wilson
(1856 - 1924)
amerikanischer Präsident*

*Wilson 8. Januar 1918:
In einer Rede an den
Kongress formuliert Wilson
in seinem 14-Punkte-
Programm die Grundsätze
für eine an westlich-liberalen
Vorstellungen orientierte
Friedensordnung.*

Und Paris war auch der Ort, in welchem im Jahre 1915 die aus Österreich emigrierten Herren Prof. T. G. Masaryk und Dr. E. Beneš einander zu konspirativer Tätigkeit gegen Österreich trafen. Beiden Herren gelang es in diesem destruktiven Umfeld die entscheidenden Schritte zur Staatsgründung des tschechoslowakischen Staates zu Lasten Österreich-Ungarns zu setzen. Darüber hinaus konnte Prof. Masaryk noch auf eine weitere Hilfe hoffen. Eine Hilfe aus Amerika. Er hatte das seltene Glück zum späteren Präsidenten der Vereinigten Staaten von Amerika, Woodrow Wilson, persönlichen Kontakt zu finden.

Dies geschah hauptsächlich durch den Diplomaten Charles Crane, den T. G. Masaryk im Jahre 1896 kennen lernte und der »im großem Umfang den damaligen tschechischen und slowakischen Widerstand gegen die Habsburgermonarchie in den USA finanzierte.« (Zitat F. D. Katzer) Dieser Ch. Crane finanzierte auch im Jahre 1912 entscheidend den Wahlkampf Thomas Woodrow Wilsons, der 1913 Präsident der USA wurde. Der gleiche Ch. Crane, wurde als ein Freund Masaryks Wilsons Berater im Weißen Haus.
»Damit agierte unmittelbar im Präsidentenbereich ein Gewährsmann der national-tschechischen Interessen«. (Zitat F.D.K.) Die Verquickungen setzen sich fort. Der Sohn Ch. Cranes, Richard, war im Ersten Weltkrieg Privatsekretär des späteren US-Außenministers Lansing. Von 1919 – 1922 war R. Crane Botschafter der USA in Prag. Ch. Cranes zweiter Sohn John, war von 1922 an in Prag Sekretär bei T. G. Masaryk!

Jan Masaryk, der Sohn von T. G. Masaryk und spätere Außenminister der ČSR war von 1907 bis 1913 in den Filialen der Firma Crane in Bridgeborg und Chicago beschäftigt und von 1924 – 1929 mit Cranes geschiedener Tochter Francis Leatherby verheiratet«. (Zitat: F.D.K.) Die sich aus diesen Umständen ergebenden Vertrauensverhältnisse dürfen bei der Beurteilung der Hilfestellung des Präsidenten Wilson zu der erfolgten Form der Staatsgründung der ČSR nicht vernachlässigt werden. Ebenso nicht die Beziehungen des Dr. E. Beneš und von M. R. Štefánik. Beide hielten sich in Paris auf und pflegten Kontakte zu den höchsten französischen, italienischen und englischen Regierungskreisen bereits vor Eintreffen T. G. Masaryks in Paris. Denn damit wurde Paris das europäische Zentrum der tschechischen Auslandsaktion.

M. R. Štefánik war der slowakische Mitbegründer der ČSR und französischer Staatsbürger. Er war als General seit 1918 Kriegsminister der ČSR und starb kurz nach der Entstehung der Republik in der Nähe von Pressburg bei einem Flugzeugabsturz, dessen politische oder technische Ursachen nie vollständig geklärt wurden.

So gestärkt und durch den Willen der Ententemächte begünstigt, war es möglich, dass die Arbeiten der so genannten »Tschechischen Auslandsaktion« hauptsächlich in Paris zügig vor-

M. R. Štefánik

angingen. Es gelang im Jahre 1916 die Gründung eines »Tschechischen Nationalrates«. Dies war mit Hilfe der Franzosen der erste Schritt für eine Anerkennung einer Gruppe von Exil-Tschechen und Slowaken als völkerrechtliches Subjekt. Als Partner der französischen Regierung traten beim Abschluss von Militärverträgen Prof. Masaryk und Dr. Beneš im Mai und Juni des Jahres 1917 auf. Am 30. 5. 1918 schloss T. G. Masaryk in Pittsburgh (USA) mit den Slowaken einen Vertrag zur gemeinsamen Schaffung eines tschecho-slowakischen Staates. Im September 1918 wurde in Paris die Errichtung eines »Provisorischen Tschechoslowakischen Staates« proklamiert und am 14. Oktober eine »Tschechoslowakische Regierung« unter der Führung von T. G. Masaryk und mit dem Außenminister Dr. E. Beneš gebildet. Kurz danach schloss sich der slowakische Nationalrat dem Staate an. Die Karpato-Ukraine erklärte sich ebenfalls für den neuen Staat, allerdings unter der Bedingung, die Autonomie zu erhalten. Am 28. Oktober 1918 ist in Prag die »Tschechoslowakische Republik« konstituiert worden.

Allerdings die Kleinigkeit, dass die »Siedlungsgebiete der Deutschen« noch »österreichisch-ungarische« Staatsgebiete waren, störten die Alliierten bei der Ausrufung des Staates in keiner Weise. Im Überschwang der Gefühle vergaß man auch das »Schweizer Modell« schon bald! Man benötigte es jetzt nicht mehr, man ließ seinen Gefühlen freien Lauf.

Die Grenzziehung
Ein Schauspiel?

Im Memorandum Nr. 2 des Herrn Dr. Beneš, gerichtet an die Friedenskonferenz und verfasst zu Ende des Jahres 1918, werden die territorialen Forderungen der tschechoslowakischen Republik zusammengefasst.

Auszug:

Memorandum Nr. 2
Die territorialen Forderungen der tschechoslowakischen Republik
Die territorialen Probleme

»Die territorialen Forderungen der tschechoslowakischen Republik berühren mehrere sehr wichtige Punkte; man muss diese klären, um eine genaue Vorstellung von der tschechoslowakischen Frage in ihrem ganzen Umfange zu geben.

Man kann diese Probleme, in denen sich die tschechoslowakische Gesamtfrage darstellt, in folgender Weise teilen:

Die Frage der drei Hauptländer der alten Krone Böhmens, die stets tschechisch waren: Böhmen, Mähren und Schlesien.

Berichtigungen der Grenzen Böhmens, Mährens und Schlesiens auf Kosten Deutschlands und Österreichs.

Die Frage der Slowakei, die den Tschechen vor mehreren Jahrhunderten mit Gewalt entrissen, künstlich von Böhmen getrennt wurde und jetzt von der neuen tschechoslowakischen Republik auf Grund des Selbstbestimmungsrechts der Nationen zurückverlangt wird.

Das Problem der Ruthenen Ungarns: im Hinblick auf die besondere Lagerung dieser Frage halten wir für die beste Lösung ihren Anschluss an die tschechoslowakische Republik.

Das Problem der Nachbarschaft der Tschechoslowaken mit den Jugoslawen und die Notwenigkeit, für die tschechoslowakische Republik und den jugoslawischen Staat gewisse Gebiete zu beanspruchen, wo die Mehrheit der Bevölkerung deutsch und magyarisch ist.

Internationalisierung folgender Verkehrswege:
Elbe,
Donau,
Weichsel,
Die Eisenbahn Preßburg – Triest und die Eisenbahn Preßburg – Fiume,
Die Eisenbahn Prag – Furth – Nürnberg – Straßburg

a) Das Problem der tschechischen Bevölkerung in Wien, die fast ein Viertel der Einwohner der ehemaligen Hauptstadt Österreichs darstellt und die nicht schutzlos in den Händen der Deutschen bleiben kann.

b) Die Frage der Lausitzer Wenden, denen die Ausrottung von seiten der Deutschen droht, und deren Los den Tschechoslowaken als ihren nächsten Verwandten die heilige Pflicht auferlegt, sich darum zu kümmern.

I.
Böhmen, Mähren, Schlesien

... man muss hinzufügen dass Maria Theresie an Preußen einen Teil des alten tschechischen Schlesiens abgetreten hat und dass die Lausitz schon vorher völlig verloren gegangen war ... so bestand der tschechische Staat ... nicht mehr in der Wirklichkeit, wohl aber noch rechtlich weiter.

Diese besondere Lage lieferte den Tschechen die nötigen Waffen, als sie im Laufe des 19. Jahrhunderts begannen, die Befreiung ihrer alten Provinzen zu fordern. Das rechtliche Dasein des tschechischen Staates, bestehend aus Böhmen, Mähren und Schlesien, war geschichtliche Überlieferung, die nie aus dem Herzen eines Tschechen geschwunden war.

II.
Berichtigung der Grenzen Böhmens, Mährens und Schlesiens

Wenn wir als Grundlage unserer territorialen Forderungen die geschichtlichen Grenzen unserer drei Länder Böhmen, Mähren und Schlesien aufstellen, so schließt das nicht die Möglichkeit aus, an dieses Territorium die Gebiete anzufügen, die diesen Ländern benachbart sind und wo eine tschechoslowakische Bevölkerung lebt.

In der Tat ist dies in vier Gebieten der Fall: zwei in Preußisch-Schlesien und die zwei anderen in Niederösterreich....

Es gibt im Nordwesten Niederösterreichs eine fast völlig tschechische Gegend, ein großes wirtschaftliches Zentrum in der Umgegend der Stadt Gmünd, deren sich die Deutschen stets zur Germanisierung der benachbarten Gegenden bedienten. Außerdem gibt es ein ähnliches Gebiet im Nordosten Niederösterreichs, genannt »Marchfeld«. Es bietet in ethnographischer Beziehung dasselbe Bild, denn es ist von starken tschechoslowakischen Bevölkerungselementen bewohnt. Wir beanspruchen einen Teil dieser Gebiete.

V.
Die Nachbarschaft der Tschechoslowaken und Jugoslawen

Schlussergebnis:

1. Will man in Mitteleuropa ein neues politisches System errichten, das einen dauerhaften Frieden gewährleistet, so muss man die Deutschen und die Magyaren voneinander trennen, zwischen Tschechoslowaken und Jugoslawen aber eine Nachbarschaft herstellen. Das ist kein örtliches Problem der Tschechen oder der Jugoslawen, es ist ein europäisches Problem.

2. Um diese Lösung zu verwirklichen, müsste man vier deutschmagyarische Komitate Westungarns (Wieselburg, Ödenburg, Eisenburg und Zala) der tschechoslowakischen Republik und Jugoslawien einverleiben.«...

Quelle: Helmut Gordon: Die Beneš-Denkschriften S 122 ff

Hier ist zu beachten: Die Zusammensetzung der Bevölkerung der erwähnten Komitate: Gesamtbevölkerung: 700.000, davon 200.000 Slawen (28,5%), 300.000 Deutsche (43%) und 200.000 Ungarn (28,5%)
Dieses Dokument offenbart den unwahrscheinlichen Grad tschechischer Überheblichkeit.

Die darin enthaltenen Forderungen sind abenteuerlich in der Maßlosigkeit, in der Argumentation und der Zumutbarkeit für weitere über 300.000 Deutsche und über 200.000 Ungarn, in einem zu schaffenden tschechisch–jugoslawischen Korridor leben zu müssen. Abenteuerlich in der Erwartung, dass tausende Ungarn ihre Heimat – bedingt durch eine neue Grenzziehung – freiwillig verlassen werden.

Abenteuerlich im Verlangen, Bahn- und Wasserwege der Anrainerstaaten zu Gunsten des tschechischen Staates zwangsweise zu »internationalisieren« um freie Wege zur Adria, zum Schwarzen Meer, zur Ost- und Nordsee und nach Straßburg gesichert zu haben.

Und ebenso abenteuerlich ist die Argumentation, aus der Geschichte der Sudetenländer Böhmen, Mähren und Österreich-Schlesien einen tschechischen Alleinanspruch auf diese Gebiete abzuleiten.
Viele internationale Stimmen wurden laut und warnten davor, den Tschechen »alles zu geben, was sie verlangten«.
Sogar Präsident Wilson reiste ungeachtet seiner Bindungen zu T. G. Masaryk eilends nach Paris, um die größten Auswüchse überzogener Gebietsforderungen zu verhindern.

Die amerikanischen Delegierten haben daraufhin bereits am 27. 2. 1919 die Entscheidung über die Einverleibung der 3,5 Millionen Sudetendeutschen in den neuen Staat abgelehnt und der Konferenz die Berechtigung zu einem solchen Vorgehen abgesprochen.

Auch von höchster englischer Seite wurde ein Versuch unternommen, die Entscheidung der Friedenskonferenz in Übereinstimmung mit den ursprünglichen Konferenzprinzipien Wilsons zu bringen. Lloyd George und Wilson trafen Anstalten, gegen die französisch-tschechischen »Grenzlösungen« vorzugehen. Wilson fürchtete die jeweiligen Schwierigkeiten sehr, »die aus der Lage aller dieser in Bildung begriffenen Nationalitäten Mitteleuropas entstehen können. Es gibt dort eine unerschöpfliche Quelle von Unruhen und Kriegen, wenn wir nicht Acht haben«.

Er schlug daher vor, dass die Territorialkommission ihre Berichte unter der Berücksichtigung »unserer Fundamentalprinzipien« überprüfen solle. Auch die tschechoslowakischen Grenzvorschläge sollten an Hand der 14 Punkte des Selbstbestimmungsrechtes neu geprüft werden. Wenige Tage danach brach jedoch Präsident Wilson psychisch und physisch zusammen. Er erholte sich nicht wieder. Die von ihm selbst für nötig befundene Revision der tschechisch-französischen Entscheidung über die Grenzziehung unterblieb.

Wenn man sich fragt, warum das Thema der Grenzziehung unter der Überschrift »Ein Schauspiel« behandelt wird, dann wird man dieser Bezeichnung sofort zustimmen, wenn man liest, was Dr. Beneš in seinen Memoiren (Seite 694) schreibt: »Die Lösung zweier weitreichender Fragen geschah, wenn nicht r e c h t l i c h so doch f a k t i s c h v o r der Friedenskonferenz, so dass wir zu dieser Konferenz gingen, nachdem wir unsere territorialen Probleme ... zur günstigen Lösung vollkommen vorbereitet hatten.«

Die bittere Realität

Noch weit vor jeder völkerrechtlich bestätigten Grenzziehung des zukünftigen tschechoslowakischen Staates telegrafierte T.G. Masaryk an E. Beneš die Aufforderung, die deutschen Gebiete innerhalb der bestehenden österreichischen Grenzen Böhmens und Mährens militärisch zu besetzen.
Als noch vor dieser Okkupation der Führer der deutschen Sozialdemokraten Wenzel Jaksch versuchte, in Prag mit der provisorischen tschechischen Regierung bis zur Klärung der Grenzfragen durch die Friedenskonferenz über einen Modus Vivendi zu verhandeln, prägte der damalige tschechische Minister Alois Rašin den unheilverheißenden Satz: »mit Rebellen verhandeln wir nicht«. Und der gleiche Minister erklärte am 4. November 1918: »Das Selbst-

bestimmungsrecht ist eine Phrase – jetzt aber, da die Entente gesiegt hat, entscheidet die Gewalt«:

In der Regierungserklärung am 22. Dezember 1918 führte der als Humanist gepriesene Staatspräsident Thomas G. Masaryk zur Grenzfrage Folgendes aus: »Die von den Deutschen bewohnten böhmischen Gebietsteile sind und bleiben unser. Wir haben diesen Staat erkämpft, und die staatsrechtliche Stellung unserer Deutschen, die einst als Emigranten und Kolonisten hierher gekommen sind, ist damit ein für allemal festgelegt. Wir haben ein gutes Recht auf die Reichtümer unseres gesamten Landes.«

Und gegenüber der französischen Zeitung »Le Matin« wurde T. G. Masaryk am 10. Jänner 1919 noch deutlicher, indem er auf der Linie von E. Beneš blieb, der sich bei der Verfälschung von geschichtlichen Tatsachen keine Hemmungen auferlegte. Masaryk sagte: »Unsere geschichtlichen Grenzen stimmen mit den ethnographischen Grenzen ziemlich überein. Nur die Nord- und Westränder des böhmischen Vierecks haben infolge der starken Einwanderung während des letzten Jahrhunderts eine deutsche Minderheit. Für diese Landfremden wird man vielleicht einen gewissen »Modus vivendi« schaffen, und wenn sie sich als loyale Bürger erweisen, ist es sogar möglich, dass ihnen unser Parlament zumindest auf dem Gebiet des öffentlichen Unterrichts irgendeine Autonomie bewilligt. Im Übrigen bin ich davon überzeugt, dass **eine rasche Entgermanisierung dieser Gebiete vor sich gehen wird.«**

Damit war einer der Grundsteine für die 26 Jahre später erfolgte genozide Vertreibung der Sudetendeutschen aus ihrer über 700-jährigen Heimat gelegt.

| Kapitel 4

Der verhinderte »Anschluss«
Gedanken und Hintergründe

Der verhinderte Anschluss der sudetendeutschen Gebiete an Deutschland 1918

Das schreckliche Ereignis der genoziden Vertreibung des zweitstärksten Staatsvolkes der ehemaligen Tschechoslowakischen Republik bei und nach dem Kriegsende 1945 ist derzeit noch ein zeitgeschichtliches Phänomen, und seine rechtlichen Folgen beschäftigen heute noch die Gerichte – nicht nur in der tschechischen Republik – sondern auch nach dem Beitritt Tschechiens in die Europäische Gemeinschaft zumindest die EU Gerichte.

Mit Bestimmtheit muss man daher befürchten, dass sich auch im zukünftigen Zusammenleben von Tschechen und Deutschen bei ungehindertem Reiseverkehr und unumgänglichen Kontakten kultureller, wissenschaftlicher und wirtschaftlicher Art, das Klima der gegenseitigen Beziehungen – sogar steigend – verschlechtern wird. Anzeichen hierfür treten vermehrt auf.

Und hier setzen unsere Bedenken ein: Sorgen, die uns verpflichten Vorsorge zu treffen, dass durch schonungslose Offenheit bei der Aufarbeitung der trennenden Ereignisse ein Abbau der älter als 100jährigen Ressentiments zwischen Tschechen und ihren zum Teil ehemaligen aber auch künftigen deutschen Mitbürgern in der EU gelingt.

Ein Unglück kommt selten alleine

Die deutschen Bewohner der österreichischen Sudetenländer Böhmen, Mähren und Österreichisch-Schlesien – kurz gesagt die Sudetendeutschen – treue und anständige sowie arbeitsame Bürger Österreichs, litten noch unter dem Unglück der Lasten und Schrecken des ersten Weltkrieges. Hunger und Not waren unabwendbar, auch das Leid über die überdurchschnittlich großen Menschenverluste der sudetendeutschen Regimenter belastete fast alle Familien schwerstens, viele Familienväter waren noch nicht heimgekehrt oder weit weg von der Heimat in Gefangenschaft.

Da kam die Schreckensnachricht:
Die Tschechen gründen in den Sudetenländern einen eigenen Staat.
Und alle deutschen Österreicher fragten sich, welches ungewisse Schicksal oder Unglück ihnen wohl in diesem Falle bevorstehen würde.

Die Entstehung der Republik »Deutsch Österreich«

Das kaiserliche Manifest vom 16.10.1918 hatte die Umwandlung der Monarchie in einen Nationalitäten – Bundes – Staat angekündigt »in dem jeder Volksstamm auf seinem Siedlungsgebiet sein eigenes staatliches Gemeinwesen bildet.« Der Plan dieses Manifestes kam zu spät. Denn bereits am gleichen Tage lehnte Präsident Wilson diese letzte Friedensnote des österreichischen Kaisers ab. Die Vorbereitungen zum Zerfall der Monarchie waren an diesem Tage bereits abgeschlossen. Prof. T. G. Masaryk und Dr. E. Beneš ernteten bereits die Früchte ihrer kabalen Mühen um die Zerschlagung der Österreich-Ungarischen Monarchie. Die am 14. Oktober in Paris ausgerufene Regierung erhielt – wie nicht anders zu erwarten war – sofort die Anerkennung durch die Regierungen Frankreichs, Englands, Amerikas und Serbiens erhielt.

Ebenfalls noch vor der Auflösung der Monarchie beschlossen die deutschen Volksvertreter Österreichs, sich als »provisorische österreichische Nationalversammlung« zu vereinen und beschlossen am 21. Oktober 1918 folgendes:

> »Das deutsche Volk in Österreich ist entschlossen, seine künftige staatliche Ordnung selbst zu bestimmen, einen selbstständigen deutschösterreichischen Staat zu bilden und seine Beziehungen zu den anderen Nationen durch freie Vereinbarungen mit ihnen zu regeln. Der deutschösterreichische Staat beansprucht die **Gebietsgewalt** über das ganze Siedlungsgebiet, **insbesondere auch in den Sudetenländern.**
> Das deutsche Volk in Österreich wird eine konstituierende Nationalversammlung wählen. Bis zum Zusammentritt der konstituierenden Nationalversammlung obliegt den Reichsratsabgeordneten der deutschen Wahlbezirke die Pflicht, das deutsche Volk in Österreich zu vertreten. Die Gesamtheit der deutschen Abgeordneten des österreichischen Reichsrates bildet daher die provisorische Nationalversammlung für Deutschösterreich.«

Die Staatsgründung: »Deutsch Österreich«

Am 12. November 1918 wurde der Staat Deutsch-Österreich als demokratische Republik entsprechend dem Artikel 1 des provisorischen Grundgesetzes ausgerufen und am 22. November desselben Jahres das Gesetz über den Umfang, die Grenzen und Beziehungen des Staatsgebietes von Deutsch-Österreich verabschiedet.

Zur Gründung der Republik Deutsch-Österreich bekannte sich die »Arbeiter-Zeitung«, Zentralorgan der deutschen Sozialdemokratie in Österreich, am 31.Oktober 1918 mit folgender Feststellung:

Auszug:

»An das deutsche Volk in Österreich! Die deutsche Nationalversammlung hat heute das provisorische Grundgesetz des neuen deutschösterreichischen Staates beschlossen. Auf der Grundlage dieses Gesetzes hat sie den Staatsrat gewählt, der nunmehr die Regierungs- und Vollzugsgewalt in Deutschösterreich übernimmt. Der Staatsrat wird unverzüglich die erste deutschösterreichische Regierung ernennen, ... damit ist nach dem einmütigen Willen des deutschen Volkes der deutschösterreichische Staat zu lebendiger Wirklichkeit geworden.«

Dann überstürzten sich die Ereignisse:

Der Anschluss der deutschen Gebiete der Sudetenländer an Deutsch-Österreich

Auf einer Konferenz vom 29.10. – 3.11.1918 erfolgte ein Beschluss der Deutsch-Böhmischen Landesversammlung, dem sich die Provinz Sudetenland am 30. Oktober und die Abgeordneten aus Südmähren am 3. November 1918 anschlossen:

Auszug:

»Wir, vom deutschen Volk Böhmens .... erwählten Abgeordneten, haben uns zu dieser Vorläufigen Landesversammlung vereinigt, um auf Grund des allgemein anerkannten Selbstbestimmungsrechts der Völker und der Beschlüsse der Deutschösterreichischen Nationalversammlung (21. Oktober 1918) in unserem Siedlungsgebiet eine geordnete Verwaltung aufzurichten.... Im Namen des von ihr vertretenen Volkes und Gebietes erklärt die Landesversammlung hiermit Deutschböhmen zur eigenberechtigten Provinz des Staates Deutschösterreich...«

Diesem Beschluss der Deutsch-Böhmischen Landesversammlung sowie weiterer Provinzen und Gebiete muss man eine außerordentliche geschichtliche Bedeutung beimessen.

Der Anschluss Deutsch-Österreichs an die deutsche Republik

Denn am 12.11.1918, also 14 Tage später verordnete der Staatsrat Kraft Beschlusses der provisorischen Nationalversammlung das Gesetz über die Staats- und Regierungsform von Deutschösterreich:

> Auszug:
>
> »Artikel 1: Deutschösterreich ist eine demokratische Republik. Alle öffentlichen Gewalten werden vom Volke eingesetzt.
>
> Artikel 2: **Deutschösterreich ist ein Bestandteil der Deutschen Republik.** Besondere Gesetze regeln die Teilnahme Deutschösterreichs an der Gesetzgebung und Verwaltung der Deutschen Republik sowie die Ausdehnung des Geltungsbereiches von Gesetzen und Einrichtungen der Deutschen Republik auf Deutschösterreich.«

Das um die deutschen Sudetengebiete erweiterte Deutschösterreich und die »Deutsche Republik« – wie der erste Nachfolgestaat des Deutschen Kaiserreiches hieß – haben sich damit laut Gesetz zu einem gemeinsamen Staat entsprechend den Prinzipien des Selbstbestimmungsrechtes in freiem Willen vereinigt. Diese Vereinigung erfolgte in beiden Staaten durch jeweils sozialdemokratisch geführte Regierungen.

Die amtliche »Wiener Zeitung« berichtet am 13. November 1918: Staatskanzler Dr. Renner erstattet Bericht. Er verweist dann auf den Anschluss an die Deutsche Republik und erklärt: »Unser Volk ist in Not und Unglück; gerade in dieser Stunde, ... soll unser deutsches Volk wissen, dass wir eines Stammes und einer Stimme sind! Der Redner bittet um Annahme des Gesetzes ...«

Im Staatsgesetzblatt für den Staat Deutschösterreich, 1. Stück, ist nachzulesen:

> Auszug:
>
> »An das Deutschösterreichische Volk: Die ... berufenen Vertreter des Volkes von Deutschösterreich haben den Entschluss gefasst, den Staat Deutschösterreich als Republik ... einzurichten«. Dann wird u. a. der

Artikel 2 des Beschlusses der provisorischen Nationalversammlung angeführt: »Österreich ist ein Bestandteil der deutschen Republik,« weiters: »Die Republik umfasst: Die Länder unter der Enns einschließlich des Kreises Deutsch-Südmähren und dem Gebiet um Neu Bistritz, Österreich ob der Enns einschließlich des Kreises Deutsch-Südböhmen, Salzburg, Steiermark und Kärnten ...., die Grafschaft Tirol ..., Vorarlberg, Deutschböhmen und Sudetenland sowie die deutschen Siedlungsgebiete um Brünn, Iglau und Olmütz.«

Dass dieses Recht dann in den folgenden Friedensverträgen beiden Staaten verwehrt wurde, entwertet und degradiert die Verträge – leider nicht alleine wegen dieser Ungeheuerlichkeit – zu Diktaten.

Hat dieser Umstand einen Zeitbezug für heute und sogar für die Zukunft? Ja, er hat!

Dr. Karl Renner, geb. 14.12.1870 in Südmähren
Vorkämpfer der Sozialdemokratischen Arbeiterpartei,
1918 – 20 Staatskanzler der Rep. Deutsch-Österreich,
Befürworter des Anschlusses Deutsch-Österreich
an die Deutsche Republik (13.11.1918),
1931 – 33 Erster Nationalratspräsident Österreichs,
1945 Erster Regierungschef der 2. Republik Österreich

Zeitbezug

Generationen von Schülern und Studierenden hatten und haben keine Gelegenheit, Informationen über das Bestreben fast aller Deutscher Bürger des ehemaligen »Deutschen Bundes« zur **Vereinigung in einem Staate** zu erhalten. Die Geschichte hat gelehrt, welche Unheilfolgen die Friedensdiktate 1919/1920 zeitigten und wie die Unkenntnis dieser bedeutenden geschichtlichen Tatsachen auch heute noch gewissenlosen Politikern die Gelegenheit zu Geschichtsklitterungen und offenen Lügen bietet. Tschechischen Politikern würde es demnach heute noch schwer fallen, den Genozid an den Sudetendeutschen damit zu rechtfertigen, dass der Wille der Sudetendeutschen zur Vereinigung mit Österreich und Deutschland nationalsozialistischer Ideologie entsprungen sei. Denn wenn der Wunsch der sudetendeutschen Volksgruppe zur Vereinigung mit dem Stammvolk ohne Unterschied der politischen Gesinnung – jedoch ohne Nationalsozialismus, wie das im Jahre 1918/19 der Fall war – die ganze Volksgruppe erfasst, darf es nicht verwundern, dass dieser

Wunsch auch Jahre später immer noch aufrecht war. Die Sudetendeutschen hatten sich redlich bemüht, als gute und ehrliche Staatsbürger ihr Leben in der Erwartung auf den versprochenen Minderheitenschutz oder auf eine Autonomie zu fristen. Erst nach den bittersten Erfahrungen in der ČSR und der Hoffnungslosigkeit auf eine Verbesserung sahen sie in einer Wiedervereinigung ihrer Heimat mit dem deutschen Staat eine Befreiung aus 20jähriger Unterdrückung. Soweit zum Zeitbezug, nun zurück zu den damaligen Ereignissen.

Versuche zur Abwehr des Übels

Die deutschösterreichische Regierung – immer noch in der Hoffnung, bei den Alliierten Verständnis für die Gefährlichkeit der Entscheidungen über die Einbeziehung der Sudetendeutschen in einen tschechischen Staat zu finden – richtete am 13.12.1918 eine Note mit folgendem Text an die alliierten Hauptmächte:

Auszug:

»Aus einer Mitteilung der tschecho-slowakischen Regierung ist zu ersehen, dass die alliierten Mächte angeblich die Absicht haben, die großen, zusammenhängenden Gebiete Böhmens und Mährens, die von mehr als drei Millionen Deutschen bewohnt werden, dem tschecho-slowakischen Staat einzuverleiben. Es wird behauptet, dass diese Maßnahme durchgeführt werden soll, ohne die Ergebnisse der Friedenskonferenz abzuwarten. Die deutschösterreichische Regierung nimmt an, dass dies auf eine unrichtige Unterrichtung der tschecho-slowakischen Regierung zurückzuführen ist; dennoch fühlt sie sich verpflichtet, die allgemeine Aufmerksamkeit auf diese Tatsache zu lenken und darauf zu bestehen, **dass solche Pläne keine Durchführung finden.**«

Angesichts dieser Gefahren und in gegenseitiger Ergänzung zum Entschluss der deutsch-böhmischen Landesversammlung zur Vereinigung mit Deutschösterreich beschloss die Nationalversammlung am 22.11.1918 im Namen des deutschösterreichischen Volkes zur Sicherung seiner Wohnstätten sowie seiner Stellung unter den anderen Staaten und Völkern:

Auszug:

1. Der Staat Deutschösterreich übt die volle Gebietshoheit über das geschlossene Siedlungsgebiet der Deutschen innerhalb der bisherigen im Reichsrat vertretenen Königreiche und Länder aus.

2. Die in den Siedlungsgebieten anderer Nationen eingeschlossenen, allein oder überwiegend von Deutschen bewohnten Sprachinseln, Städte, Gemeinden und Ortschaften der im Reichsrat vertretenen Königreiche und Länder bleiben bis zur verfassungs- und völkerrechtlichen Sicherstellung ihrer politischen und nationalen Rechte einstweilen unter der Hoheit des Staates Deutschösterreich und bilden dessen zeitweiligen Rechtsbereich.

Die ersten Todesopfer der Sudetendeutschen bei der Okkupation der Sudetengebiete

Die Alliierten Mächte haben der tschechischen Regierung genehmigt, ab Oktober 1918 strategische Punkte in den Sudetenländern militärisch zu besetzen. Die tschechische Führung verstand darunter die Bewilligung zur militärischen Okkupation aller deutschen Gebiete der späteren ČSR und führten diese sofort durch. Brutal, rücksichtslos, mit Übergriffen, Anmaßungen, Quälereien und Morden an 21 deutschen Männern, Frauen und Kindern!

Dies geht aus folgenden Beiträgen eindeutig hervor:

Die ersten Todesopfer der Okkupation der sudetendeutschen Heimatgebiete 1918

Am 23. November 1918 wurden in Leitmeritz zwei junge Männer erschossen.
Am 29. November 1918 schossen in Brüx tschechische Truppen in eine Menschenmenge mit dem schrecklichen Ergebnis: 13 Tote und zahlreiche Verletzte.
Ebenfalls am 29. November 1918 wurden in Mährisch-Trübau 3 Frauen und 2 Kinder getötet.
Am 3. Dezember war in Kaplitz 1 Toter zu beklagen.

Opfer der Übergriffe und Quälereien bei der Okkupation

Ein Beispiel für viel zu viele:
Wie es den Südmährern nach ihrem Bekenntnis zu Deutsch-Österreich anlässlich des deutsch-südmährischen Kreistages vom 12. Jänner 1919 erging, zeigt folgender Bericht:

Kaum hatte, unserem Ruf folgend, die deutsch-österreichische Staatsregierung die Verwaltung unseres Kreises übernommen, als tschechoslowakische Truppen in den Kreis einfielen und Gemeinde für Gemeinde besetzten. Uns der Macht der Entente beugend, die die Tschechoslowakei als ihren Verbündeten betrachtet wissen will, setzten wir der Okkupation unseres Kreises, obwohl sie aus dem Titel seiner Zugehörigkeit zum tschechoslowakischen Staat und damit wider alles Rechts erfolgt war, keinerlei gewaltsamen Widerstand entgegen. Anders als die Ententemächte und deren Organe, deren menschenfreundliche Haltung anerkannt werden muss, bedrücken uns die Tschechoslowaken ohne Unterlass aufs schwerste. Kaum mehr als reguläres Militär zu werten, plünderten die tschechoslowakischen Soldaten die Höfe friedlicher Bauern, berauben sie ihres Korns, ihres Viehs und berauschen sich am Wein, den sie von ihnen erpressen. Friedliche Bürger und Bürgerinnen bluten unter den Kolbenstößen und Bajonettstichen der brutalen tschechoslowakischen Soldadeska, mit deren Hilfe die Machthaber in Brünn und Prag ein Schreckensregiment errichtet haben, um die Deutschen einzuschüchtern, sie zur Verleugnung ihres Volkstums zu bestimmen und solcherart dem Kreis, der kerndeutsch ist, slawisches Gepräge aufzudrücken. Beamte und Offiziere werden gleich vielen anderen, die Deutsch-Österreich gedient haben, von den Tschechoslowaken wegen Landesverrat gefangen gesetzt und in den berüchtigten Kasematten am Spielberg in Brünn festgehalten; Frauen, Mädchen und Kinder hinwiederum wegen nichtiger Anlässe der Prügelstrafe zugeführt.1) Auf den Tag vertrauend, an dem die weise Einsicht der großen Mächte des Westens sich unser annehmen würde, haben wir die unmenschliche Behandlung, von der uns kaum ein Tag verschont, bis nun mit Geduld ertragen. Doch nie und nimmer soll das bedeuten, dass wir uns in das Sklavenlos, das uns die Tschechoslowaken bereiten, gefügt, dass wir der Freiheit, dass wir Deutsch-Österreich entsagt hätten. Und so erheben wir denn hier ... unsere Stimme, um von den Mächten, denen wir unser Schicksal anvertraut haben, unser Recht zu fordern ...«

Fußnote: 1) Nach Berichten, die der Kreishauptmannschaft Znaim zugekommen waren, wurde diese Strafe in der Weise vollzogen, dass der Delinquent »an Kopf und Händen niedergehalten – die Frauen in schamlosester Weise entblößt – unter den Augen der (tschechischen) Offiziere mit dem ledernen Waffengurt geschlagen« wurden.
Quelle: H. Oldofredi, »Zwischen Krieg und Frieden « Zürich 1925 S.132 f.

Das durch diese Untaten vergiftete Klima trug dazu bei, dass das sudetendeutsche Volk seine Befürchtungen vor der Eingliederung in diesen Staat bestätigt fand. Umsomehr wollten die gewählten Vertreter der deutschen Bezirke an der Eröffnungssitzung des »Volkshauses« (Abgeordnetenhauses) in Wien teilnehmen.

Tschechen und Franzosen haben diese Teilnahme jedoch verboten!

Auszug:

Die Deutschböhmische Landesregierung erließ daher für den 4. März 1919 folgenden Aufruf an die deutschen Bürger:

»Schweigend, aber nicht stumm, richten wir heute Auge und Herz nach Wien, wo das freie Deutsch-Österreich zum ersten Mal die Vertreter des Volkes versammelt. Unsere Feier am heutigen Tag ist eine flammende Anklage gegen die Gewalt, mit der man unser Recht zu brechen sucht. Wir feiern den heutigen Tag durch eine allgemeine Arbeitsruhe..... So wollen wir heute in Stadt und Land zu Tausenden an den Kundgebungen teilnehmen, die sich gegen die Vergewaltigung unseres Rechts richten.

In ernster, schicksalsschwerer Stunde ergeht der Ruf an Euch alle: Kommt alle, aber bewahrt Ruhe und Ordnung!«
Diesem Aufruf, unterzeichnet von dem Konservativen Rudolf Lodgman von Auen und dem Sozialdemokraten Josef Seliger, folgten viele Tausende. Denn auch die sudetendeutschen Gewerkschaften wandten sich in einem Aufruf an ihre Mitglieder. In ihm hieß es: »Das Sudetenland ist durch Gewaltmaßnahmen des tschechoslowakischen Staates daran gehindert, sein Stimmrecht auszuüben. Es richtet an die Nationalversammlung Deutsch-Österreichs brüderliche Grüße zu seiner ersten Sitzung. Zum Zeichen des Protestes gegen das Wahlverbot ist heute, am 4. März, für ganz Deutschböhmen und das Sudetenland der Generalstreik ausgerufen worden.«

Die nächsten Todesopfer der Sudetendeutschen: Die Märzgefallenen:

Die Generalstreikparole wurde fast ausnahmslos befolgt worden, da gerade die sudetendeutsche Arbeiterschaft voll und ganz hinter der Forderung nach Gewährung des Selbstbestimmungsrechtes stand.

Die tschechische Staatsmacht versuchte die friedlichen Kundgebungen zu verhindern und setzte bewaffnete Einheiten gegen die Versammlungsteilnehmer ein.

Wenzel Jaksch, geb. 25.8.1896 im Böhmerwald. Der gelernte Maurer kam 1924 in den Parteivorstand der deutschen Sozialdemokraten in Prag und 1929 als Abgeordneter ins Parlament.
1938 übernahm er den Parteivorsitz. Er wurde zu einer »Leitgestalt der Sozialdemokratie«
1939 flüchtete er nach England ins Exil. Er lehnte bereits im Sommer 1939 die Vertreibungspläne des Dr. Beneš als barbarisch ab. Dr. Beneš lehnt 1942 eine weitere Zusammenarbeit im Exil mit Wenzel Jaksch ab. Dr. Beneš duldete keinen Deutschen in seinem Exilkabinett.

Wenzel Jaksch und Prof. Coolidge kommentieren diese Ereignisse sachlich, aber nicht minder erschütternd. Dass Wenzel Jaksch ein »ewig gestriger Rechtsradikaler« gewesen sei, kann man ihm – als erklärtem Gegner des Nationalsozialismus – sicher nicht nachsagen. Er schreibt:

So sah Wenzel Jaksch das Drama des »4. März« :

»Menschenleben waren im »Neuen Europa« billiger geworden. Im Jahre 1907 führten noch 15 getötete Menschen im slowakischen Cornova zu einem Aufschrei in Europa. Seitdem aus den Anklägern Österreich-Ungarns Staatsgründer geworden waren, galten die Regungen ihrer Menschlichkeit nur noch den Siegervölkern.

Am 4. März 1919 starben in den Städten Deutsch-Südböhmens und Nordmährens zweiundfünfzig Menschen. Vierundachtzig Verwundete röchelten auf dem Boden eines Staates, der bald darauf den Ruf einer Musterdemokratie erlangen sollte. Den Sudetendeutschen war von der Prager Regierung die Beteiligung an den Wahlen in die österreichische Nationalversammlung verwehrt worden. So wollten sie wenigstens beim Zusammentritt des österreichischen Parlaments ihre Stimme erheben. Die Sozialdemokratische Partei und die Gewerkschaften riefen für diesen Tag einen Generalstreik aus und veranstalteten Massenkundgebungen unter freiem Himmel. Tschechisches Militär feuerte in mehreren Städten in die friedlichen Demonstranten. Seit hundert Jahren hatte keine staatliche Sicherheitsmaßnahme in Böhmen oder Mähren einen solchen Blutzoll gefordert. – Keine Polizeimaßnahme wurde verschmäht, um Willenskundgebungen der Sudetendeutschen zu unterdrücken, während in einem Pariser Vorort über das Schicksal Österreich-Ungarns entschieden wurde.«

(W. Jaksch: Europas Weg nach Potsdam, Stuttgart 1958, S.207 und 208)

So sah Prof. Dr. Coolidge die Opfer tschechischer Gewalt

Prof. Dr. Archibald Cary Coolidge, Sonderberater der amerikanischen Friedensdelegation für das Gebiet des ehemaligen Österreich-Ungarn, sprach sich zu der Missachtung des Selbstbestimmungsrechtes durch die verantwortlichen Politiker des Retortenstaates ČSR am 10. März 1919 in seinem Bericht wie folgt aus: »Würde man den Tschechoslowaken das ganze Gebiet zuerkennen, das sie beanspruchen, so wäre das nicht nur eine Ungerechtigkeit gegenüber vielen Millionen Menschen, die nicht unter tschechische Herrschaft gelangen wollen, sondern es wäre auch für die Zukunft des neuen Staates gefährlich und vielleicht verhängnisvoll. Die Beziehungen zwischen Deutschen und Tschechen in Böhmen sind in den letzten drei Monaten immer schlechter geworden. Heute besteht zwischen ihnen tiefe Feindschaft, und es ist kein Grund für die Erwartung vorhanden, dass diese Feindschaft in naher Zukunft überwunden werden wird. Das Blut, das am 4. März geflossen ist, als tschechische Soldaten in mehreren Städten auf die deutsche Menge feuerten, ist – **obwohl es im Vergleich zu den Opfern, deren Zeugen wir geworden sind, nur ein Tropfen ist** – auf eine Art und Weise vergossen worden, die nur schwer verziehen werden kann.

Das Fazit: 54 Männer, Frauen und Kinder, unbewaffnet und friedlich wurden von tschechischen Militärverbänden wahllos erschossen und 104 Menschen verwundet.

Dieses Verbrechen wurde auch von der Deutsch-Österreichischen Nationalversammlung wahrgenommen:

Auszug:

Aussage vom 12. März 1919 in der 3. Sitzung der Konstituierenden Nationalversammlung zu den Ereignissen des 4. März:

»Das deutsche Volk in Österreich führt einen schweren Kampf um sein Selbstbestimmungsrecht, es ist im Süden und Norden schwer bedroht von Völkern, die der Ansicht sind, dass es auch fernerhin möglich sei, ein anderes Volk zu unterjochen. Insbesondere in Böhmen glaubt der tschechoslowakische Imperialismus, das deutsche Volk zu Heloten herabwürdigen, ihm eine fremde Gewaltherrschaft auferlegen zu können.«

Eine immer noch aktuelle Aussage

»Die Märzgefallenen der Sudetendeutschen nehmen auch die politischen Führer der Gegenwart in die Pflicht, das deutsch-slawische Verhältnis nicht nach purer Opportunität zu ordnen, sondern auf die geschichtliche Wahrheit zu gründen.« (Dr. phil. Alfred Schickel, Leiter der Zeitgeschichtlichen Forschungsstelle Ingolstadt)

Dr. Beneš lügt wieder und immer unglaublicher

Eine der tückischsten und plumpsten Lügen des Herrn Dr. Beneš hat dieser zur gleichen Zeit, da die Toten und Verletzten von den Straßen deutscher Städte getragen wurden, dem Unterausschuss für Grenzfragen der alliierten Friedenskommission serviert.
Laut Sitzungsprotokoll sagte Dr. Beneš u. a. »... dass die Sudetendeutsche Bevölkerung in ihrer überwältigenden Mehrheit zur Tschechoslowakei wolle .... In Wahrheit seien 99 % von ihnen für eine Vereinigung ihres Landes mit Böhmen, das heißt für eine Vereinigung der Sudetengebiete mit der Tschechoslowakei«.

Das zur gleichen Zeit mit dieser Erklärung durchgeführte Massaker an den Sudetendeutschen – **diesen weiteren Meilenstein zum Völkermord** – hat er nicht erwähnt.

Kapitel 5

Dr. Beneš' Lügen
Note an die Friedenskonferenz
Der ungebrochene »Anschluss« – Wille

Eine legitime Forderung

Wenn man die Friedensthesen des amerikanischen Präsidenten W. Wilson vom März 1918 über das Recht zur Selbstbestimmung für alle Völker der ehemaligen Donaumonarchie ernst nimmt, dann hätten diese auch – so sollte man glauben – für die deutsche Bevölkerung der ehemaligen Sudetengebiete Böhmen, Mähren und Schlesien nach dem Zerfall der Österreichisch-Ungarischen Monarchie gelten müssen.

Die schmerzlichen Ereignisse des 4. März 1919 – der 2. Welle der willkürlichen Erschießungen deutscher Zivilisten auf noch österreichischem Heimatboden durch tschechische Soldateska – erschütterten die Gemüter.

Waren doch die Anlässe zu diesen Morden legitime Demonstrationen der Deutschen im eigenen Land, deren lautere Motive Josef Seliger, der Stv. Landeshauptmann der deutschösterreichischen Provinz Deutsch-Böhmen und Vorsitzende der Deutschen Sozialdemokratischen Arbeiterpartei am Tage des Mordterrors, dem 4. März 1919, in Teplitz bekannt gab:

März 1919 – Bekenntnis Josef Seligers
»Uns führt nicht Hass gegen das tschechische Volk zusammen, dem wir seine Befreiung ... gönnen. ... Nur die Liebe zu unserem Volke, zu unserer Freiheit und zu unserem Rechte ist es, die uns heute zusammenführt ... Wir wollen ausharren in dem Kampfe um unser Selbstbestimmungsrecht. ... Wir wollen mit ihnen (den Deutsch-Österreichern) gemeinsam einmarschieren in das große, freie sozialistische Deutschland!«

Das große Leid, das alle Österreicher über die Opfer dieser Bluttat empfanden wird durch die Erklärung, die Präsident Karl Seitz am 12.3.1919 vor der konstituierenden Nationalversammlung abgab, wiedergegeben: »Deutschösterreich hat abermals einen sehr schweren Verlust erlitten. (Die Versammlung erhebt sich.) Kaum ist der Krieg beendet, in dem die österreichischen Deutschen so schwere Opfer an Leben, Blut und Gesundheit der Bürger gebracht haben, und schon stehen wir abermals an offenen Gräbern. Im nördlichen Teil unseres Vaterlandes, in Deutschböhmen, sind Bürger in der Verteidigung des heiligsten Rechtes der Völker, des Selbstbestimmungsrechtes, gefallen, niedergemetzelt, hingemordet von volksfremden Soldaten.«

LÄSST SICH FALSCHHEIT NOCH STEIGERN?

Diese Ereignisse wurden nicht geahndet und blieben fast unerwähnt.
Aber nur fast, und von der tschechischen Regierung in ganz anderer Weise:

»Sie ließ am 8. März 1919 dem französischen Ministerpräsidenten eine geharnischte Protestnote überreichen, welche die Schuld für die blutigen Ereignisse der deutsch-österreichischen Regierung zur Last legte und strenge Maßnahmen der Alliierten gegen Österreich verlangte. Die Note behauptete, am 1. März 1919 sei eine Spionage- und Propagandaverschwörung entdeckt worden und Österreich hätte die Absicht, mit militärischen Streitkräften in der ČSR einzufallen!«
Die Antwort zu obiger Frage: Ja, sie lässt sich steigern, zur Unverfrorenheit!

Die Staatsideen

Die deutschen Volksgruppen der Sudeten- und der Alpenländer Österreichs wollten sich unter sozialdemokratischer Führung mit allen anderen Ländern der Deutschen Republik in einem gemeinsamen Staat vereinen. Zu niemandes Schaden aber zum Missfallen der tschechischen Politiker und der anderen Feinde des 1. Weltkrieges.
Auch die slawischen Volksgruppen der Tschechen und Slowaken wollten einen gemeinsamen Staat schaffen. Dies geschah mit dem äußersten Wohlwollen der mit Ressentiments gegen alles »Deutsche« erfüllten Franzosen, mit politischem Kalkül der Engländer und unter vorerst kritischer Beobachtung durch die Amerikaner. Aber, und darin lag der Fluch für die Zukunft dieses Staates, zum Schaden anderer Staaten und Volksgruppen.
Wenn man auch den tschechischen Politikern damals eine gewisse Überkompensation des Minderwertigkeitsempfindens während der Zeit des Lebens in der österreichisch-ungarischen Monarchie zubilligen will, so war dennoch der an den Tag gelegte Wahn ihrer Überheblichkeit und Selbstüberschätzung bei der Staatsplanung als Triebfeder für maßlose Forderungen nicht zu entschuldigen.

Nicht alle Wünsche – die Donau als Grenzfluss, der Korridor über Deutsch-Ungarn, die Internationalisierung von Strassen und Bahnlinien zur Ost- und Nordsee sowie zum Mittelmeer zugunsten der ČSR, jedoch zu Lasten der Souveränitätsrechte der Anrainerstaaten – gingen in Erfüllung. Aber w a s erreicht wurde, ging zu einem Großteil zu Lasten Österreichs und insbesondere der deutschen Bewohner der Sudetengebiete.

Der Beginn der Friedenskonferenz

Seit dem 18. Jänner tagte in Paris die Kommission für territoriale Friedensbestimmungen. Zuerst wurden die »utopischen« Gebietsansprüche geprüft und u. a. von den Italienern zurückgewissen. Ebenso wie die Forderungen nach dem Gebiet am rechten Marchufer, weil diese angeblich eine überwiegend tschechische Bevölkerung hätten. Österreich hätte folgende Orte verloren: Falkenstein, Berhardsthal, Litschau, Schrems und Teile des polit. Bezirkes Gmünd. Zusätzlich Zistersdorf, Großkrut, Poysdorf, Drasenhofen, Staaz, Laa a/d Thaya, Mailberg, Haugsdorf, Retz, Weitersfeld, Hardegg, Drosendorf, Raabs, Karlstein a/d Thaya, Dobelsberg, Kautzen, Litschau, Heidenreichstein, Gmünd, Weitra, Großpertholz und zahlreiche weitere niederösterreichische Orte sollten tschechisch werden.

Weitere 18 Gemeinden mit 20.845 Einwohnern der Gerichtsbezirke Gmünd und Schrems gingen Niederösterreich jedoch tatsächlich verloren. Das Feilschen um Gebiete ging weiter. Menschenschicksale waren kein Verhandlungsgegenstand.

Dr. Beneš bestand vorrangig auf der Zuerkennung der ehemaligen österreichischen Reichsgrenzen in Böhmen, Mähren und Schlesien als Teil der tschechoslowakischen Staatsgrenzen, auch wenn auf diese Art über 3,5 Mio. Deutsche dem neuen Staat zwangseingegliedert werden mussten.

Aber, so argumentierte man, es würde dieser Umstand in einer Republik, die nach dem Muster der Schweiz etabliert werden würde, kaum von Bedeutung sein. Falls das »Schweizer Modell« tatsächlich für den neuen Staat Anwendung gefunden hätte, wäre dieses Argument sogar richtig gewesen!
Es kam jedoch – wie sich zeigte – ganz anders.

Die neuerliche Täuschung

Hat Dr. Beneš schon lang und breit versucht, im Memorandum 3 an die Friedenskonferenz im Jänner 1919 die Notwendigkeit einer Staatsgründung – so und nicht anders – zu beweisen und versprach er, den neuen Staat als Nationalitätenstaat nach Schweizer Art einzurichten, so fiel es schon damals manchen Beobachtern scheinbar schwer, diesem Versprechen Glauben zu schenken. Denn bereits das tatsächliche Verhalten der tschechischer Einheiten in den militärisch besetzen deutschen Gebieten sowie verbale Drohungen, Angriffe und Beschimpfungen gegen soziale und demokratische Politiker sowie Gräueltaten jeglicher Art führten alle Beteuerungen, eine Schweizer Staatsidee zu verfolgen, ad absurdum.

Über die Denkschrift Nr. 3 fand eine Besprechung zwischen Herrn Dr. Beneš und Herrn Berthelot – dem mit ihm befreundeten französischen Delegierten im Ausschuss für Minderheitenschutz – statt.
Berthelot hat dann Dr. Beneš gebeten – scheinbar um ganz sicher zu gehen – die ihm mündlich gemachten Erklärungen hinsichtlich des künftigen Minderheitenregimes schriftlich zu wiederholen. Es handelt sich um das vielleicht wichtigste Dokument zum Verständnis der tschechischen Vorgangsweise bei den Friedensverhandlungen.

Das geschah in der an Berthelot übersandten Note vom 20. Mai 1919:

NOTE DER TSCHECHOSLOWAKISCHEN REGIERUNG AN DIE FRIEDENSKONFERENZ *vom 20. Mai 1919 in Paris*

»Es ist die Absicht der tschechoslowakischen Regierung, den Staat so zu organisieren, dass sie als Grundlage der Rechte der Nationalitäten die Grundsätze annimmt, die in der Verfassung der schweizerischen Republik Anwendung gefunden haben, d. h. sie hat die Absicht, aus der tschechoslowakischen Republik eine Art Schweiz zu machen, wobei sie natürlich die besonderen Verhältnisse in Böhmen in Betracht zieht.

Es wird das allgemeine Stimmrecht nach dem Proportionalsystem eingeführt werden, das den verschiedenen Nationalitäten der Republik proportionale Vertretung in allen aus Wahlen hervorgehenden Körperschaften sichern wird.

Die Schulen werden im ganzen Staatsgebiet vom Staat aus öffentlichen Mitteln unterhalten werden und es werden für die verschiedenen Nationalitäten Schulen in allen Gemeinden errichtet werden, in denen die gesetzlich festgelegte Zahl von Kindern die Notwenigkeit der Errichtung solcher Schulen beweist.

Alle öffentlichen Ämter, in denen grundsätzlich die beiden Sprachen gleichberechtigt sein sollen, werden den verschiedenen Nationalitäten, die in der Republik leben, offen stehen.

Die Gerichte werden gemischte Gerichte sein, und Deutsche werden das Recht haben, vor den höchsten Gerichten in ihrer eigenen Sprache zu plädieren.

Die Lokalverwaltung (der Gemeinden und Bezirke) wird in der von der Mehrheit der Bevölkerung gesprochenen Sprache geführt werden.

Eine religiöse Frage gibt es nicht in der tschechoslowakischen Republik, es wird daher auf diesem Gebiet keine Schwierigkeiten geben.

Die offizielle Sprache wird das Tschechische sein und der Staat wird im Ausland der Tschechoslowakische Staat heißen; aber in der Praxis soll Deutsch die zweite Landessprache sein und soll ständig in der Verwaltung, vor den Gerichten und im Zentralparlament gleichberechtigt neben dem Tschechischen gebraucht werden. Es ist die Absicht der tschechoslowakischen Regierung, die Wünsche der Bevölkerung in der Praxis und im täglichen Gebrauch zu befriedigen, jedoch der tschechoslowakischen Sprache und dem tschechoslowakischen Element eine gewisse Sonderstellung einzuräumen.

Anders ausgedrückt: der gegenwärtige Staat, in dem die Deutschen ein überwältigendes Übergewicht hatten, wird bestehen bleiben, es werden lediglich die Vorrechte, die die Deutschen genossen, auf ihr richtiges Verhältnis zurückgeführt werden (z. B. wird die Zahl der deutschen Schulen eingeschränkt werden, da sie überflüssig sein werden).

Es wird ein äußerst liberales Regime sein, das demjenigen der Schweiz stark gleichen wird.«

Diese Note ... »die sich mit den Vorrechten befasst, die der tschechoslowakische Staat den Minderheiten innerhalb seiner Grenzen zuzuerkennen vorschlägt« wird dem »Obersten Rat« der Friedenskonferenz gesandt und als bedeutungsvoll bezeichnet. Es wird darin die Absicht der Regierung geschildert »die Deutschen mit größter Freiheitlichkeit zu behandeln«.

Der »Oberste Rat« ist tief beeindruckt, denn: »Die von ihm« (Anm. Dr. Beneš) »gemachten Vorschläge gehen weit über alles das hinaus, was das Komitee vorzuschlagen sich für berechtigt gefühlt hätte.«

Aus Dokumenten geht hervor, dass daraufhin in dieser obersten Instanz die Entscheidung der Pariser Konferenz – zur Gründung der Tschechoslowakischen Republik in den beanspruchten Grenzen – unter Berücksichtigung der Versprechen der tschechoslowakischen Delegierten getroffen wurde. Im Zusammenhang mit dem Memorandum 3 wurde der Note vom 20.5.1919 ein solches Gewicht beigemessen, dass man im Vertrauen auf den guten Willen der Tschechen, auf besondere Bestimmungen des Minderheitenschutzgesetzes verzichtete.

Begleitmelodie zur Friedenskonferenz

T. G. Masaryk gab am 7. Juni 1919 vor Vertretern der tschechoslowakischen Journalisten »die freimütigste Erklärung über die Deutschen« in der ČSR ab:

Auszug:

»Die Wichtigkeit dieses Problems erhellt sich schon aus der numerischen Stärke, der kulturellen und wirtschaftlichen Reife der Deutschen ... Wir werden ihnen alles konzedieren, was ihnen rechtmäßig gebührt ... Es scheint daher unerlässlich, sie zu befriedigen und von der Sorge um die Sicherung ihres Volkstums zu befreien, sie zu wahrhaftigen Bürgern zu machen, auf dass sie ihre Kräfte der konstruktiven Arbeit bei dem Ausbau des gemeinsamen Staates, seiner Verwaltung und Wirtschaft widmen können.«

Etwas ähnliches äußerte Masaryk bereits 1907 als Reichsratabgeordneter Österreichs.
Für die Ohren der Delegierten der Friedenskonferenz waren solche Worte bestimmt, für die Realität ganz andere: z.B. Entgermanisierung etc.

Die Akzeptanz des Schweizer-Staatsmodells

Österreich, von einem Wunschdenken erfüllt, nimmt die Note des Dr. Beneš an die Friedenskonferenz ernst und bringt am 10. Juli 1919 durch die österreichische Abordnung zur Friedenskonferenz konkrete Vorschläge ein, darunter einen genauen Entwurf, in der Tschechoslowakei gleichwie im Vier-Völker-Staat Schweiz Kantone zu schaffen, um die Selbstverwaltung der in ihr lebenden Völker zu sichern: der Tschechen, Deutschen, Slowaken, Ungarn, Polen und Karpato-Ukrainer.

Die Siegermächte übergehen einfach diesen in eine friedliche Zukunft weisenden österreichischen Vorschlag.

War auch hier bereits alles schon früher entschieden und wurde der »Oberste Rat« düpiert?

Das Ende der Friedenskonferenz
Das Trauma der Trennung

Die Vorboten einer Fremdherrschaft in ihren Heimatgebieten, die Okkupation durch tschechisches Militär dieser Gebiete mit Mord, Gewalt und Plünderungen, trafen die deutsch-österreichische Bevölkerung unerwartet und mit voller Wucht. Da half auch kein Protest des sozialdemokratischen Staatskanzlers Karl Renner am 5. 3. 1919 in Wien:

> Auszug:
>
> »Die konstituierende Nationalversammlung erhebt gegen die gewaltsame Besetzung der Länder Deutschböhmen und Sudetenland, des Kreises Südmähren und des Böhmerwaldes, der Einschlussgebiete von Brünn, Iglau und Olmütz, ferner der südlichen Grenzgebiete von Steiermark und Kärnten sowie jenen Teil von Deutsch-Südtirol, der vom Königreich Italien besetzt ist, kraft des Selbstbestimmungsrechtes der Nationen und eigener freier Beitrittserklärungen als unverzichtbare Bestandteile der Republik Deutschösterreich feierlich Einspruch.«

Auch die letzte Hoffnung, dass eine »Friedenskonferenz« die tschechischen Gebietsansprüche zurückweist, ging nicht in Erfüllung.

Das Diktat von Saint-Germain-en-Laye

Die Beendigung des Kriegszustandes zwischen Österreich und den Alliierten erfolgte am 10. September 1919.
Den von tschechischer Seite bravourös herbeigeführten Entscheidungen der Territorial – und Minderheitenausschüsse der Friedenskonferenz folgend, wurde der Artikel 36ff textiert:

> Auszug:
>
> »Böhmen, Mähren, Österreich-Schlesien (ohne Teschen, das an Polen fällt) und der nördliche Teil von Ungarn mit Pressburg, Schemnitz, Kremnitz, Kaschau und Munkacs werden zu einer neuen Republik Tschechoslowakei vereinigt.
> Artikel 188 bestimmt: Deutschösterreich soll nach dem Muster der Schweiz ein Bundesstaat sein, der den Namen »Österreich« zu führen hat und dem der Anschluss an das Deutsche Reich untersagt ist.«

Bezeichnend ist, dass dieser Artikel bestimmt, dass plötzlich »Österreich« seinen Staat nach dem Muster der Schweiz errichten soll, wohingegen der neugegründeten tschechoslowakischen Republik dieses Muster der Schweiz n i c h t auferlegt wurde.

Da erst wurde allen Deutschösterreichern bewusst, dass das Schicksal der Teilung des Volkes unabwendbar war. Vom Ausmaß des Schmerzes beider Volksteile – dem in den Grenzen Deutschösterreichs verbliebenen und dem in den Tschechischen Staat gezwungenen – zeugen die Erklärungen der Politiker beider Seiten.

Die Protesterklärung vom 6.9.1919 der Deutsch-Österreichischen Nationalversammlung nach bekannt werden des Diktattextes:

Auszug:

»Die Deutschösterreichische Nationalversammlung trat am 6. September 1919 zum letzten Mal zusammen. An diesem Tag der Trauer wurde unter feierlichem Protest gegen die Verweigerung des Selbstbestimmungsrechtes u. a. folgendes beschlossen: »Die Nationalversammlung erhebt vor aller Welt feierlich Protest dagegen, dass der Friedensvertrag von St. Germain unter dem Vorwande, die Unabhängigkeit Deutschösterreichs zu schützen, dem deutschösterreichischen Volke sein Selbstbestimmungsrecht nimmt, ihm die Erfüllung seines Herzenswunsches, seine wirtschaftliche, kulturelle und politische Lebensnotwendigkeit, die Vereinigung mit dem deutschen Mutterlande verweigert«.

Die Rede des Staatskanzlers vom gleichen Tage
Am 6.9.1919 sagt Staatskanzler Karl Renner (SPÖ):

Auszug:

»Wir aber sind durch den Krieg verarmt, wir sind von einem Wirtschaftskörper nur ein Bruchstück! Und das Gefühl dieser Verarmung und das Gefühl, als Bruchstück nicht selbstständig leben zu können, zusammen mit dem unzerstörbaren Gefühl der kulturellen Gemeinschaft mit den Deutschen des Reichs, hat die Nationalversammlung bestimmt, zweimal in feierlicher Weise den Anschluss an das Deutsche Reich zu verkünden. Es gehört zu meiner schmerzlichen Pflicht, dem Hause zu berichten, dass der Friedensvertrag uns die Freiheit dieser

Entschließung nimmt. Wir müssen es versuchen, zunächst allein zu stehen. Eines allerdings nimmt der Friedensvertrag in Aussicht: Auch in dieser Frage soll der Völkerbund entscheiden, und das Ideal, das diesem Staatswesen von seiner Geburt eingeboren ist, das Ideal der Vereinigung mit dem deutschen Mutterlande, kann nur mehr vollzogen werden im Wege der Überzeugung der Großmächte von der Notwenigkeit dieses Anschlusses. Ich bin nicht berufen, die künftige Politik Deutschösterreichs vorher festzulegen, aber ich hege meine persönliche Überzeugung, dass Deutschösterreich diesen Weg zur gegebenen Zeit unter den geeigneten Umständen in loyalster Weise beschreiten wird.«

Der Beschluss der deutsch-österreichischen Nationalversammlung vom 10. 9. 1919

Die Nationalversammlung der Republik Deutsch-Österreich nimmt den Bericht des Staatskanzlers über den Verlauf und die Ergebnisse von St. Germain zur Kenntnis:

Auszug:

»In schmerzlicher Enttäuschung legt sie Verwahrung ein gegen den leider unwiderruflichen Entschluss der alliierten und assoziierten Mächte, dreieinhalb Millionen Sudetendeutsche von den Alpendeutschen, mit denen sie seit Jahrhunderten eine wirtschaftliche und politische Gemeinschaft bilden, gewaltsam loszureißen, ihrer nationalen Freiheit zu berauben und unter die Fremdherrschaft eines Volkes zu stellen, das sich in demselben Friedensvertrag als ihr Feind bekennt. Die Nationalversammlung erwartet, dass der Völkerbund das an wichtigen Teilen Kärntens, Steiermarks und Niederösterreichs unfassbare Unrecht, das an den Sudetendeutschen, an Deutschsüdtirol verübt werden soll, ehebaldigst wieder gut machen wird. Die abgetrennten Volksgenossen im Norden und Süden geleitet in ihre kampfreiche Zukunft der heißeste Segenswunsch der deutschösterreichischen Nationalversammlung. Ohne alle Macht, dieses Unheil abzuwenden und Europa die unvermeidlichen Wirren zu ersparen, die auf dieser Versündigung an dem heiligsten Recht einer Nation erwachsen müssen, legt die deutschösterreichische Nationalversammlung die geschichtliche Verantwortung für diesen Ratsschluss auf das Gewissen jener Mächte, die ihn trotz unserer ernstesten Warnungen vollziehen.«

Dr. Rudolf, Ritter Lodgman von Auen (1877 - 1962)
Landeshauptmann der Deutsch-Österreichischen
Provinz/Böhmen (1918/1919)

Verabschiedung der sudetendeutschen Regierungen und Vertretungen am 24.9.1919 in Wien. Dabei sagt der Landeshauptmann von Deutschösterreich, Lodgman von Auen:

Auszug:

»Ich erhebe vor der gesamten gesitteten Welt Einspruch gegen die in St. Germain geschehene Vergewaltigung des Selbstbestimmungsrechtes.« Auch er betont die Unzerreißbarkeit der zwischen den Sudetendeutschen und den Alpendeutschen sowie zwischen beiden und dem Deutschen Reiche bestehende Bande«.

Die zurückgetretenen Landesregierungen Deutschböhmens, des Sudetenlandes und der Kreishauptmannschaft Südmähren richten einen Aufruf an die deutschen Volksgenossen in den Sudetenländern: »Wir verkünden es feierlich im Namen unseres ganzen Volkes, dass unser Volk niemals den Anspruch auf sein Selbstbestimmungsrecht aufgeben, niemals die Vergewaltigung des Rechtszustandes anerkennen, niemals aufhören wird, den Kampf um seine nationale Freiheit mit allen geeigneten Mitteln zu führen.«

Die Wortfindung dieser Verabschiedung zeigt tiefe Trauer ohne jeglichen parteipolitischen Hintergrund.

Demnach ohne geringsten nationalsozialistischen Einfluss!!

Grundsteine des Genocids

Bereits 1919 sagte der tschechische Finanzminister Rašín auf einer Nimburger Parteiversammlung folgendes: »Der tschechische Staat, den wir uns erkämpft haben, muss ein tschechischer bleiben. Wir haben nach dem Friedensvertrag das Recht, unsere Sache so einzurichten, als ob andere Nationalitäten überhaupt nicht existierten.«

Ebenso 1919 sagte der Univ. Prof. Mares im Kulturausschuss des Nationalrates: »Es wäre ein Wahnsinn, das Streben an den Tag zu legen, die Deutschen für die Republik zu gewinnen. Diese Politik ist absurd. Wer da glaubt, den Deutschen ihren jetzigen Besitzstand im Staate zu lassen, handelt entweder aus Angst vor den Deutschen oder in der Hoffnung auf die Deutschen. Auch eine solche Angst und eine solche Hoffnung ist nationaler Verrat.«

Aus Anlass des großen Sokolfestes des Jahres 1919 in Prag erschien in der Prager Zeitschrift »Zlata Praha« in einem Begrüßungsartikel unverhohlen die Aufforderung: »... **die tschechischen Legionäre mögen die Deutschen über die Grenzen peitschen.**«

Diese feindliche Denkweise, die den späteren Intentionen des Herrn Dr. Beneš gleichkommt, trat in einem sozialdemokratischen Umfeld zutage, unbeeinflusst von einem Nationalsozialismus, der damals in der ČSR keinen Einfluss haben konnte!

Womit will man sie dann verniedlichen?

| Kapitel 6

Warnungen, Wechsel des Staatsprinzips Wirtschafts- und Landraub

Weitsicht tschechischer und deutscher Politiker

Einer der bedeutendsten tschechischen Politiker zur Zeit der Staatsgründung der tschechoslowakischen Republik zu Ende des Ersten Weltkrieges war Dr. Karel Kramař. Er war einer der ersten Tschechen, die die brutalen Unterdrückungsmaßnamen der Tschechen gegen die Sudetendeutschen in den Jahren 1918 und 1919 missbilligte und vor unausweichlichen Konsequenzen warnte.

In seiner Rede vor der tschechoslowakischen Nationalversammlung am 22. Jänner 1920 führte er aus: »Die Deutschen werden sich niemals mit dem abfinden, was geschehen ist. Ich, als tief national fühlender Mensch, würde mich über die Deutschen wundern und würde sie nicht begreifen, wenn sie vergessen und sich versöhnen würden.«

Ein Jahr später schrieb der damals erst 26jährige Sudetendeutsche Richard Coudenhove-Kalergie, der Schöpfer des modernen Europagedankens, in einem seiner ersten politischen Artikel folgende Sätze:

»Die deutsche Frage ist die eigentliche Existenzfrage der Tschechoslowakischen Republik; gelingt ihr die Versöhnung der dreieinhalb Millionen Deutschen mit neun Millionen Tschechen und Slowaken, so wird sie reich, angesehen und vorbildlich für künftige übernationale Staatenbildung werden. Gelingt diese Versöhnung nicht, so muss der Staat aus einer Krise in die andere taumeln, bis Deutsch-Böhmen sich bei günstiger weltpolitischer Gelegenheit losreißt und der Rest in zwei Zwergstaaten, den tschechischen und slowakischen, zerfällt, die, ohne eigene Lebensfähigkeit, bald zu Vasallen Deutschlands oder Ungarns herabsinken müssten. Für Böhmen bedeutet der tschechisch-deutsche Gegensatz dasselbe wie der französisch-deutsche für Europa. Verlässt die Tschechoslowakei den Boden des Nationalismus, so kann sie vorbildlich werden für ein neues Europa, das keine Sprachkonflikte mehr kennen wird.«

Wie berechtigt diese Aussagen waren, zeigte leider die weitere Entwicklung des Zusammenlebens von Tschechen und Deutschen der Sudetengebiete. Von Deutschen, die gezwungen waren zwar in ihrem Land, jedoch in einem fremden, einem tschechischen Staat zu leben. Gezwungen durch das Friedensdiktat von St. Germain, das ihnen ein Selbstbestimmungsrecht verwehrte und sie von ihrem Mutterland trennte und das sie einem Staate zuerkannte, der zwar vorgab ein Regime nach Schweizer Muster einzurichten, dieses Vorhaben jedoch nie verwirklichte, ja sogar bewusst verwarf!

Der Wechsel des Staatsprinzips

Außer der konstruierten tschecho-slowakischen Nation (siehe Zerfall 1993) wies die Zusammensetzung der übrigen Staatsbevölkerung aus Deutschen, Magyaren, Karpato-Ruthenen und Polen bestehend, den neuen Staat als Nationalitätenstaat aus. Sein Schicksal war jedoch durch den später erhobenen Anspruch bestimmt, ein tschechischer, allenfalls ein tschechoslowakischer Nationalstaat zu sein.

Einen Nationalitätenstaat nach Schweizer Muster zu gründen gaben die tschechischen Politiker den leichtgläubigen alliierten Diplomaten vor. Sowohl im Memorandum Nr. 3 zu Beginn des Jahres 1919 als auch zur Bekräftigung dieser Täuschung in der Note an die Friedenskonferenz im Mai 1919.

Die Gleichberechtigung der Nationalitäten gab es jedoch in diesem Staate nicht, sondern – alle Versprechen vergessend – stellten die tschechische Seite in bis dahin beispielloser Überheblichkeit offen den Anspruch auf eine politische Führungsrolle beziehungsweise auf nationalen und politischen Vorrang vor den übrigen Staatsvölkern, die somit zu Minderheiten degradiert wurden und keinen Anteil an der Staatsgründung nehmen durften.

Die »Revolutionäre Nationalversammlung«

Wie ist nun dieser Staat aufgebaut worden? Am 28. Oktober 1918 erfolgte in Prag der Umsturz; an die Stelle der alten regierenden Gewalten trat der Nationalausschuss (Národni výbor), welcher sich selbst in seinem Gesetz vom selben Tage, Nr.11 SdG.V., zum Vollstrecker der staatlichen Souveränität machte. Er war nur aus Vertretern der tschechischen Parteien – unter Hinzuziehung einiger Slowaken – zusammengesetzt und blieb es auch nach seiner Erweiterung auf 256 und später 270 Mitglieder, als er sich »Revolutionäre Nationalversammlung« nannte. Von dieser Versammlung wurde sowohl die Verfassung, das Sprachenrecht, das Gesetz über die Gau- und Bezirksverfassung und die parlamentarische Geschäftsordnung festgesetzt, ohne dass die Vertreter der anderen Nationen (mehr als ein Drittel der Bevölkerung) auch nur dazu geladen wurden. Selbst das Zentralorgan der tschechischen Sozialdemokratie, »Právo Lidu«, bezeichnete am 23. Dezember 1919 diese Nationalversammlung als eine »Diktatur der tschechischen Parteien«, und der Chefredakteur dieses Blattes, Abgeordneter Stivin, gab am 28. Februar 1920 in diesem Blatte seinen Befürchtungen Ausdruck, **dass die wichtigsten Verfassungsgesetze durch eine nicht gewählte Körperschaft geschaffen wurden,** und dass die Bürger der nichttschechischen Nationen davon vollständig ausgeschlossen wären.

Die Verfassungsgesetze tragen demgemäß durchaus den Stempel des nationalen Diktats tschechischer unverantwortlicher Politiker.

Geradezu eine völlige Abkehr von der Schweizer Staatsidee geht aus dem § 33 der Verfassungsurkunde vom 29. Feber 1920 hervor. **Hier bekannte sich der Staat zum »Prinzip der permanenten Majorisierung der nationalen Minderheiten.«! Daher auch zum Prinzip der Entgermanisierung.** In diesem Prinzip der Aggression gegen die Deutschen lag die Quelle aller späterer Konflikte.

Die gewählte Nationalversammlung

Erst als alle Verfassungsgesetze in Kraft getreten waren, wurden im April 1920 Wahlen in das Abgeordnetenhaus durchgeführt. Am 18. und 25. April 1920 wurden die ersten freien Wahlen der Tschechoslowakischen Republik abgehalten und brachten folgendes Ergebnis:

Die Deutschen Parteien erreichten 72 von 300 Abgeordneten – und 37 von 150 Senatsmandaten. Das Ergebnis der Stimmenzählung erbrachte 1.585.321 deutsche Stimmen.

Proteste der sudetendeutschen Abgeordneten im tschechoslowakischen Parlament 1920

Die Grundsatzerklärung des »Deutschen Parlamentarischen Verbandes« des tschechoslowakischen Parlaments am 1.6.1920 lautet:

Auszug:

»Durch den Friedensvertrag von St. Germain ist ein Staat entstanden, der neben rund 6 Millionen Tschechen auch fast 4 Millionen Deutsche umfasst ... Wir ... stellen fest, dass dieser Staat ... auf Kosten der geschichtlichen Wahrheit entstanden ist und dass die entscheidenden Großmächte über den wahren Sachverhalt getäuscht worden sind. Die tschechoslowakische Republik ist ... das Ergebnis eines einseitigen tschechischen Willensakts und hat die deutschen Gebiete widerrechtlich mit Waffengewalt besetzt. Die deutschen Sudetenländer ... sind um ihren Willen niemals befragt worden ... Unrecht kann ... niemals Recht werden, solange es nicht von den Betroffenen selbst auf Grund freier Entschließung anerkannt wird, und wir verkünden demnach feierlich, dass wir niemals aufhören werden, die Selbstbestimmung unseres Volkes zu fordern ...«

Und die Erklärung der Deutschen Sozialdemokratischen Partei besagt:

Auszug:

»Die siegreichen Ententemächte haben durch den Gewaltfrieden von Versailles und St. Germain auch das deutsche Volk in den Sudetenländern nationaler Fremdherrschaft unterworfen und es gegen seinen Willen und gegen den einmütigen Beschluss seiner berufenen Vertreter in den tschechoslowakischen Staat gezwungen. In der Stunde, da wir das Parlament der tschechoslowakischen Republik betreten, ... erklären wir deutschen Sozialdemokraten feierlichst, dass wir am Selbstbestimmungsrecht unseres Volkes unverrückbar und unverbrüchlich festhalten und dass wir entschlossen sind, auch auf dem Boden dieses neuen Nationalitätenstaates unseren großen geschichtlichen Kampf aufzunehmen ...«

Auch die Protestrede des deutschen Abgeordneten F. Krepek (Bund der Landwirte) am 10.6.1920 im tschechoslowakischen Abgeordnetenhaus muss in diesem Zusammenhang erwähnt werden:

Auszug:

»Sie haben sich in diesem alten Österreich bedrückt gefühlt. Sie haben dem Staat vorgeworfen, dass er Ihnen Ihre nationale Entwicklung als Volk vorenthalte, dass er Ihnen Ihre politische Freiheit nicht in jenem Maße gebe, wie es den Bedürfnissen Ihrer Nation entspreche. Sie haben diesen Vorwurf erhoben, diese nationalen und politischen Forderungen zu Ihrem Programm gemacht und dieses Programm dadurch vertreten, dass Sie als Krönung Ihrer Forderungen die Aufrichtung eines eigenen Staates verlangt haben, als Sie noch österreichische Bürger waren. Und als im Weltkrieg Not und Gefahr über diesen Staat hereinbrach, haben Sie diesem Programm nicht etwa abgeschworen, sondern Ihre fähigsten Köpfe ins Ausland geschickt, um mit dem Feind zu verhandeln. Sie haben diesem Staat im Inneren planmäßig die Mittel zur Kriegsführung versagt und dadurch zu seiner Zertrümmerung beigetragen. Das alles haben Sie getan, weil Sie zu Ihren nationalen Rechten und Freiheiten gelangen wollten. Und nun haben Sie Ihren eigenen Staat errichtet und uns mit Hilfe der siegreichen Westmächte in diesem Staat festgehalten, und heute stehen wir in unserer nationalen Bedrängnis genau dort, wo Sie einst gestanden sind. Sehen Sie nicht, dass Sie uns ein Beispiel gegeben haben, das man nur nachzuahmen braucht? Sie haben dem deutschen Volk förmlich vorgezeichnet, wie man sich gegen einen solchen Staat zu verhalten hat.«

Der Wirtschaftsraub
Die ökonomischen Folgen der Grenzziehung
Die Wirtschaftsleistungen der Sudetendeutschen

Auf die gesamte Wirtschaft in der Ersten Tschechoslowakischen Republik bezogen betrug der sudetendeutsche Anteil an den einzelnen Wirtschaftszweigen in v. H. bei der

	%		%
Seidenindustrie	100	Papierindustrie	80
Posamentenindustrie	100	Baumwollindustrie	75
Strick-u. Wirkwarenindustrie	95	Waggonbauindustrie	75
Industrie der Teerderivate	95	Elektrotechnik Industrie	70
Flaschenglasindustrie	93	Farben-u. Lackmittelind.	70
Tafelglasindustrie	91	Schwerchemie	70
Textilmaschienenind.	90	Steinkohlenbergbau	66
Knopfindustrie	90	Malzindustrie	64
Mineralölindustrie	90	Kunstdüngerindustrie	60
Gablonzer Industrie	88	Holzwarenindustrie	60
Glasindustrie (ohne Gablonzer)	86	Zuckerindustrie	58
Wollindustrie	85	Sägeindustrie	55
Spitzenindustrie	85	Kerzenindustrie	55
Leinen-u. Juteindustrie	85	Seifenindustrie	50
Kunstseidenindustrie	80	Spinnereien	50
Zementindustrie	80		

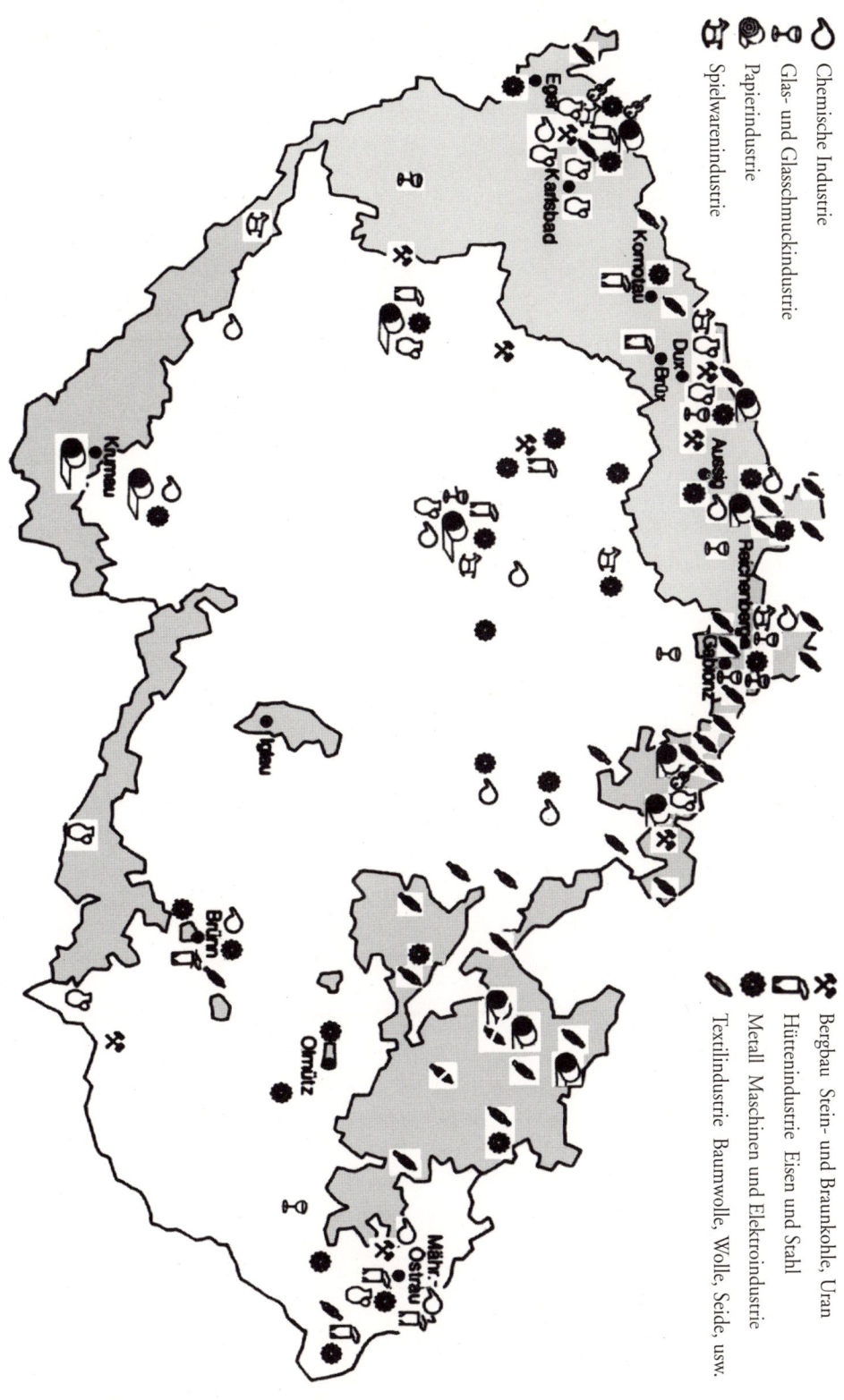

Aus dieser Abbildung der Wirtschaftsgebiete der ČSR ist zu ersehen, dass der Großteil der vormals Österreich – Ungarischen Industrie und des Gewerbes in dem von den Alliierten der ČSR zugesprochenen Gebieten lag. Dadurch verlor Österreich über 75% seiner Wirtschaftskraft; worauf allerdings niemand Bedacht nahm. Andererseits geht aus der Statistik hervor, wie enorm der tschechoslowakische Staat durch den Zuwachs – **an deutschem Eigentum** – profitiert hat bzw. hätte!

Dieser Umstand wurde jedoch nicht genützt. Es geschah das Gegenteil. Denn durch blinden Nationalismus wurde verabsäumt, diese Chance für eine gedeihliche Wirtschaftsentwicklung durch Förderungen zu nützen. Im Gegenteil, Neid gegen die »erfolgreichen« Deutschen und Gier, die Wirtschaftskraft den Deutschen zu entreißen, erreichten lediglich das Ziel, die Erträge durch gezielte tschechische Schadensmaßnahmen zu minimieren oder sogar in Verluste zu verwandeln.
Diese tschechische Tendenz, so wahnwitzig sie auch erscheinen mag, wird durch viele Aussagen bestätigt.

Die in Prag erscheinende deutsche Zeitung »Bohemia« berichtete in ihrer Ausgabe vom 7. **Juli 1923** über eine Feier in der Garnison Postelberg und gab den Inhalt einer Rede eines Advokaten aus Prag wieder, der vor versammelter Mannschaft deutscher und tschechischer Soldaten die angestrebte Vorgangsweise – den Sudetendeutschen gegenüber - präzisierte: »Wir Tschechen müssen trachten, dass wir die deutsche Industrie an uns reißen. Solange nicht der letzte Kamin der Deutschen verschwindet, solange müssen wir kämpfen. Die Deutschen haben hier kein Recht. Man soll bei ihnen nicht kaufen, damit sie auswandern, die Grenze ist ja offen, und sie können nach ihrem großen deutschen Reich oder Deutsch-Österreich auswandern.«

Die Wiedergabe weiterer Aussagen zum Boykott der Kontakte zu Deutschen, des Kaufes deutscher Erzeugnisse usw. usf. könnte eine Broschüre füllen. Die Boykottaufrufe zeigten Wirkung.
Der Anteil der deutschen Industrie sank bis zum Jahre 1929 auf fast die Hälfte des Jahres 1919. Von 1918 – 1938 verloren die Deutschen mehr als 2.000 Industrie- und Gewerbebetriebe.

Ein spätes Geständnis

Dass dies kein Wunder war, bestätigt der ehemalige Präsident der »bestfunktionierenden Demokratie« Mitteleuropas, Herr Dr. E. Beneš.
Ganz deutlich gestand Dr. E. Beneš die gezielte Bekämpfung der deutschen Wirtschaft in der ersten Republik gegenüber einer Abordnung der Treuhän-

der von 9.000 enteigneten Betrieben. Er brüstete sich am 16. Feber 1946, **dass er schon seit dem Jahre 1920 für die systematische wirtschaftliche Verdrängung der Deutschen gearbeitet habe.**
(Svobodný Směr. Pilsen, 17.2.1946)

Der Landraub – Die Bodenreform
Tschechische »Kolonisation«

Um den deutschen Lebensraum einzuengen und ihn mit tschechischen Siedlern zu durchsetzen, führte man unter dem Schein sozialer Gerechtigkeit eine Bodenreform durch.

Die Folgen dieser Reform als Werkzeug für die planmäßig fortgesetzte Slawisierung deutschen Bodens sind sowohl von sudetendeutscher als auch von tschechischer Seite wie folgt beschrieben: Schon bei Vorlage des Gesetzesentwurfes über die Bodenreform in der tschechoslowakischen Nationalversammlung am 17. April 1919 kennzeichnet der tschechische Berichterstatter Abgeordneter Modráček den wahren Charakter der tschechoslowakische Reform: »Wenn sie planmäßig und vollständig durchgeführt wird, dann ist sie nicht nur eine soziale Reform, sondern auch... eine im wahrsten Sinne des Wortes nationale Reform.«

Als die Ergebnisse der Bodenreform offen zu Tage lagen, erklärte der tschechische Präsident des Bodenamtes Dr. Viškovsky im Herbst 1925: »Dieses Werk nähert sich nun seiner Beendigung und wir stehen mit Freude zu ihm... Der Boden gelangte aus den Händen der Fremden in die Hand des tschechischen Volkes.«...
Wenn keine anderen Bedingungen gegeben sind, »wird durch die Konfiskation industrieller Unternehmungen die Tschechisierung einer Reihe von Fabriken ermöglicht werden.«

Der unter dem Schein sozialer Gerechtigkeit den deutschen Großgrundbesitzern genommenen Boden wurde an tschechische Käufer vergeben oder verstaatlicht. Vom verteilten Grund erhielten Tschechen 94%, nur 6% entfielen auf Deutsche. In seinem Werk »Die Slawen und der Westen. Die Geschichte des Panslawismus« berichtet Hans Kohn, dass der bekannte Tscheche Josef Pekař nach 1918 »mutig gegen die Agrarreform, die die tschechoslowakische Republik in erster Linie als **Enteignung der deutschen Landbesitzer zugunsten der tschechischen Bauern** durchführten, eintrat. Pekař tat dies mit den Worten: »Ich bin ein gläubiger und ehrlicher Nationalist, aber ich gehöre gleichzeitig zu denen, die überzeugt sind, dass Gewalt und Unrecht die ungeeignetsten Waffen im nationalen Ringen sind, ...«

71

Hier ein stilles Bild, das Bände von Unrecht, Leid, Not und Verbitterung durch die staatlich gesteuerte tschechische Unterwanderungspolitik spricht:

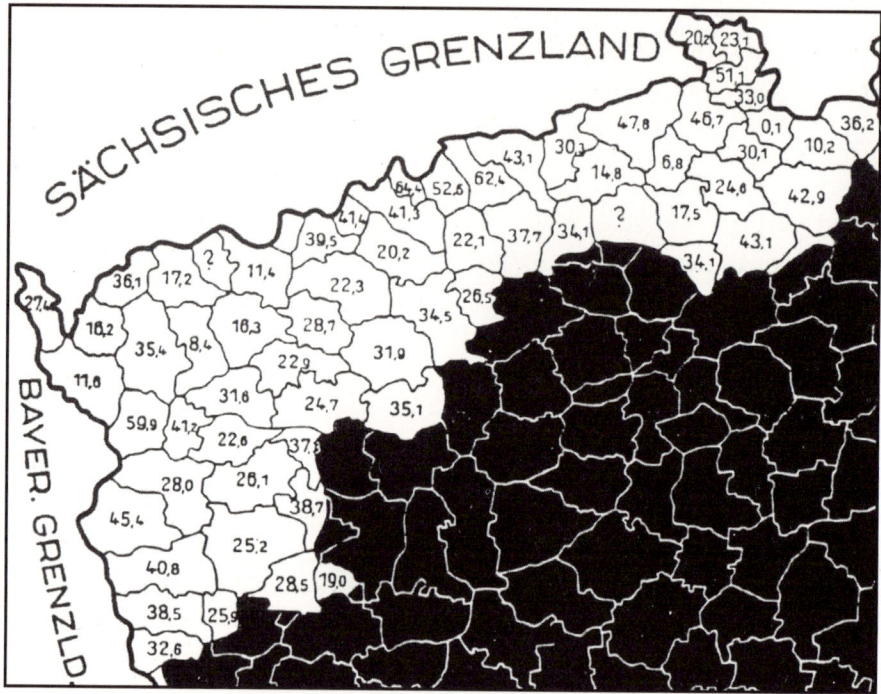

Die weißen Felder bedeuten »beschlagnahmte« Flächen in Prozent vom Gesamtgebiet je Bezirk. Diese Flächen blieben entweder in Staatsbesitz oder wurden zu über 95 % an zuziehende tschechische Neubürger vergeben. **Diese tschechischen Neusiedler stellten im Jahre 1938 das größte Kontingent der sogenannten »Vertriebenen« aus den Sudetengebieten.**

Aus diesem Landkartenausschnitt der Bezirke Nordwestböhmens ist zu ersehen, wie horrend hoch – bis 64% – der Anteil der beschlagnahmten Fläche vom Gesamtgebiet pro Bezirk ist. 83% des im gesamten Staatsgebiet beschlagnahmten Waldbesitzes lag in den deutschen Heimatgebieten. Im späteren Zeitraum gingen 3.520 sudetendeutsche Landwirtschaften verloren, die Zahl der durch die Bodenreform um Stellung und Verdienst gebrachten Deutschen – die durch Tschechen ersetzt wurden – wird auf rund 40.000 geschätzt. Diese Art der Einschränkung des deutschen Bodenbesitzes durch die Bodenreform bot neue Tschechisierungsmöglichkeiten. Sie ermöglichte die Schaffung zahlreicher – später geförderter – tschechischer Minderheiten in den deutschen Heimatgebieten und zusätzlich begünstigte diese expansive Kolonisation auch die Gründung neuer tschechischer »Minderheitenschulen«.

Der Land- und Wirtschaftsraub stellt eine entscheidende Schwächung der Existenzgrundlage der sudetendeutschen Volksgruppe dar.

Die Aufrufe zum Boykott der sudetendeutschen Wirtschaft schadeten ebenso dieser Existenz.

Und begleitet von Aussagen, die die »Deutschen« zu Menschen minderer »Qualität« herabwürdigen oder gar zu Individuen, von denen der Staat gesäubert gehört, eskalierten die Unterdrückungsmaßnahmen bis zur Begehensbereitschaft von Verbrechen gegen die Menschheit, zum Genozid an den Sudetendeutschen.

Zwei Leseproben aus dem Jahre 1920, die die damalige staalich unwidersprochene Einstellung der tschechischen Presse zum Ausdruck bringt.

Das Olmützer Blatt »Pozor« (Achtung) Ausgabe Nr. 270 vom 2. Oktober 1920 hetzte seine Leser mit folgenden Beschuldigungen gegen das deutsche Volk auf: »Mit den Deutschen ringen wir schon mehr als 1000 Jahre. Sie sind in ihren Charakteranlagen und von Natur aus verbrecherisch und jeder Kultureinfluss ist zwecklos. Es wirkt auf sie weder die Religion, noch die Wissenschaft, noch die Kunst, nichts verbessert oder verändert sie.«

Das Presseorgan »Večerní Česki Slovo« vom 19.10.1920 behauptete, dass man (die Tschechen, d. V.), alles getan habe, um die Deutschen zu versöhnen. Das sei alles umsonst gewesen. »Man solle sie lieber an Galgen und Kandelabern aufhängen, als ihnen die Gleichberechtigung zu geben.«

Waren das auch lediglich verständliche Reaktionen auf nationalsozialistische Gräuel?

| Kapitel 7

Der Grundstein des Unterganges der ČSR
Die Nationalisierung und
Entgermanisierung

Große Konflikte kommen nicht unerwartet, wenn man vor ihren kleinen Anfängen die Augen nicht verschließt. Die »Gunst der Stunde«, die Mächtekonstellation zu Ende des ersten Weltkrieges, hat es dem Tschechischen Volk ermöglicht, sich einen lang ersehnten Wunsch zu erfüllen: Die Schaffung eines »eigenen« Staates. Das erste Unglück war dabei, w a s das Volk als »eigen« beanspruchte. Sei es an Grenzen und somit an Gebieten, sei es an Besitztümern, die jedoch Andere als ihr »eigen« empfanden und rechtmäßig besaßen. Das zweite Unglück war, w i e sie das »neu Hinzugewonnene«, seien es Menschen oder Güter, behandelten. Die von diesem »Eigentumsübergang« betroffenen Menschen, genannt als »u n s e r e Deutschen«, waren die Sudetendeutschen.

Diese Gruppe von über 3 Millionen Menschen wollten ihrerseits verständlicherweise in ihrem »eigenen« Staat in »Deutschösterreich« leben und verbleiben.
Aus dieser fatalen Situation ergaben sich zwar vorhersehbare, jedoch nicht unbedingt unlösbare Konflikte.

Konflikt-Lösungen
und »Lösungen«, die weitere Konflikte schaffen

Theoretisch – da leider nicht durchgeführt – hätte der der Friedenskommission 1919 vorgegaukelte Plan, die Tschechoslowakische Republik nach Schweizer Vorbild zu gründen und zu führen, den mitteleuropäischen Raum in einmaliger Art und Weise befrieden können. Und, wie bereits erwähnt, schrieb der »erste Europäer«, Graf Coudenhove-Kalergie, dass die Tschechoslowakische Republik »... angesehen und vorbildlich für künftige übernationale Staatenbildungen werden« konnte.

Praktisch – und wieder leider – schuf man, in bisher in Europa noch nie dagewesenem Chauvinismus, einen tschechischen Nationalstaat. Unweigerlich wird man dabei an folgende dichterische Aussage erinnert: »Das eben ist der Fluch der bösen Tat, dass die fortzeugend, immer Böses muss gebären."

Entgermanisierung
»Die böse Tat«

In den Jahren des Slawisierungsdranges haben viele Tschechen in den Sudetenländern und anderen Teilen Österreichs vor und nach der Jahrhundertwende 1900 reiche Erfahrungen in Entgermanisierung gesammelt.

Dem Lesestoff der Unterstufen für »Mittelschulen« (Oberschulen) der ČSR war zu entnehmen, dass es gelungen sei, mit Hilfe der den Tschechen zugeneigten österreichischen »Boden-Kreditbank« – liebevoll als »bodenkreditka« genannt – in Teilen des nördlichen Österreichs Grundstücke und Bauernhöfe aufzukaufen, die dann tschechischen Pächtern oder Käufern zur Verfügung gestellt wurden. Die gleichen Aktivitäten, zum Teil vermehrt, setzte man in Wien. In diesen Gebieten wurden auch »Sokol«-Gaue – z.B. in Niederösterreich und Wien – errichtet, welche die tschechisch-nationalistische Betreuung dieser Siedler übernahm. Nichts dem Zufall überlassend, sondern gezielt wurde tschechisiert und der Begriff »naše Česká Vídeň«, auf deutsch »unser tschechisches Wien« war der Ausdruck eines Wunschdenkens und ist bis in die heutige Zeit erhalten geblieben. Die so gesammelten Erfahrungen zur Unterwanderung von Gebieten, die seit Jahrhunderten von Deutschen kultiviert und besiedelt waren, wurden nach Schaffung des tschechischen Nationalstaates offen, beschleunigt und mit brutalsten Praktiken zur Entgermanisierung der Sudetengebiete genützt.

Über den Landraub und den Wirtschaftsraub an ehemaligem Deutsch-Österreichischem Besitz wurde an anderer Stelle bereits berichtet. Die Entgermanisierungswelle traf jedoch auch weitere deutsche Lebensbereiche empfindlich.

Die Kindergärten

Der Prozess der Entnationalisierung begann bereits im vorschulpflichtigen Kindesalter. Im Jahre 1929 wurden in den Sudetenländern 594 tschechische staatliche Minderheitskindergärten, aber nur 5 deutsche Minderheitskindergärten gezählt, alle anderen deutschen Kindergärten waren nichtstaatlich. Im Schuljahr 1929/30 aber wurden weitere 111 tschechische staatliche Minderheitskindergärten eröffnet, so dass deren Zahl auf 705 anstieg, während kein staatlicher deutscher Kindergarten hinzukam. Bis 1937 waren es bereits 2.631 deutsche Kinder, die in den Tschechisierungsprozess gerieten, noch bevor sie die Volksschule besuchten.

Die Beamtenschaft

Wie die staatlich gesteuerte tschechische Unterwanderung sich im Bereich der Beamtenschaft auswirkte, zeigt die folgende Graphik. Zwar stieg auch der Anteil der tschechischen Bevölkerung in den genannten Städten, aber bei weitem nicht in den Ausmaß wie die Zahl der Beamten.

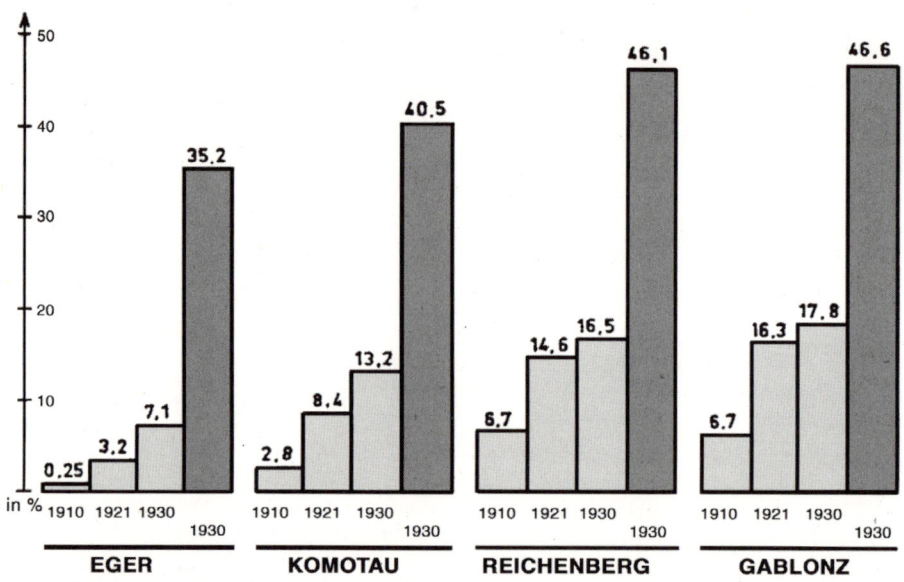

Die Schulreform

Im Memorandum Nr. 3, dem Versuch einer Rechtfertigung der tschechoslowakischen Staatsgründung innerhalb der Grenzen der drei historischen Länder Königreich Böhmen, Markgrafschaft Mähren und Herzogtum Schlesien, jedoch auch nach Belieben gezogener Grenzen, wird kryptisch von Herrn Dr. E. Beneš der Friedenskonferenz im Jahre 1919 angekündigt, das deutsche Schulwesen im neuen Staat auf ein neues, den Bedürfnissen adäquates Maß zurückzuführen. Alleine das für diese Maßnahmen herangezogene Argument, die tschechischen Schulen wären im alten Österreich gegenüber den deutschen benachteiligt worden, ist falsch. Man muss im Gegenteil darauf hinweisen, dass die Verteilung des Schulbudgets im alten Österreich dem Bildungsbedarf der Bevölkerung entsprach.

Vergleicht man den österreichischen Aufwand für Schulen in den Sudetenländern

       mit 55% des Schulbudgets für deutsche
       und 45% für tschechische Schulen

und später den tschechischen Aufwand

       mit 97% des Schulbudgets für tschechische
       und 3% für deutsche Schulen

dann wird das Ausmaß der Entgermanisierung in diesem Schlüsselsektor einer
Umvolkung deutlich sichtbar.

Deutsche Schulen mit einer Schülerzahl unter 40 wurden geschlossen. Tschechische Schulen wurden bereits für wenige Kinder gebaut. In Ausnahmefällen
bereits für zwei Kinder, z.B. in Firschau in Mähren! Und dies konnten auch
deutsche Kinder sein, deren Eltern aus Existenzzwängen die Kinder tschechisch erziehen lassen mussten! Tausende Beamte und Offiziere wurden hierzu verpflichtet, sowie Deutsche, die in einem tschechischen Abhängigkeits-
verhältnis lebten. Bis zum Sommer 1922 wurden insgesamt 193 Schulen und
1.783 deutsche Schulklassen aufgelassen.

Der Weiterbestand deutscher Klein-Schulen und Kindergärten wurde unter
unbeschreiblich dürftigen Verhältnissen vom privaten Deutschen Kulturver-
band und ähnlichen deutschen Unterstützungsvereinen aufrechterhalten.
Ebenso wie die Deutschen wurden die Magyaren und die Polen behandelt.
Tausende Schulkinder dieser Nationen wuchsen ohne Unterricht in ihrer
Muttersprache auf. Im Jahre 1921 befanden sich etwa 5.000 sudetendeutsche
Kinder in tschechischen Schulen, 1924 waren es bereits über 8.000, 1935
über 16.000.

Im tschechischen Schulwesen wurde nicht nur ein Fehlbedarf an tschechischen Schulen g e d e c k t, es wurde ein als Mittel der Entgermanisierung
benötigter Bedarf g e w e c k t!

Der Vorsatz zu ethnischer Säuberung

Die sozialdemokratische Zeitung »Nová doba« (»Neue Zeit«) in Pilsen brachte im Herbst 1936 folgenden Bericht:

Auszug:

»Fichtenbach ist eine Gemeinde mit 376 Einwohnern, die inmitten
des Waldgroßgrundbesitzes der Stadt Taus liegt... Erst im Jahre 1922
kam das Waldgut in den Besitz der Stadt Taus. Diese Veränderung
bedeutete einen Umschwung in der nationalen Zusammensetzung der
dortigen Bevölkerung, der sich bei der letzten Volkszählung markant
äußerte, als wir dort 105 Tschechen verzeichnen konnten.

Zur vollständigen Liquidierung des Deutschtums in dieser Gemeinde war es notwendig, eine eigene tschechische Schule zu erbauen, da diese bisher in unzulänglichen Räumen gemeinsam mit der deutschen Schule untergebracht war. Die Stadt Taus hat diese Aufgabe auf sich genommen... und damit bewiesen, dass sie Sinn für unsere nationalen Pflichten hat.«

Die unvorstellbare Not der deutschen Bevölkerung

Wir überlassen es anderen Autoren, dieses Kapitel zu schildern.

Hugo Theisinger schreibt in seinem Buch »Die Sudetendeutschen«:

»Am erschütterndsten sind die Klagen der Gemeindevertretungen und der Jugendfürsorge über den körperlichen und gesundheitlichen Niedergang der Jugend gerade in jenen Gemeinden, wo einst ein vorbildliches Schulwesen und eine glänzende Jugendfürsorge der Stolz der (sudetendeutschen) Bevölkerung waren.

Die Kinder können wegen Unterernährung dem Unterricht nicht mehr folgen. Die Schulentwachsenen können nirgends Arbeit finden, auch können sie wegen Unterernährung kaum ernstere, anstrengendere Arbeit leisten. Und dennoch sind sie bisher von jeder Unterstützungsaktion des Staates ausgeschlossen, denn sie gelten nicht als erwerbslos.

Dieser äußersten Not entsprachen die Ernährungs- und Wohnungsverhältnisse. Oft fehlte es im Hause an Brot und dem Nötigsten, um den schlimmsten Hunger zu stillen, und Wohnstuben von zwölf Quadratmeter Fläche, in denen mehrere Menschen arbeiten und schlafen mussten, sind keine Seltenheit gewesen.

Es gab Gebiete, in denen über 70% der schulentlassenen Kinder erkrankt sind: Tuberkulose, Schilddrüsenerkrankungen, Rachitis, Augenleiden, Schwermut, die oft mit Selbstmord endete, waren die furchtbaren Folgen dieser Unterernährung.

Unheimlich war die Kindersterblichkeit, die mitunter 20 % der Neugeborenen betrug.«

Die Krise im Staat bezogen auf die Situation der Sudetendeutschen war jedoch erst im Ansteigen, als das Tschechoslowakische Statistische Staatsamt mitteilte, in den Jahren 1920 bis 1930 hätten über 20.000 Sudetendeutsche durch Selbstmord geendet.

Es war im Verhältnis gesehen die höchste Selbstmordziffer Europas!

Das Statistische Staatsamt in Prag hat eine Zusammensetzung der Todesursachen in der Tschechoslowakischen Republik im Jahre 1932 veröffentlicht, die wegen der starken Zunahme der Selbstmorde in den sudetendeutschen Industriegebieten die Verhältnisse in diesem österreichischen Nachfolgestaat beleuchten.

Gegenüber 1931 haben sich die Selbstmorde im gesamten Staatsgebiet verdoppelt, in den sudetendeutschen Gegenden aber verdreifacht und vervierfacht! Während der Staatsdurchschnitt drei Selbstmörder auf 10.000 Bewohner verzeichnet, betrug diese Zahl in den sudetendeutschen Bezirken, z.B. Zwickau 11,6%, also rund das Vierfache, in den übrigen sudetendeutschen Gebieten lagen sie zwischen 6,0 und 9,7%. Rund 1.500 Sudetendeutsche haben im Jahre 1932 den Freitod gesucht, davon 1.200 in Böhmen.

Die wirtschaftliche und soziale Not hat diese Menschen in den Tod getrieben, der sie von Hunger und Elend befreien sollte.«

21 Jahre Existenzangst

Die Entgermanisierung traf alle deutschen Bevölkerungsschichten, wenn auch in unterschiedlichem Ausmaß. Die Beamten aller Verwaltungsebenen ohne tschechische Sprachkenntnisse verloren ihre Existenz, ebenso wie deutsche Lehrer wegen der Auflassung deutscher Schulklassen.

Die Gewerbetreibenden litten unter der Steuerlast und der künstlich geschaffenen tschechischen Konkurrenz, der alle staatlichen und wirtschaftlichen Vorteile zu Gute kamen. Diese Vorteile waren: erleichterte Existenzgründungen und Gewerbeberechtigungen, Kreditgewährung und bevorzugte private oder staatliche Auftragsvergabe.

Land- und Forstwirtschaftsarbeiter verloren ihre Existenz, da deren Arbeitgeber – zumeist deutsche Großgrundbesitzer – ihr Eigentum verloren. Die neuen tschechischen Besitzer beschäftigten ausschließlich tschechische Arbeiter.

Das gleiche Schicksal teilten alle deutschen Bahn- und Postbediensteten, sowie eine weitere Unzahl von Sudetendeutschen. Und dies noch vor dem Eintreten der späteren schicksalhaften Weltwirtschaftskrise.

Die »Demokratie« der Gewaltherrschaft

In der Denkschrift der Deutschen Sozialdemokratischen Arbeiterpartei in der ČSR an den Internationalen Sozialistenkongress vom 21.5.1923 wird festgestellt:

»Im Staatsgebiet ist jeder vierte Bewohner ein Deutscher, auf 54 nationale Tschechen entfallen 46 Nichttschechen. Niemand kann ein solches ethnisches Gebilde einen Nationalstaat nennen. Es ist in Wahrheit ein Staat der Gewaltherrschaft. Erst nachdem alle Verfassungsgesetze und eine Unzahl anderer Gesetze in Kraft getreten waren, wurden im April 1920, anderthalb Jahre nach der Gründung des Staates, die Wahlen ins Abgeordnetenhaus durchgeführt. Aber nicht nur in nationaler Beziehung bedeutet die Herrschaft der tschechoslowakischen Machtklassen einen Hohn auf die Grundsätze, die bei der Errichtung des tschechoslowakischen Staates von ihnen verkündet wurden. Den Gipfelpunkt nationaler und sozialer Unterdrückung bildet aber das so genannte »Gesetz zum Schutze der Republik!« Nach diesem Gesetz kann jede Obstruktion im Parlament als Verbrechen erklärt und mit lebenslänglichem Kerker bestraft werden.«

Die ČSR: Ein Polizeistaat

Diesen Titel übernehmen wir wortgetreu der o.a. Quelle: »Den Gipfelpunkt nationaler und sozialer Unterdrückung bildet das so genannte »Gesetz zum Schutze der Republik« Dieses Gesetz bedeutet einen schweren Angriff auf die Grundlage staatsbürgerlicher Freiheit. Nach diesem Gesetz kann jede Obstruktion im Parlament als Verbrechen erklärt und mit lebenslänglichem Kerker bestraft werden. Besonders aufreizend ist aber die Unterdrückung der Pressfreiheit, die in dem Gesetz vorgesehen ist und eine besondere Spezialität der tschechoslowakischen Republik geworden ist. Jeder Redakteur, »der gegen den Staat ... aufwiegelt«, kann mit strengem Gefängnis bis zu einem Jahre bestraft werden. Jedes oppositionelle Wort wird dadurch unmöglich gemacht. Aber der Redakteur kann nicht nur eingesperrt, die Zeitung kann auch eingestellt werden – gegen welche Einstellung gar kein Rechtsmittel besteht.«

Die Zensur und Versammlungsverbote

Weiters zitieren wir aus der vorangeführten Denkschrift:
»Versammlungen wurden aufgelöst, Vereine sistiert. In der Zeit vom 1. Jänner bis zum 31. Dezember 1922 wurden nicht weniger als 1.498 Zeitungen beschlagnahmt.«

Ein für heutige Zeiten unglaublicher Zustand war die Zensur sämtlicher Zeitungsinhalte, die dazu führte, dass Zeitungen erschienen, deren Seiten entweder unbedruckt oder mit weißen Flecken versehen waren!

Pressefreiheit »Sitzredakteure«

Allein Journalist zu sein, barg ein hohes Freiheitsrisiko in sich. Es kam soweit, dass sich die deutschen Zeitungen einen sogenannten »Sitzredakteur« leisten mussten, der die als »unbedingt« ausgesprochenen Freiheitsstrafen für angeblich »staatsgefährdende« Texte oder Textstellen im Gefängnis »absitzen« musste, um den echten Redakteur vor einem Strafantritt zu bewahren, damit der Redaktionsbetrieb aufrechterhalten werden konnte.

Für diesen unmenschlichen »Beruf« eines Menschen, der gegen Entgelt einen Teil seines Lebens auch öfters hinter Gittern verbringen musste, fanden sich genügend Intellektuelle, die dazu aus Not gezwungen waren!

Kann ein Staat, in dem die öffentliche Meinung derart unterdrückt wird, zu Recht als ein Beispiel einer »bestfunktionierenden Demokratie Europas« genannt werden?

Prozesse

Der gleichen Quelle wie o. a. entnehmen wir den weiteren Text: »Den politischen Gegnern des Systems wird der Prozess gemacht, Hochverratsprozesse schlimmster Art werden geführt. ... militärische Exekutionen halten ganze Landstriche gewaltsam nieder, Bürger werden in den Straßen niedergeschossen...

Dabei spitzen sich die nationalen Gegensätze immer mehr zu. Unruhen, die mit bewaffneter Hand unterdrückt werden, mehren sich und der nationale Streit forderte wiederholt Todesopfer. Es ist unbestreitbar, dass diese Zustände allmählich alle beteiligten Völker mit chauvinistischer Leidenschaft erfüllen müssen ... «

Der NR-Abgeordnete Hillebrand liest Herrn Dr. Beneš die »Leviten«

Der Abgeordnete der Sudetendeutschen Sozialdemokratischen Partei Hillebrand hielt am 18.12.1925 vor der Nationalversammlung der ČSR in Prag folgende Rede:

»Es ist hier eine allnationale Koalition aufgerichtet worden, und diese hat eine Gewaltherrschaft etabliert, die seit Jahren auf den Völkern, die in diesem Staat leben, lastet. Man hat der Welt einzureden versucht, als ob in diesem Staat große demokratische Errungenschaften gemacht worden wären. Hier aber hat man planmäßig Jahre hindurch den Zorn eines großen Teils der Bevölkerung und ihrer Vertreter gezüchtet durch die Art, die Sie gewohnt sind, in diesem Staat zu herrschen. Das Urteil des Auslands ist nicht unbeeinflusst durch die verlogene Berichterstattung, die an das Ausland geht, und Sie müssten ein Gefühl tiefster Beschämung darüber empfinden, wie der Parlamentarismus in Ihrem Lande auf den Hund gekommen ist. Sie haben das Wahlrecht einer schamlosen Fälschung unterzogen durch eine unerhörte Wahlkreisgeometrie,

die die Entrechtung eines großen Teils der Wählerschaft bedeutet. Im Wahlkreis Prag A z.B. wählen je 19.000 Wähler einen Abgeordneten, im Wahlkreis
Karlsbad sind schon 24.500 Wählerstimmen dazu notwendig, im Wahlkreis
Laun-Teplitz aber steigt die nötige Stimmenzahl auf rund 26.000 Wählerstimmen. Es ist ein Rechtsraub an den Gruppen, die die deutschen Gebiete in
diesem Lande bewohnen, den Sie begangen haben, um die nationale Alleinherrschaft in diesem Lande aufrechtzuerhalten. Sie haben nie ein Einvernehmen mit den Oppositionsparteien gesucht. Sie haben sich einfach auf die
Macht gestützt und Sie haben sie missbraucht. Und dann reist Herr Dr. Beneš
herum, dann verkündet er durch seine Presseorgane, dass der Geist von Locar-
no auch in der Heimat sich durchsetzen müsse. Es ist Geflunker, Irreführung
der Welt, es ist eine brennende Schmach und ein hässliches Kapitel in der
Geschichte der Koalition, dass sie ihre Macht dazu benützt, um Angehörige
eines anderen Volksstammes aus staatlichen Stellungen völlig auszurotten.
Man sage sich endlich los von den alten Gewaltfriedensverträgen, die man
ersetzen muss durch die Vernunft. Aber aller Vernunft zum Trotz halten Sie an
der Vorherrschaft der einen Nation über alle übrigen fest. Wir haben Sie eingeladen, mit uns zu beraten, was geschehen müsste, um den Hass zwischen
den Völkern abzubauen. Hier antwortet uns ein starres, hartnäckiges, nicht
mißzuverstehendes Nein. Wir suchten einen Rechtsboden, auf dem wir leben
könnten, Sie und wir. Wir wollten, dass wir als Gleiche unter Gleichen leben.
Sie aber wollen nicht lassen von der Anmaßung der Gewalt, es wird uns nicht
hindern, den Weg weiterzugehen, den wir bisher beschritten haben. Wir werden den Kampf fortführen für das unverrückbare Ziel, das uns vor Augen
steht.« (Quelle: W. Schütz, »Deutsche Geschichte im 20 Jahrhundert«, S 119)

Es war dies das Ziel der Erreichung der Autonomie innerhalb des Staates.
Viele Tschechen hatten auch Ziele, allerdings ganz andere: die Entgermanisierung, die Säuberung der deutschen Gebiete von den Deutschen, die Endlösung des Problems.

Thema »Endlösung«

Das Zentralorgan der tschechischen Agrarpartei, die im Jahre 1924 den Ministerpräsidenten Svehla stellte, bedauerte in ihrem Blatt »Venkov« (Das Land),
dass die Sudetendeutschen nach dem Zerfall der Donaumonarchie nicht die
Waffen gegen die Tschechen erhoben hätten, und gibt ihren Lesern in der
Ausgabe vom 6. Jänner 1924 zu verstehen, wie leicht die Endlösung des
deutsch-tschechischen Problems in diesem Falle hätte erfolgen können: »Wie
vereinfacht wären nach ihrer sicheren Niederlage unsere Verhältnisse in der
Republik. Wir hätten die Pflicht, die besiegten Widersacher zu bestrafen. Und
dann hätten die Deutschen nicht ein solches Kavaliersgeschenk erhalten, wie

es unsere Wahlordnung in der Nationalversammlung ist, und vielleicht könnten sie sich an den Fingern abzählen, was aus ihrer Universität, aus ihren Hochschulen überhaupt, aus ihrer Presse usw. geworden wäre, kurz aus allem, was man ihnen gentlemanlike nach dem Umsturz gegeben oder gelassen hat.«

Der Gedanke einer Endlösung des sudetendeutschen Problems durch »Säuberung der Gebiete von den Deutschen«, und durch »über die Grenzen peitschen« der Deutschen ist mehrfach dokumentiert. Dies in einer Zeit, in der ein Nationalsozialismus nicht den geringsten Einfluss auf dieses Problem haben konnte. Trotzdem bedauerte man bereits im Jahre 1924, dass es noch keinen triftigen **Grund für eine Endlösung**, und keine Pflicht gab, die »besiegten Widersacher zu bestrafen«. Es war dies ein typischer Beweis latenten Wunschdenkens.

Im Jahre 1945 hatte man diesen Grund – so will man der Öffentlichkeit weismachen – »s p o n t a n« gefunden.

| Kapitel 8

Die Wirtschaftskrise
Folgen gezielter Schwächung

So wie einerseits die chauvinistischen tschechischen Politiker und ein großer Teil ihres Volkes durch Jahrzehnte die Gedanken hegte, die – das eigene Machtstreben behindernden – als lästig empfundenen und trotzdem in die ČSR gezwungenen 3 1/2 Millionen Sudetendeutschen um ihr Land zu bringen und sie »loszuwerden« – dachten andererseits diese Deutschen an das ihnen verweigerte Selbstbestimmungsrecht, nach welchem sie mit ihrem Land im Jahre 1918 bei »Deutsch-Österreich« verbleiben wollten, um sich sogleich mit diesem Land der »Deutschen Republik« anzuschließen.

Durch diese Hypotheken belastet, gestaltete sich die deutsche Parteienlandschaft in der ČSR bis in die 30er Jahre als unstabil mit wechselnden Gruppenbildungen, sei es innerhalb der Ethnien, sei es quer durch diese bei politischen Blockbildungen (Sozialdemokraten, Landwirte, Kommunistische Partei der Tschechoslowakei etc.).

Als stärkste deutsche politische Partei verhielten sich die Sozialdemokraten ursprünglich abwartend und zurückhaltend in jeglicher Kritik an der Verweigerung des Selbstbestimmungsrechtes für die Sudetendeutschen, wurden aber später zu Wortführern bestfundierter und umfassender Kritik an der tschechischen Gewaltherrschaft.

Es gab Fälle, in denen die deutschen Sozialdemokraten im Parlament – hauptsächlich bei Protesten gegen antideutsche Maßnahmen – mit den bürgerlichen Parteien gemeinsam vorgingen. Bei anderen Anlässen – z.B. als die Tschechen anlässlich der Rückkehr Kaiser Karls nach Ungarn dieses mit Krieg bedrohten – schlugen sich die deutschen Sozialdemokraten auf die tschechische Seite. Dieses Vorgehen beurteilte Wenzel Jaksch mit dem Ausspruch: »Niemand hat es ihnen gedankt.«

Im bürgerlichen Lager der zwanziger Jahre überragte Dr. Rudolf von Lodgman seine parlamentarischen Kollegen. Er vertrat die Ansicht – so schreibt Emil Franzel – »dass der tschechische Staat nach dem Gesetz, nach dem er angetreten ist .... früher oder später zugrunde gehen müsse, und dass die Tschechen zu irgendwelchen ernsthaften Zugeständnisse nie bereit sein würden. Nur unter dem äußersten Druck von außen würden sie eines Tages nachgeben, aber dann werde die Lage für die Tschechoslowakei eben bereits so trostlos sein, dass die Deutschen nicht nur die Selbstverwaltung, sondern das völlige Selbstbestimmungsrecht durchsetzen würden. Das bedeutete keineswegs, dass die deutschen Gebiete dann auf jeden Fall aus dem Staatsverband ausscheiden mussten, es hätte lediglich bedeutet, dass der Staat auf nationsföderativer Grundlage völlig neu hätte gegründet werden müssen«.

Die tschechoslowakische Kommunistische Partei (KPTsch), die einzige Partei, in der alle Nationen der ČSR vereint waren, war ein Beispiel dafür, dass ein politischer Wille quer durch die Ethnien zum Ausdruck gebracht werden konnte.

Und auch hier zeigte sich ernsteste Kritik an der Unterdrückung der Deutschen durch den tschechischen Staat, zum Teil in unverblümter und typisch kommunistischer Wortwahl.

Die politischen Intentionen der Sudetendeutschen

Einer unterdrückten Volksgruppe, die erkannt hat, dass sie zum Spielball politischer Kräfte geworden ist, kann man nicht verdenken, dass sie sich immer neu orientieren muss und dorthin tendiert, wo ihre Existenz ungefährdet erscheint und darüber hinaus ihre friedliche Entfaltung als gesichert angesehen werden kann.
Ihre Orientierung wird sowohl von lokalen als auch überregionalen Impulsen und Ereignissen beeinflusst und führt erwartungsgemäß zu entsprechenden Reaktionen.

Legitimität der Beibehaltung des »Anschluss«-Gedankens

Der Wille fast aller Sudetendeutschen zum Verbleib mit ihren Heimatgebieten bei Deutsch-Österreich und gemeinsam mit diesen zu einem Anschluss an die Deutsche Republik als Ausdruck der Selbstbestimmung im Jahre 1919, bestand natürlich – wie sollte es auch anderes sein – nach dem im Friedensdiktat von St. Germain festgelegten »Anschlussverbot« und der zwangsweisen Einverleibung der deutschen oder vorwiegend deutschen Siedlungsgebiete in die neu gegründete »Tschechoslowakei«, u n g e b r o c h e n weiter.
Er wurde vorerst durch das Bemühen Österreichs bis in das Jahr 1928 wach gehalten, eine Revision des Anschlussverbotes – wie dies in der Völkerbundakte, Art. 19 angeführt war – beim Völkerbund zu erreichen.
Dieses Bemühen Österreichs und naturgemäß der sudetendeutschen Volksgruppe war durch diese Akte immer l e g i t i m.

Diese Legitimität eines politischen Wunsches kann nie als Straftat gewertet werden.

Dazu einige Beispiele aus Deutschland und Österreich:

1924 wurde Bundeskanzler Seipel am 12. Oktober im Nationalrat von den Christlichsozialen und den Großdeutschen stürmisch begrüßt. Darauf antworten die Sozialisten: »Es lebe die unabhängige Republik Deutschösterreich! Es lebe der Anschluss an Deutschland.« Der Sozialist Renner übt scharfe Kritik an Seipel und dem neuerlichen Anschlussverbot. Er erklärt: »Die einzige Lösung ist der Anschluss an den Staat, zu dem wir der Natur der Dinge nach gehören.«

1924 stellte am 21. November der neue Bundeskanzler Rudolf Ramek (1881 - 1941), Sudetendeutscher und Mitglied des Kartellverbandes katholischer deutscher Studentenverbindungen in Österreich) sein Kabinett vor, das aus Christlichsozialen und Großdeutschen bestand.... »Keine Macht der Erde wird stark genug sein, den natürlichen Lauf der Dinge aufzuhalten und den Anschluss Österreichs an Deutschland zu verhindern.«

1925 traf Nationalratspräsident Dinghofer (Großdeutsche Volkspartei) am 25. Mai folgende Feststellung: »Die Zahl derjeniger, die sich Neu-Österreich als eine Art Schweiz denken, wird immer geringer. Auch diese nähern sich der Anschlussidee. Für Österreich ist der Anschluss das Naturgegebene. Der Anschluss ist und bleibt auf dem Marsche. Die Bevölkerung Österreichs und des Deutschen Reiches will ihn, und diesen Willen wird keine Macht der Erde imstande sein auf die Dauer aufzuhalten.«

1928 stellte zweifelsohne das 10. Deutsche Sängerfest in Wien, das am 21. und 22. Juli, stattfand einen Höhepunkt des nationalen Protestes aller Deutschösterreicher dar. Der deutsche Gesandte Graf von Lerchenfeld richtete am 24. Juli 1928 einen Bericht an sein Außenministerium, in dem er u. a. mitteilte, dass bei dieser Kundgebung der Anschlussgedanke nicht nur bei den Deutschösterreichern, sondern auch bei den Grenz- und Auslandsdeutschen einen mächtigen Auftrieb erhalten habe.

Sensationelle Beispiele aus der UdSSR und der ČSR:

Die einzige Partei der ČSR, in welcher Personen aller Ethnien Mitglieder werden konnten, war die Kommunistische Partei. Sie vertrat demgemäß auch die Interessen ihrer deutschen Mitglieder und somit der Sudetendeutschen. Sie brauchte auf internationale Beziehungen keinen Wert zu legen, da sich auch die Führungsspitze der Partei in Moskau für das den Sudetendeutschen in deren Heimat angetane Unrecht interessierte.

Die »Kommunistische Internationale« in Moskau verurteilte die ČSR wegen Missachtung des Selbstbestimmungsrechtes **und sprach den Sudetendeutschen das Recht zu, sich von diesem Staate zu trennen!**

Der V. Kongress der Komintern (Führungseinrichtung der Kommunistischen Parteien aller Staaten 1919 – 1934) bekannte sich im Juni 1923 nachdrücklich zum Selbstbestimmungsrecht der Sudetendeutschen.

Feststellung des Generalsekretärs der Komintern Manuilski:

»Der tschechoslowakische Staat hat deutsche Industriegebiete mit 3,7 Millionen deutschen Menschen annektiert.« Kongressbeschluss: »... **dass es eine tschechoslowakische Nation nicht gibt** (in der Tschechoslowakei jedoch zahlreiche Minderheiten leben, und demzufolge die Kommunistische Partei der Tschechoslowakei die Aufgabe habe), hinsichtlich dieser Minderheiten das Selbstbestimmungsrecht der Völker zu proklamieren und in die Tat umzusetzen, **einschließlich des Rechts, sich voneinander zu trennen.«**

Darüber hinaus gab es auch innerstaatliche Stimmen, die die Sudetendeutschen bereits seit der Ausrufung der ČSR im Jahre 1918 in ihrem Rechtskampf um Selbstbestimmung unterstützten und somit moralisch stärkten.

Hat demnach schon die »Komintern« in Moskau –nach 4 Jahren Erfahrung mit den Methoden der Staatsführung der ČSR – den Sudetendeutschen das Recht zugesprochen, sich von diesem Staate zu trennen, so ist es umso bedeutender, wenn **weitere 8 Jahre** später dieses Problem mit noch deutlicheren Worten von der Kommunistischen Partei der ČSR aufgegriffen wird.

Der folgende Text von »Kampfansagen« ist den »Hauptlosungen« des VI. Parteitages der KPTsch. vom 10.3.1931 entnommen.

»Für die gegenwärtige Phase des Kampfes um die Befreiung der unterdrückten Nationen aus dem nationalen und sozialen Joch in der Tschechoslowakei stellt die Kommunistische Partei der Tschechoslowakei folgende Hauptthesen auf:

Kampf

- die Besetzung des deutschen Teiles von Böhmen ... und deren Räumung von Organen der tschechischen Okkupationsmacht....
- ... für das Selbstbestimmungsrecht der Nationen bis zur Lostrennung vom Staate ....
- ... gegen die obligatorische Staatssprache.
- Gegen die rückschrittlichen Sprachgesetze und für freie Verwendung der nichttschechischen Sprachen im amtlichen Verkehr und im öffentlichen Leben.
- Gegen die nationalistische Schulpolitik der tschechischen Bourgeoisie in den besetzten Gebieten.
- Anstelle der tschechisierten Schulen eine genügende Anzahl von Schulen in der Muttersprache.
- Gegen die Säuberung des staatlichen Apparates und der staatlichen Unternehmungen von Angehörigen der unterdrückten Nationen.
- Gegen die nationale Unterdrückung in der Armee...
- Kampf dem Betrug mit der Losung »Autonomie« ... im deutschen Teil von Böhmen.
- Kampf dem imperialistischen Betrug mit der tschechoslowakischen Staatsidee....«

Diese »Losungen« oder »Kampfansagen« waren echte Anliegen und wurden konsequenterweise einige Tage später, am 27.3.1931, als Erklärungen in einer Rede des Abgeordneten der Kommunistischen Partei, Vaclav Kopecky, vor dem Abgeordnetenhaus der ČSR mit folgenden Worten abgegeben (Auszug):

Auszug:

»... Wir tschechische Kommunisten ... erklären ..., dass wir ... das Selbstbestimmungsrecht bis zur Abtrennung (der Sudetengebiete von der ČSR, d. h. Anschluss der Sudetengebiete an Deutschland) der vom tschechischen Imperialismus unterdrückten Teile des deutschen Volkes (d. h. der Sudetengebiete) bis zur letzten Konsequenz wahren und durchsetzen werden.

Wir erklären weiter, dass wir in gleicher Entschlossenheit das Recht schützen und durchsetzen werden, alle Teile des deutschen Volkes in einem Staat zu vereinigen.« .....

Zeitbezug:

Bevor diese bisher geschilderten zeitgeschichtlichen Tatsachen, Stimmungsbilder und z. T. internationalen Meinungen nicht in das heutige und spätere politischen Geschichtsbewusstsein der tschechischen Diplomatie und Bevölkerung Eingang finden, wird einer notwendigen Bereitschaft zu einer Schuldeinsicht, das einzig mögliche Fundament entzogen. Und ohne Schuldeinsicht wird es nicht möglich sein, eine dauerhafte Verständigung zwischen dem heutigen tschechischen Volk und den Opfern des Völkermordes an den Sudetendeutschen, herbeizuführen.

Der Versuch konstruktiver Mitarbeit als Alternativlösung der Probleme

Gleichwie die tschechischen Parteien im neuen Staat ab 1920 ihr Wesen grundsätzlich verändert haben – »sie waren nur noch Interessengruppen innerhalb einer den Staat totalitär beherrschenden allnationalen Machtorganisation« (E. Franzel) – so veränderten sich auch die deutschen Parteien in der ČSR.
Einige Parteien, die »rechten« vornehmlich, blieben dem tschechischen Staat gegenüber misstrauisch und ablehnend, es waren dies die so genannten »Negativisten«. Andere, die »bürgerlichen« Parteien und später die Sozialdemokraten, benannt als »Aktivisten«, versuchten, durch eine aktive Mitarbeit in der Regierung der ČSR die Verhältnisse zugunsten der eigenen Volksgruppe zu beeinflussen und zu bessern.

»Die Tschechen nutzten diese sich anbietende Chance eines Ausgleiches nicht«, schreibt H. Löffler, »der Volkskampf gegen die Sudetendeutschen ging weiter. Lediglich nach außen hin versuchten sie, diese Regierungsbeteiligung sudetendeutscher Parteien als Indiz dafür zu verkaufen, dass die Nationalitätenprobleme in der ČSR gemeinsam von allen Beteiligten angegangen und damit ohne Zweifel gelöst werden würden, was die betroffenen sudetendeutschen Parteien zu offiziellen Richtigstellungen zwang.«

Die deutschen Minister in der ČSR Mayr-Harting und Spina veröffentlichten am 16.5.1928 in Prag eine Presseerklärung mit folgendem Auszug: »Wenn in der internationalen Öffentlichkeit und insbesondere bei einzelnen Völkerbundmitgliedern der Eindruck entstanden sein sollte, dass die bloße Teilnahme deutscher Parteien an der tschechoslowakischen Regierung bereits die Lösung der hiesigen, äußerst schwierigen Minderheitenfrage bedeute, so ist dies wohl .... auf unzureichende Informationen oder Missverständnisse zurückzuführen ... Wenn wir auch hoffen, dass es gelingen kann, das hiesige

Nationalitätenproblem bei einigem guten Willen allmählich innenpolitisch zu lösen, so hängt dies vor allem vom Entgegenkommen des tschechischen und slowakischen Volkes ab.«

Auf ein solches jedoch wurde leider vergeblich gewartet. Spekulationen darüber, was geschehen wäre, wenn .... z.B. die tschechische Seite ein entsprechendes Entgegenkommen gezeigt hätte, können nicht Gegenstand dieser Abhandlung über den Völkermord an den Sudetendeutschen sein.

Die Wirtschaftskrise
Ein katastrophales Ereignis

1930 traf die Weltwirtschaftskrise auch die Tschechoslowakei und da vor allem die Sudetengebiete mit voller Härte.

Das war nicht unerwartet oder verwunderlich, denn wenn man in Betracht zieht, dass man weder von politischer noch von staatlicher Seite auch nur die geringste Gelegenheit ausließ, um die Wirtschaftskraft der »Deutschen« zu schwächen, bewirkte jetzt zusätzlich die schreckliche allgemeine Weltwirtschaftskrise eine unvorstellbare Notlage der deutschen Bevölkerung, die alle bisherigen Drangsale bei weitem übertraf.

Die Grundsteine zu dieser Katastrophe legten maßgeblich politische Aufrufe an die tschechische Bevölkerung, wie die so genannten »Zehn Gebote«:

Aufruf zum Boykott alles »Deutschen«.
Fixierung des Feindbildes: Die Deutschen.

»Wir rufen in einer für die Zukunft unseres Staates äußerst wichtigen Zeit das gesamte tschechoslowakische Volk auf, in dem wir den alten, aber guten und gesunden Wahlspruch »svůj k svému« – sinngemäß übersetzt »Jeder (hält) zu Seinem« beleben und zur vollen Geltung bringen wollen; dieser Wahlspruch umfasst nachstehende 10 Gebote: Unterstützt ausschließlich nur tschechische Geschäfte, Gewerbe und Industrien, verlangt tschechische Erzeugnisse, bezieht alle Bedürfnisse ausschließlich nur in Geschäften und Handlungen, von denen ihr schon im vornherein überzeugt seid, dass die Eigentümer rein tschechoslowakischer Nationalität sind und ihre Einkäufe nur in tschechischen Fabriken besorgen!

Wählt euren Arzt, euren Rechtsvertreter, den Hauslehrer usw. nur aus tschecho-slowakischen Kreisen und stellt deren nationale Reinheit sicher, indem ihr euch nicht mit einem oberflächlichen Urteil begnügt. Verhandelt in allen Geschäften und Ämtern nur in eurer Muttersprache, verlangt nur tschechische Aufschriften und Drucksorten, korrespondiert nur Tschechisch und beharrt auf tschechischer Antwort; deutsche Zuschriften und Offerte sendet zurück!

Kauft und leset tschechische Bücher, pflegt tschechische Musik und Kunst, tschechische und slowakische Eigenheiten, besucht nur tschechische Theater und Konzerte! Erlernet vollkommen eine der Sprachen der uns verbündeten Völker, pflegt deren Literatur, befasst euch mit ihrer Kunst und Musik, reist in ihre Länder und macht euch mit ihrem Volke und ihrer Kultur bekannt.

Vermeidet die deutsche Art des Denkens, der Benennungen und Bezeichnungen; löscht die Spuren der deutschen Kultur aus eurem Leben, aus eurer Häuslichkeit, eurer Wohnung und euren Unterhaltungen! Leset keine deutschen Unterhaltungszeitungen und Bücher, vollendet eure Studien auf der Grundlage französischer und englischer Lehrbücher, befreit euch aus der Atmosphäre der deutschen Wissenschaft und der deutschen Kunst.
Versichert euch ausschließlich nur bei tschechischen Versicherungsanstalten.

Besuchet und empfehlet nur tschechische Kaffeehäuser, Gasthäuser und Unterhaltungs-lokale; verlangt überall die ausschließliche Benützung unserer Sprache bei allen Aufschriften und der Bedienung, verlangt überall tschechische und unserer Verbündeten Zeitungen und lehnt deutsche illustrierte Zeitungen ab!
Besuchet tschechische Bäder und Sommerfrischen, wandert durch die schöne Slowakei und Lausitz, sprecht auf der Reise nicht deutsch und zwingt in der Fremde zur Achtung für unsere Sprache und Volk! Fahrt zum Vergnügen weder nach Wien noch nach Berlin oder in andere deutsche Städte und Gegenden, besuchet die Bäder am Baltischen Meer nicht.

Wählt eure Freunde, Stammtischgäste und Bekannte nur aus Personen, deren tschechische Gesinnung unzweifelhaft ist! Pflegt keine Verbindungen mit Angehörigen **uns feindlicher Nationen**; führt die **Reinigung unseres nationalen Lebens** in der Familie, der Gesellschaft, in den Ämtern und der Öffentlichkeit durch!
Organisiert euch in unseren politischen Parteien und Vereinen, sorget dafür, dass in unseren Organisationen nicht **uns feindliche Elemente vorkommen.**

Tschechoslowakische Frauen! Führt alle diese Grundsätze genau und dauernd durch, übt in jeder Richtung eure nationale und patriotische Pflicht!

Diese Gebote wurden von der tschechischen Nationalsozialistischen Partei publiziert, teils in Flugblattform in Millionenauflagen, teils vom Organ dieser Partei, dem »Česke slovo«, dem Sprachrohr des Herrn Dr. E. Beneš und unterstützten auf diese Weise die bereits an anderer Stelle angeführten symptomatischen Aussprüche wie »Wir Tschechen müssen trachten, dass wir die deutsche Industrie an uns reißen. Solange nicht der letzte Kamin der Deutschen verschwindet, solange müssen wir kämpfen«, die Ausdruck eines vernichtenden Wirtschaftskampfes waren.

Die Stärke der deutschen Industrie sank bis zum Beginn der Weltwirtschaftskrise fast auf die Hälfte der des Jahres 1919. Tausende deutsche Gewerbebetriebe waren bis 1929 bereits vernichtet, tausende deutsche Beamte, tausende ehemalige Offiziere waren ohne Existenz,
zehntausende deutsche Arbeiter waren durch tschechische ersetzt usw. usf...
Staatliche Gegenmaßnahmen begünstigten hauptsächlich Tschechen und deren Betriebe und die Deutschen überließ man ihrem Schicksal.

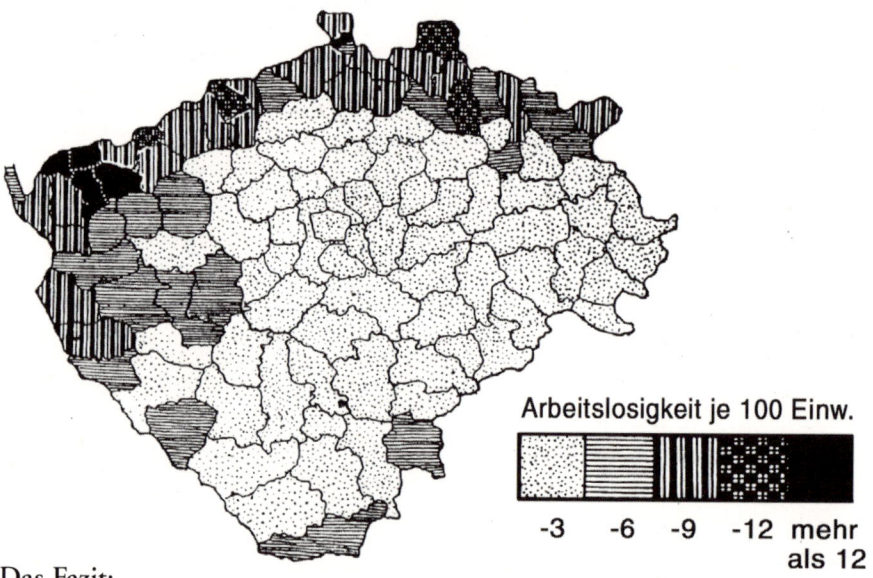

Arbeitslosigkeit je 100 Einw.

-3   -6   -9   -12 mehr
                    als 12

Das Fazit:
Von über 800.000 Arbeitslosen in der ČSR waren über 500.000 Deutsche. Das heißt, dass ca. 25 % der Bevölkerung über 60 % der Arbeitslosen stellte! Wobei unbestritten war, dass gerade dieser Bevölkerungsteil, die Deutschen, immer überdurchschnittlich fleißig und arbeitswillig war.

Die bittere mindestens neun Jahre anhaltende Not führte zu Verzweiflung; aber auch zu Zorn, der weiteren Sprengstoff für Konflikte erzeugte.
Seit 1932 lag in Böhmen das Schwergewicht der Arbeitslosigkeit in den deutschen Grenzgebieten. Die offizielle tschechische Erwerbslosenstatistik veranschaulicht es mit dieser Karte.

Das weitere Leben in der ČSR
Die Toten von Lindewiese

Nicht nur im Jahre 1919 wurden unbewaffnete Zivilisten durch Staatsorgane ermordet, diese »demokratische« Art der kolonialen Problemlösung gegenüber »Eingeborenen« setzte sich durch viele weitere Jahre fort!

12 Jahre nach dem Massaker des 4. März 1919, baute die tschechoslowakische »Demokratie« auf ihre Staatsmacht:
Sie ließ scharf schießen.

»Von der wachsenden Arbeitslosigkeit und den sinkenden Löhnen waren z.B. auch die Steinarbeiter im Freiwaldauer Bezirk schwer betroffen. Am 25. November 1931 wollten die Setzendorfer Steinarbeiter streiken und in Freiwaldau gegen die neuerliche Lohnsenkung demonstrieren. Der tschechische Bezirkshauptmann erlaubte diese Demonstration, das Prager Innenministerium verbot sie jedoch und drohte den veranstaltenden Gewerkschafts- und KP-Funktionären an, das Verbot mit Waffengewalt durchzusetzen. Die Steinarbeiter brachen dennoch zur Demonstration nach Freiwaldau auf. In Niederlindewiese schossen Gendarmen o h n e Warnung in den anrückenden Demonstrationszug um ihn aufzuhalten. Die Menge stob auseinander. Aber acht Tote und zahlreiche Verwundete blieben als Opfer zurück. Unter ihnen war keiner der Gewerkschafts- und Parteifunktionäre, die am Ende des Zuges gegangen waren. Den Hauptorganisator der Demonstration, den Landessekretär der KP von Mähren – Schlesien und späteren Staatspräsidenten Klement G o t t w a l d, traf, da ihm der Schussbefehl bekannt war, die Mitschuld an dem Blutvergießen« (so nachzulesen bei R. Ohlbaum).
Insgesamt wurden in der Zeit der 1. Tschechischen Republik auf diese Weise über 200 unbewaffnete Zivilisten ermordet. Bereits in den ersten 5 Jahren der ČSR »Demokratie« waren mehr Tote zu beklagen, als während der letzten 25 Jahre im alten Österreich.

Dies ist aus einer Erklärung deutscher Fraktionen des tschechoslowakischen Abgeordnetenhauses vom 7. April 1932 zu entnehmen:

»Seit Monaten unternehmen politische Staatsorgane durch Verhöre, Hausdurchsuchungen und Verhaftungen Eingriffe in die Rechte deutscher Staatsbürger; die tschechische Presse bringt täglich unkontrollierte und unkontrollierbare Nachrichten über angebliche hochverräterische oder geheimbündlerische Tätigkeit im deutschen Lager; jede Verdächtigung oder anonyme Anzeige wird zum Ausgangspunkt eines Verfahrens gemacht, das sich oft monatelang hinzieht, ohne dass in der tschechischen Öffentlichkeit verzeichnet wurde, dass die anhängigen Fälle fast durchwegs zur Einstellung der Verfahren führten. Diese, noch von keiner verantwortlichen Stelle gerügten Verfahren der Behörden und ihrer einzelnen Organe sowie die Verhetzung durch die tschechische Presse hat die politische und nationale Atmosphäre vergiftet und die schwachen Versuche, ein auf ethische und rechtliche Grundsätze aufgebautes Zusammenleben der Völker dieses Staates herbeizuführen, zum Stillstand gebracht.

... Der Umfang und die Rücksichtslosigkeit dieser Verfolgungen zwingen uns, diese Verfolgungen und ebenso das durch sie heraufbeschworene Unrecht als eine g e m e i n s a m e sudetendeutsche A n g e l e g e n h e i t anzusehen.

Wir verlangen unter gleichzeitiger Verurteilung der Methoden der politischen Verwaltung, dass dem gegenwärtigen, aufpeitschenden und unhaltbaren Zustand ein Ende bereitet werde, damit e n d l i c h eine gewisse Beruhigung eintritt, die umso mehr notwendig ist, als die Bevölkerung ohnedies genug unter der t r o s t l o s e n Wirtschaftslage leidet.

Das Vorgehen bei den Untersuchungen könnte den Schluss gestatten, dass es eine Einschüchterung der deutschen Bevölkerung und der Zerreißung der kulturellen Bande mit dem deutschen Gesamtvolk bezweckt. Demgegenüber erklären wir, dass nichts imstande ist, uns von der auf dem Naturrecht beruhenden deutschen Kulturgemeinschaft loszureißen.

Wir nehmen für unser Volk unter allen Umständen die gleichen Rechte in Anspruch, die das tschechische Volk heute für sich in Anspruch nimmt und früher in Anspruch genommen hat und die alle Völker für sich ebenfalls fordern, nämlich den ständigen Kulturaustausch mit dem Gesamtvolk.«

In der ČSR wurde die Lage der Sudetendeutschen immer unhaltbarer.

Die herrschenden Zustände führten bei den Sudetendeutschen, die sich von einigen ihrer Parteien nicht entsprechend vertreten fühlten, zur Änderung ihres Wahlverhaltens. Spätere Wahlen werden dies beweisen.

Das Ausland verstand dieses Symptom richtig. Die tschechische Führung reagierte mit verstärkter Gewalt.

Kapitel 9

Logische Konsequenzen tschechischer Politik

Die deutsche Parteinkonzentration
Die Gründung der sudetendeutschen Heimatfront

Rückblende:

Mit dem Ende des Ersten Weltkrieges im Jahre 1918, dem von tschechischer Seite mit betriebenen Zerfall des »Völkerkerkers« – der Österreichischen-Ungarischen Monarchie – sowie der Gründung eines »Tschechoslowakischen Staates« begann für 3,5 Mill. deutsche Österreicher über lange Strecken ein sogar von menschenrechtswidrigen Handlungen begleiteter Leidensweg bis zur Vertreibung.

Ein **Drittel der Bevölkerung** der ehemals österreichischen Sudetenländer Böhmen, Mähren und Österreich-Schlesien – die Sudetendeutschen – war ca. **in einem Drittel der Gebiete** dieser Länder seit Menschengedenken beheimatet.

Fast alle Werte der Kultur, der Industrie, des Gewerbes, des Handels, der kommunalen Einrichtungen, der Infrastrukturen sowie der Rechtsbegriffe in diesen Gebieten und darüber hinaus, sind von ehemals »heimatberechtigten« Deutschen geschaffen worden.

Dann – und daran muss auch in diesem Zusammenhang erinnert werden – kaum war dieser Staat gegründet – er sollte laut Versprechen des Humanisten Prof. Dr. T. G. Masaryk ein idealer Nationalitätenstaat nach Vorbild der Schweiz werden – verkündet dieser Präsident des neuen Staates bei seiner Antrittsrede am 22.12.1918: »... ich wiederhole: Wir haben unseren Staat errichtet; dadurch wird die staatsrechtliche Stellung unserer Deutschen bestimmt, die ursprünglich als Emigranten und Kolonisten ins Land kamen. Wir haben das volle Recht auf den Reichtum unseres Gebietes. ...« (Herbert Christ, »Benesch und der Völkermord ...« S. 11/12)

Scheinbar im Taumel dieses »Rechtsgefühls« gibt der Herr Präsident kurze Zeit darauf die volle Absicht des Raubes dieser Reichtümer bekannt: »... Für diese Landesfremden (Anmerkung des Autors: deutsche Mehrheit) wird man vielleicht einen gewissen Modus Vivendi schaffen, ... Im übrigen bin ich davon überzeugt, dass **eine sehr rasche Entgermanisierung dieser Gebiete** vor sich gehen wird.«

Diese Äußerung muss auch hier in diesem Zusammenhang neuerlich erwähnt werden. Das Enteignungskonzept mit den Merkmalen eines Raubes, war demnach ganz »normal«. Die deutschen Reichtümer »gehörten« den Tschechen, und die Gebiete werden entgermanisiert, von Deutschen gesäubert!

Wenn auch der Vorsatz zur »Säuberung« der böhmisch-mährischen Gebiete von »den Deutschen« schon seit dem Jahre 1848 dokumentiert ist, so wird er durch Beibehaltung nach der Gründung der ČSR im Jahre 1918 zu einer Komponente des völkerrechtlichen Verbrechens eines Genocides, eines Völkermordes!

In der Festschrift zur Feier des zehn jährigen Bestandes der ČSR ist nachzulesen, dass Herr Dr. Beneš bis zu diesen Zeitpunkt, das Ziel der Entgermanisierung als nicht erreicht bezeichnete. Dr. Beneš stellte fest, »dass die Entgermanisierung nicht gelungen sei und andere Mittel in Zukunft angewendet werden müssen.«

Und diesen Vorsätzen entsprechend wurde der Kampf zum Entzug der Lebensgrundlagen für die Sudetendeutschen konsequent über die gesamte Zeit des Notstandes der ersten Tschechoslowakischen Republik geführt. Jahrelang. Jahrzehntelang.

Da halfen keine Opposition, keine Zusammenarbeit mit der Regierung, keine Bejahung des Staates; die Deutschen wurden nicht gehört. Ihre politischen Parteien konnten sich nicht durchsetzen. Der tschechische Finanzminister Rašín, einer der späteren »Hardliner«, pflegte seine eigene Art, auf Angriffe der Opposition im Prager Parlament geringschätzig und beleidigend zu reagieren: »Er streckt einfach seine Zunge heraus. Auch tschechischen Zeitungen ist dies peinlich.« (Zitatquelle H. Giegold, »Tschechen und Deutsche, S 38)

Versuche der Zusammenarbeit scheitern

Trotz aller Vorbehalte entschlossen sich 1926 drei sudetendeutsche Parteien – der Bund der Landwirte, die Deutsche Christlichsoziale Volkspartei und die Deutsche Gewerbepartei – ohne jegliche Bedingungen in eine Koalition mit tschechischen Parteien einzutreten – in der durch nichts gerechtfertigten Hoffnung, dadurch die nationale Existenz der Sudetendeutschen eher zu sichern. Der Regierung gehörten fortan bis 1938 zwei, zuletzt drei sudetendeutsche Minister an. Die Sozialdemokraten traten 1929 in die Regierung ein. Dieser so genannte sudetendeutsche »Aktivismus« brachte keineswegs die erhoffte Wende.

Auch wenn es den einen oder anderen Lichtblick gab: zum Beispiel am 14.6.1926 anlässlich des o. a. Eintrittes zweier deutscher Minister in die Regierung. Aus diesem Anlass fand der Ministerpräsident Švehla in seiner Regierungserklärung ganz im Gegensatz zu Präsident Masaryks Erklärung im Jahre 1919 folgende Hoffnung erweckenden Worte:

»Ebenso bewusst sind wir uns aber auch der unabänderlichen Tatsache, dass wir hier, wie Sie dort, auf ererbtem Boden geboren durch mehr als ein Jahrtausend miteinander leben.«

Doch das »Staatsvolk« gab seine Alleinherrschaft nicht preis.
Die meisten Tschechen beharrten auf ihrem Nationalstaatsdenken vom Staat der Tschechen und waren nie zu einem Ausgleich gegenüber den 52 Prozent der andern Volksgruppen bereit.

Dieser Ausgleich gelang nicht einmal zwischen ihnen und ihrem »Brudervolk«, den Slowaken. Denn auch diesen gegenüber wurden die Tschechen – so behaupten dies die Slowaken – wortbrüchig. Am 30. Mai 1918 kam es in Pittsburgh – auf Vorschlag Masaryks – zu einem Treffen der slowakischen und tschechischen Emigrantenverbände in den USA. Sie vereinbarten die Gründung eines aus Tschechen und Slowaken bestehenden selbstständigen Staates. Nach slowakischer Darstellung sollten die Slowaken in diesem Staat ihre eigene Verwaltung, ihren Landtag und ihre eigenen Gerichte erhalten. Diese Bedingungen empfanden jedoch die Slowaken später als nicht erfüllt und waren durch die fehlende Umsetzung des Pittsburgher Abkommens verbittert und unzufrieden.

Denn wenn die Slowaken zufrieden gestellt gewesen wären, hätte es kaum zum nachfolgend geschilderten Eklat kommen können: Im Mai 1929 wird in der ČSR der Slowaken-Führer Monsignore Adalbert Tuka wegen »militärischen Verrats und Vorbereitung eines Komplotts gegen die Republik« in Pressburg zu fünfzehn Jahren Zuchthaus verurteilt. Darüber verbreitete sich in der slowakischen Bevölkerung eine weitere allgemeine Verbitterung. Diese wird ein Jahrzehnt später zur Trennung der Slowaken von den Tschechen beitragen. (Adalbert Tuka (1880 – 1946) war ab 1939 stellv. Ministerpräsident der »Autonomen Republik Slowakei«. Es gelang ihm nicht der späten tschechischen Rache zu entrinnen und Adalbert Tuka wurde am 20. August 1946 in Pressburg gehenkt!)

Auch der Karpato-Ukraine gewährte man nicht volle Autonomie, obwohl sie laut Friedensvertrag von St. Germain der ČSR als autonomes Gebiet angegliedert worden war!

Eine neutrale englische Stimme

Harold Harmsworth, 1. Viscount Rothermere (1868 – 1940), britischer Zeitungsverleger und einer der einflussreichsten Presse-Lords Großbritanniens, schreibt am 24.9.1930 in seiner Zeitung »Daily Mail«: »Ein mächtiges, hochpatriotisches Volk wie das deutsche wird es keineswegs hinnehmen, die Erfüllung seines nationalen Ehrgeizes seiner (des Völkerbundes) Gnade zu überlassen. Wahrscheinlicher ist, dass Deutschland, wenn eine nationalsozialistische Regierung zur Macht kommt, unter der tatkräftigen Führung dieser Partei selbst den Weg zur unverzüglichen Behebung des schreienden Unrechts zeigen wird. Damit wird es etwas weit Größeres erreichen als die Vereinigung mit Österreich – oder den »Anschluss« – den weite Kreise der deutschen öffentlichen Meinung erstreben. Es würde seinem Reiche nicht nur die 3.000.000 Deutschen in der Tschechoslowakei zuführen,...., sondern auch, was gut möglich ist, die ungarische Nation selbst. Als Ergebnis solcher Entwicklungen könnte die Tschechoslowakei, die den Friedensvertrag durch ihre Bedrückung völkischer Minderheiten und die Verweigerung eigener Abrüstung so systematisch verletzt hat, über Nacht aus dem Dasein gedrängt werden.«

Die Ohnmacht der deutschen Parteien

Weder einer einzelnen Partei noch der Gesamtheit aller deutschen Parteien, die ihren Ursprung in der politischen Landschaft des alten Österreich hatten, ist es gelungen, in all den Jahren seit Gründung der ČSR ihre Bestrebungen, die Interessen der deutschen Volksgruppe erfolgreich zu vertreten, umzusetzen. Diese Parteien erwiesen sich als zu schwach, dem staatlichen Entgermanisierungsdruck standzuhalten.

Denn dieser Staat hat nie seine mögliche Funktion als ausgleichendes Element der divergierenden Interessen seiner multiethnischen Mitbürger, also eines Gemeinwesens, wahrgenommen. Im Gegenteil, er ließ sich von Anbeginn seines Bestehens zum Vollzugsorgan tschechisch-chauvinistischer Parteienwünsche degradieren. Die von den Deutschen empfundene Ohnmacht schrie nach einer Wende.

Das Kräfteverhältnis der deutschen Parteien in der ČSR von 1920 – 1935 Relative Stabilität

Vergleicht man das Kräfteverhältnis der politischen Parteien in den Nachkriegsstaaten »Deutsche Republik« und »Deutsch-Österreich« mit denen der von der ČSR annektierten deutschen Gebieten der Sudetenländer, so ist dessen Ähnlichkeit unverkennbar. Die stärksten Parteien waren ab 1918 in allen drei Ländern die sozialdemokratischen.

Dominant waren demnach in der ČSR bis 1925 die Deutschen Sozialdemokraten mit 45 %, gefolgt vom Bund der Landwirte mit 15 %, der Christlichsozialen Volkspartei mit 14 % und den beiden Rechtsparteien mit 21% aller 72 deutschen Mandate. (siehe Grafik »Wie die Sudetendeutschen wählten«)

Auch bis zum Jahre 1935 blieb die DSAP mit 32 % die stärkste Kraft, gefolgt vom BdL mit 24 %, der DCV mit 21 % und dem Rechtsblock mit 23 % von nur mehr 63 Mandaten. (Nach der neuen, »demokratischen« Wahlrechtsreform)

Beginn der Parteienkonzentration
Konrad Henleins Aufstieg

Erst nach 16 Jahren andauernder und systematischer »Entgermanisierung« – der Umvolkung und Drangsalierung der deutschen Mitbürger in der ČSR – signalisierten die Parlamentswahlen im Mai 1935 den festen Willen der deutschen Bevölkerung zu einer Bündelung ihrer politischen Kraft.
In dieser Hinsicht erlangte ein bisher parteiloser Funktionär des Turnerbundes welthistorische Bedeutung.

Konrad Henlein (1898 – 1945)

Vorerst Bankbeamter und später Turnlehrer, Gründer und Vorsitzender der »Sudetendeutschen Heimatfront«, die sich 1935 – von der tschechoslowakischen Regierung gezwungen – in »Sudetendeutsche Partei« umbenennen musste.

Der parteilose Konrad Henlein – geboren als Sohn einer tschechischen Mutter – sprach ein perfektes tschechisch.
Seine politische Prägung erhielt er im Rahmen des österreichischen »Kameradschaftsbundes« als Anhänger der Lehre des österreichischen Philosophen und Soziologen Otmar Spann, einem Gegner des Nationalsozialismus und Befürworter eines »Ständestaates«.
Sein Beruf als Turnlehrer brachte es mit sich, dass Henlein Leiter der Bundesturnschule der deutschen Turnerbewegung wurde.

Es war dies eine parteiunabhängige deutsche Turnvereinigung, deren unpolitisches Motto in vier Worten Ausdruck fand: »Frisch, Fromm, Fröhlich, Frei«. Ihre Vereinsziele waren ausschließlich: die körperliche Ertüchtigung, das Erlernen turnerischer Disziplin und eines sozialen Empfindens sowie völkischen Denkens und Handelns, ähnlich den Zielen der tschechischen Turnerbewegung »Sokol«, zu deutsch »Falke«.

Der bisher also nicht politisch agierende Verbandsturnwart legte sein Amt im September 1933 nieder und begann, – gedrängt von älteren Politikern, die sich von einem jüngeren Mann bessere politische Erfolge erhofften, – einen neuen Lebensabschnitt auch wieder ohne Bindung an eine politische Partei. Er gründete die »Sudetendeutsche Heimatfront«. Die neue Bewegung wollte sich bewusst von den bestehenden Parteien und den bisherigen Politikern absetzen und es gelang ihr unter diesem Namen nach erfolgreicher Werbearbeit zum Sammelbecken der Sudetendeutschen zu werden.

Aufruf Konrad Henleins zur Gründung der »Sudetendeutschen Heimatfront« vom 1. Oktober 1933

»Die Sudetendeutsche Heimatfront erstrebt die Zusammenfassung aller Deutschen in diesem Staat, die bewusst auf dem Boden der Volksgemeinschaft und der christlichen Weltanschauung stehen. Sie bekennt sich zur deutschen Kultur- und Schicksalsgemeinschaft und erblickt ihre Hauptaufgabe in der Sicherung und dem Ausbau unseres Volksbesitzstandes: unseres Heimatbodens, unserer kulturellen Einrichtungen, unserer Wirtschaft und unseres Arbeitsplatzes. Sie fordert eine gerechte Lösung der sozialen und wirtschaftlichen Fragen aller Stände. Im Besonderen erblickt sie in der sozialen und wirtschaftlichen Sicherung des Arbeiters eine der wichtigsten Voraussetzungen für die Erhaltung unserer Volkskraft.

Die Sudetendeutsche Heimatfront wird auf dem Boden, auf den uns das Schicksal gestellt hat, unter Anerkennung des Staates bei Einsatz aller gesetzlich zulässigen Mittel an der Erreichung dieser Ziele arbeiten. Sie bekennt sich zu den demokratischen Grundforderungen, vor allem der Gleichberechtigung der Kulturvölker und erblickt im friedlichen Ausbau dieser Grundlagen – unter voller Achtung der Volkspersönlichkeiten – die sicherste Gewähr für eine gedeihliche Entwicklung der Völker und Staaten des mitteleuropäischen Raumes.«

Durch diesen Aufruf, der einerseits ein Bekenntnis zur ČSR betont und ausschließlich demokratische Grundforderungen enthält, brachte Konrad Henlein in der Sudetendeutschen Volksgruppe eine Lawine ins Rollen, denn es hatten sich bisher zu viel Enttäuschung, Erbitterung, Elend, Wut, Hass aber auch Hoffnung aufgestaut.

Die unerträgliche Not schreit nach Lösungen
Warnungen aus Prag:

Bericht vom 3.3.1934 des britischen Gesandten in Prag, Sir Joseph Addison über die ČSR:

Auszug:

»Das Unnatürliche verlangt unnatürliche Hilfsmittel, wenn es bestehen soll, und niemandem mit einiger Beobachtungsgabe konnte die äußerst schwierige Lage entgehen, in der dieser Staat sich von Natur aus befindet – ungünstige Grenzen, auf drei Seiten ein mächtiger Nachbar, der seine Zerstörung herbeiwünscht, zwei weitere Nachbarn (gemeint sind Polen und Ungarn) mit gleichem Wunsch, die ihn ebenso verabscheuen, ausgedehnte Grenzgebiete, die hauptsächlich von – zu Recht oder Unrecht – durchaus staatsverdrossenen Bürgern bewohnt werden, die ebenfalls nichts anderes wünschen als das Verschwinden dieses Staates in seiner jetzigen Gestalt. Ein nach englischen Maßstäben Urteilender wird angesichts all dessen erwidern, dass es möglich gewesen sein müsste, den gegenwärtig herrschenden Spannungszustand durch eine weise Versöhnungspolitik gegenüber den in den Grenzgebieten lebenden Minderheiten zu verhindern ... Für den wirklichkeitsnahen Betrachter bleibt bestehen, dass sich die Tschechoslowakei mit ihren Minderheiten eben nicht ausgesöhnt hat ... Eine gerechte und billige Minderheitenpolitik würde die tschechische Minderheitsherrschaft, die dem ganzen System zugrunde liegt, von selbst zum Verschwinden gebracht haben. Die Lage ist unerfreulich und so, wie die Dinge liegen, kann die tschechische herrschende Schicht aus eigenem Entschluss gar nichts tun, um sie zu ändern. Man scheint sich endlich klarzumachen, dass wirkliche Hilfe ausschließlich von außen kommen kann, und diese Erkenntnis hat andererseits zum beunruhigenden Verdacht geführt, dass eine solche Hilfe in der Form, die allein helfen könnte – nämlich in Gestalt einer Gewaltandrohung zugunsten der Aufrechterhaltung des Status quo – nicht zu haben sein wird; dies wäre aber unumgänglich, wenn die Tschechoslowakei als souveräner Staat, der von Tschechen für Tschechen beherrscht wird, weiter bestehen soll.«

Aber nicht nur der englische Gesandte Addison, der zu dieser Zeit sicher nicht unter dem Eindruck einer »Appeasment-Politik« stand, sondern auch die deutschsprachige Prager Zeitung »Sozialdemokrat« befasst sich mit den Zuständen in der ČSR.

Bericht der Zeitung »Sozialdemokrat«

Am 2. Feber 1935 erschien in dieser Zeitung folgender Artikel: »Die Unterernährung hat in den ausgesprochenen Notstandsgebieten einen Grad erreicht, der dem Zustand im Jahre 1918 gleichkommt. Es fehlt das Geld zum Einkauf von Lebensmitteln, die heruntergerissene Kleidung kann nicht mehr ersetzt werden, nicht einmal an die Erneuerung der Wäsche ist unter den furchtbaren Auswirkungen der Massenarbeitslosigkeit zu denken. Am schlimmsten ist die Not und der Jammer in den Grenzgebieten der Republik. Einstmals hoch entwickelte Industriebezirke sind verarmt. Schon jahrelang stehen zahllose Betriebe still, die Maschinen rosten ein, die Fabriksgebäude werden abgetragen, weil keine Aussicht dafür besteht, dass jemals wieder in den Betriebsstätten, in denen vor der Krise Hunderte und Tausende Arbeiter beschäftigt waren, gearbeitet werden wird.«

Wen man die Frage stellt, warum erneut – »schon wieder« – von der grässlichen Not berichtet wird, dann ist die Antwort: »nicht schon wieder« sondern leider »noch immer«. Man muss nur die Jahreszahlen der Berichte beachten. Dann erst kann man die Tragik der Not ermessen, die nicht nur in der Intensität des Unglücks liegt, sondern auch in dessen Dauer.

Die Quittung:
Das schicksalhafte Wahlergebnis
Wie die Sudetendeutschen wählten

Diese Ergebnisse der Wahlen vom 19. Mai 1935 in der Tschechoslowakei lösten einen politischen Erdrutsch aus.

Wie die Sudetendeutschen wählten:

Die Mandatsverteilung innerhalb der deutschen Parteien. Von 66 Mandaten erhielt die SdP 44, also 67 %, gefolgt von der DSAP mit 11 = 17 %, dann vom BdL mit 5 = 7 % und der DCV mit 6 = 9 %.
In weiterer Folge schlossen sich der BdL und die DCV geschlossen der SdP an, sodass das im Jahre 1937 bestehende Parteienspektrum nur mehr 2 deutsche Parteien auswies. Die Deutsche Sozialistische Arbeiter Partei mit 11 =

16,5 % und die »Sudetendeutsche Partei« mit 55 = 83,5 % der 66 deutschen Mandate, wie aus der nachstehenden Grafik ersichtlich.

JAHR

1920 21 22 23 24 25	DSAP Deutsche Sozialdemokratische Arbeiterpartei 31		BdL Bund der Landwirte 11	DCVDt. Chr. - Soziale Volkspartei 10	DD FP 5	DNP DNSAP 15
26 27 28 29	DSAP 17	BdL 16		DCV 13	DNP 10	DNSAP 7
30 31 32 33 34 35	DSAP Deutsche Sozialdemokratische Arbeiterpartei 21		BdL Bund der Landwirte 16	DCV Deutsche Christlich- soziale Volkspartei 14	DNP 7	DNSAP 8
36 37 38	DSAP 11	BdL 5	DCV 6	SdP Sudetendeutsche Partei 44 55		

Ganz hell – *Parteien die in den Jahren 1920 bis 1938 einen grundlegenden Umbau des Staates anstrebten*

Grau – *solche die der parlamentarischen Opposition angehörten, aber die Staatsstruktur prinzipiell bejahten*

Dunkel – *solche, die Minister in der Regierung hatten*

Was war geschehen? Die Welt horchte auf. Worauf die deutschen Fraktionen am 7.4.1932 hingewiesen haben, traf 1935 ein. (siehe Grafik) Das »heraufbeschworene Unrecht«, diese »gemeinsame sudetendeutsche Angelegenheit« führte zur Parteienkonzentration.

Henleins Partei erhält mit 1,25 Millionen Stimmen 73.000 mehr als die stärkste tschechische Partei, die Agrarpartei. Sie stellt 44 Abgeordnete gegenüber 22 jener sudetendeutschen Parteien, die an der Prager Regierung teilnehmen.

Die 1933 herbeigeführte Wende durch die Gründung der Sudetendeutschen Heimatfront (SHF) gab zwei Deutschen Parteien die Möglichkeit, einer drohenden Zwangsauflösung durch Selbstauflösung zuvor zu kommen und in dieser SHF aufzugehen. Deren Wähler erbrachten der SdP 1935 15 Mandate, weitere 29 Mandate erbrachten die ehemaligen Wähler der Sozialisten mit 10, des Bundes der Landwirte mit 11 und der christlichsozialen Volkspartei mit 8 Mandaten. Das heißt, dass sich das Wählerpotenzial, ausgedrückt in v. Hundert-Zahlen in dieser ersten Konzentrationsetappe zu 34 % aus »rechten« und zu 66 % aus **allen anderen Parteien** rekrutierte!
Von einem »totalitären« oder »nationalsozialistischen« Einfluss in dieser Bewegung kann man auch bei schlechtestem Willen nicht sprechen.

Westeuropas Presse eilt in die Tschechoslowakei und bewundert Konrad Henlein.
Die tschechische Öffentlichkeit war schockiert, Konrad Henlein und seine Wähler waren selbst von dem unerwarteten Wahlsieg überrascht. Henlein

bedachte die möglichen Reaktionen des Herrn Staatspräsidenten und sandte ihm zu dessen Beruhigung sofort ein Telegramm, in dem er abermals seine Bereitschaft zur Mitarbeit anbot und den Staatspräsidenten seiner Loyalität versicherte.

Ein von Henlein erwünschtes Gespräch mit dem Präsidenten wurde von Außenminister, Herrn Dr. E. Beneš, v e r h i n d e r t. (E. Franzel).

Echo der Wahlen
Mit Blindheit geschlagen?

Doch weder dieses für die Tschechen bestürzende Wahlergebnis, noch das Auftreten jüngerer sudetendeutscher Politiker – Gustav Hacker vom Bund der Landwirte, Wenzel Jaksch von den Sozialdemokraten und Hans Schütz von den Christlichsozialen – also der Parteien die neben der SdP zu den deutschen Parteien gehörten – konnten eine wesentliche Änderung der tschechischen Politik herbeiführen.

Die Sudetendeutsche Partei unterbreitete der tschechoslowakischen Regierung weiterhin ihre autonomistischen Vorstellungen.

Die Verbohrtheit in den Willen, die Länder Böhmen, Mähren und Schlesien von den Deutschen zu »säubern«, machte die tschechischen Politiker auch damals noch blind, die warnenden inner- und außenpolitischen »Zeichen der Zeit« zur erkennen und sie verharrten in ihrer unmenschlichen Politik der »Entgermanisierung«.

Diese musste zwangsweise zu einer Katastrophe führen, zu internationalen Verwicklungen und wie geschehen zum Völkermord.

| Kapitel 10

Konrad Henlein und die »Jung-Aktivisten«
Dr. Beneš, der »Va banque«-Spieler
Englands »Interesse« – Die große Hoffnung

Noch hat sich nichts geändert

Am 19. Oktober 1935 berichtete der in Bodenbach erschienene »Nordböhmische Volksbote«: »Unlösbar wird für die Notstandsgemeinden immer mehr die Unterbringung der delogierten Familien. Es treibt jedem ernsten Beobachter solcher Zustände direkt die Schamröte ist Gesicht, vergleicht er, wie groß hierzulande die Distanz zwischen dem lautersten sozialen Wollen einzelner Minister und der sozialen Praxis im Krisengebiet ist. Trotz jahrelanger Erwägungen über die Innenkolonisation können dem delogierten Arbeitslosen, wenn er sich eine Notbaracke bauen will, nicht einmal einige Bretter zur Verfügung gestellt werden. Eine Gemeinde bei Weipert wollte für hoffnungslose Fälle einen Eisenbahnwagen ankaufen. Sie hatte nicht einmal dazu Geld .... Etwas »günstiger« war es diesbezüglich in Nikolsburg, dort ließ man wenigstens die Ärmsten der Armen durch Jahre hindurch in 28 ausrangierten Eisenbahnwaggons wohnen.

Monate später, am 15. Jänner 1936, berichtete die »Nordböhmische Volksstimme«, ein Blatt der Deutschen Sozialdemokratischen Arbeiterpartei, über das Sterben in sudetendeutschen Städten: »Nachstehend einige Ziffern über Geburten und Todesfälle in den nordböhmischen Städten Warnsdorf, Obergrund, Schluckenau, Teichstadt, Nixdorf, Kaiserwalde, Böhmisch-Kamnitz, Obereinsiedel und Bensen. .... (Anm.: Es folgen detaillierte Angaben)

In allen angeführten Orten ist die Zahl der Sterbefälle höher als die Zahl der Geburten. Die hohe Kindersterblichkeit, die hohe Zahl der Totgeburten, die steigende Zahl der Selbstmorde, die durch das Elend geschwächte Widerstandskraft des Körpers gegen die Krankheiten haben es so weit gebracht.«

Die Parlamentswahlen der ČSR im Jahre 1935 waren ein Alarmzeichen dafür, dass die bisherige Behandlung der deutschen Bevölkerung im defacto Nationalitätenstaat – nach tschechischer Ideologie jedoch in einem Nationalstaat – zu dramatischen Folgen führen musste! Der Protest gegen die nationale Unterdrückung der Deutschen fand vor 1935 kaum einen unterschiedlichen

Ausdruck. Gemeinsam war allen sowohl Aktivisten als auch Negativisten das Bestreben, mit den Tschechen auf dem Boden der Heimat, der Tschechoslowakischen Republik, nicht unterdrückt zu werden und als gleichberechtigte Bürger leben zu können.

Auch die »Jung Aktivisten« – eine Garnitur junger Politiker der deutschen Sozialdemokraten, der Christlichsozialen und des Bundes der Landwirte – erklärten sich immer wieder zu demokratischer Zusammenarbeit mit den Tschechen bereit.
Fast sensationell war jedoch, dass der junge und »neue« Politiker der Sammlungspartei, Konrad Henlein, in seinem absolut demokratischen Parteiprogramm versicherte, ebenfalls auf dem Boden der ČSR die Interessen der Deutschen vertreten zu wollen, obzwar er ja auch alle ehemaligen Stimmen der »Negativsten« vertrat.

Unvorstellbar war für tschechische Politiker die Fairness, die Konrad Henlein vor seiner Rede in Böhmisch-Leipa am 21.Oktober 1934 an den Tag gelegt hat.

Konrad Henlein
Der Demokrat

Denn es war kennzeichnend für Henleins politischen Stil, dass er den Wortlaut seines Parteiprogrammes vor dessen Veröffentlichung sowohl dem Staatspräsidenten übermitteln wie auch durch zwei Vertrauensleute – Dr. Gustav Peters und Dr. Alfred Rosche – mit dessen Kabinettchef (»Kanzler«) Dr. Přemysl Šámal besprechen ließ. Dieser empfing – wohl kaum ohne Vorwissen des Staatspräsidenten – kurz darauf Henlein, der von Dr. Walter Brand begleitet war, und erklärte am Schluss der Aussprache, dass es eine staatsmännische Leistung sein werde, wenn Henlein den Mut haben sollte, diese Rede wirklich unverändert vor seinen Anhängern zu halten; er – Šámal – könne sich das nicht denken. Tatsächlich hat Henlein die Rede unverändert, ohne Zwischenfall, ja unter tosendem Beifall der Kundgebungsteilnehmer, gehalten.

Das Programm Konrad Henleins

Ein Jahr nach der Gründung der »Sudetendeutschen Heimatfront« gibt Konrad Henlein am 21. Oktober 1934, in Böhmisch-Leipa eine programmatische Erklärung vor mehr als 25.000 Menschen für seine zwangsweise auf dem Namen »Sudetendeutsche Partei« umbenannte Bewegung ab.

Die Definition des Parteiprogrammes als Grundsatzerklärung Konrad Henleins in Böhmisch-Leipa vom 21. Oktober 1934

Auszug:

»... Angesichts aller tatsächlichen und gewollten Missverständnisse können wir nur neuerlich erklären, dass wir die bisherige sudetendeutsche Politik weder im allgemeinen, noch die Politik im Sinne einer der alten Parteien im besonderen fortzusetzen gewillt sind ... Uns geht es um die Einigung des Deutschtums in diesem Staate im Sinne echter und lebendiger Volksgemeinschaft und um seinen Einsatz als notwendiges staatskonservatives Aufbauelement bei gleichzeitiger Wahrung unserer naturgegebenen Rechte ... Es geht uns um eine Politik, die auf den gegebenen Tatsachen aufbaut und nach der ehrlichen Übereinstimmung der staatlichen Notwendigkeiten mit den eigenen völkischen Lebensnotwendigkeiten auch im Geiste der Würde und der Verantwortung ...

Nur wer erkennt, dass weder der Pangermanismus noch der Panslawismus konstruktive Elemente für den Neuaufbau Europas und Mitteleuropas sind, kann ehrlich an eine friedliche Zukunft Europas glauben ...

Und so geht es heute um eine große Erkenntnis, die einmal auch vom tschechischen Volke voll und ganz in all ihrer Tiefe ... verstanden werden muss, weil sich daran die Zukunft der beiden Völker entscheiden wird: dass Volkstreue die Staatstreue nicht ausschließt.
Wir haben dem Staate gegeben, was des Staates war und haben bis heute alle unsere Pflichten als Staatsbürger treu und ehrlich erfüllt. Um so mehr erwarten wir mit vollem Recht, dass endlich der Staat uns in vollem Maße gibt, was unser ist. Kein vernünftiger Tscheche kann von uns verlangen, dass wir unser Volkstum verleugnen ...

Es entspricht ... unserer grundsätzlichen Überzeugung, dass sowohl Faschismus wie Nationalsozialismus an den Grenzen ihrer Staaten die natürlichen Voraussetzungen ihres Daseins verlieren und daher auf unsere besonders gearteten Verhältnisse nicht übertragbar sind ...

Je unbesorgter der Sudetendeutsche in die Zukunft sehen kann, je innerlich freier er sich fühlt, umso bereiter wird er alle seine vom Staat geforderten Pflichten erfüllen. Man muss sich aber doch über das eine im Klaren sein, dass letzten Endes – und gerade vom Standpunkt der Demokratie! – ein Staat nur dann als konsolidiert betrachtet werden kann, wenn er sich auf die freiwillige und aus der inneren Überzeugung kommende Überzeugung seiner Bürger zu schützen vermag. Bajonette und Zwangsmaßnahmen haben auf die Dauer noch keinen Staat gesichert. Es muss ausgesprochen werden, dass für die von uns aufrichtig erstrebte befriedigende Entwicklung durch Loyalitätsbekenntnisse allein nichts getan ist – auch wenn sie noch so oft und noch so aufrichtig abgegeben werden. Bekenntnisse allein vermögen auf die Dauer eine politische Gefolgschaft nicht zu binden; nur praktische Ergebnisse bekundeter Loyalität werden das vermögen.

Im politischen Leben ist es möglich, vorübergehend durch Argumente zu überzeugen. Massen dauernd zu binden, setzt jedoch praktische Ergebnisse voraus als Rechtfertigung einer Politik – praktische Ergebnisse, die ich letztlich nicht auf Grund meines guten Willens, sondern nur auf Grund der Einsicht der tschechoslowakischen Staatsführung werde aufweisen können. Deshalb bleibt ihr allein die Verantwortung für das Gelingen eines Versuchs, den wir aufrichtig und ohne Hintergedanken gewagt haben.

Wir sind gern bereit, anzuerkennen, dass die Tschechoslowakei jener Staat ist, in dem Tschechen und Slowaken die gesicherte staatliche Grundlage ihres völkischen Lebens gefunden haben. Aber das Bedürfnis eines Volkes, sich auszuleben, muss seine unverrückbaren und unüberschreitbaren Grenzen in den Grundsätzen der Ethik und Humanität finden, auf die man sich tschechischerseits immer wieder beruft. Dass wir Sudetendeutsche die Unantastbarkeit unseres Lebensraumes und unseres Volksbodens, unserer Lebensrechte, unseres kulturellen und wirtschaftlichen Besitzstandes, unseres Arbeitsplatzes fordern – das werden auch unsere tschechischen Mitbürger verstehen: denn diese Forderungen sind so primitive Selbstverständlichkeiten, dass jedes Volk Verachtung treffen würde, wenn es nicht bereit wäre, diese Güter mit allen Mitteln zu bewahren.

Ich glaube mit ruhigen Gewissen sagen zu dürfen, dass keine dieser Forderungen gegen die Interessen diese Staates verstößt, denn es sind nur Forderungen, die nach den natürlichen Rechten der Völker und nach den Gesetzen wahrer Humanität einem jeden Volk zugestanden werden müssen, wenn es leben und nicht vegetieren soll. Wenn es den Tschechen aber mit einer wirklichen Befriedung der Nationalitätenverhältnisse ebenso erst ist, wie sie immer sagen, dann werden sie uns leben lassen müssen. Wenn sie dies aber nicht wollen, dann dürfen sie nicht darüber erstaunt sein, wenn wir uns dagegen wehren ...

Das Sudetendeutschtum bietet offen und ehrlich die Hand zum Frieden. Wer sie ausschlägt, muss dafür die Verantwortung übernehmen, wie sich die Zukunft dann entwickeln wird ...«

Der in der Situation des Jahres 1934 sensationelle, das echte Demokratieverständnis Konrad Henleins und seines Stabes ausdrückende und in staatsmännischer Verantwortung abgefasste Text der Erklärung über die Maximen der Sudetendeutschen Partei, muss als einzigartig dastehendes Signal der Deutschen an das tschechische Volk und seine Politiker angesehen werden. **Das Signal zum friedlichen Zusammenleben.** Denn trotz aller bisherigen Geschehnisse bestand die Bereitschaft der Deutschen, eine tragfähige innenpolitische Lösung des Nationalitätenproblems **innerhalb der tschechoslowakischen Staatsgrenzen** gemeinsam herbeizuführen. Fast jeder Satz des Programmes hat einen tiefen Sinn. Generellen Kritikern an der Sudetendeutschen Partei möge diese Veröffentlichung des Parteiprogrammes als Fundgrube neuer Erkenntnisse dienen.

Die »Jung Aktivisten« Gemeinsamkeiten

Vergleicht man den Text des Parteiprogrammes mit den Texten der späteren Grundsatzerklärungen der »Jung Aktivisten« Wenzel Jaksch der Sozialdemokraten (DSAP) und Hans Schütz der Deutschen Christlich-Sozialen Volkspartei (DCV), dann erkennt man als deren Gemeinsamkeit die Forderungen nach dem Umbau des tschechoslowakischen Nationalstaates zum Nationalitätenstaat und das Unterlassen feindlicher Praktiken gegenüber den deutschen Staatsbürgern.

Wenzel Jaksch äußert u. a.:
»Der Grad der Einsicht des tschechischen Volkes bestimmt die Stärke unserer sittlichen Waffen. .... Das Haupthindernis einer nationalen Zusammenarbeit ist darin zu sehen, dass sich der tschechische Nationalstaatsbegriff nicht mit dem Umfang des Staates deckt. .... Die tschechische Politik ist erkrankt an der Unterschätzung der inneren Staatsprobleme .... Neben der legalen gibt es hier im Lande eine illegale Nationalitätenpolitik .... Wer den letzten deutschen Briefträger oder Eisenbahner ausrotten will, ist ein Totengräber der Staatsgesinnung im Grenzgebiet .... Wir erklären ganz offen, dass die Benachteiligung der Deutschen im öffentlichen Dienst, in der Sprachenfrage und in der ganzen Verwaltung einen Grad erreicht hat, der allgemein als unhaltbar empfunden wird.«

Hans Schütz erklärt:

».... Sowie die europäische Ordnung nur aufrechterhalten werden kann, wenn ihr Fundament die Gleichberechtigung ist, so kann die Ordnung in einem Nationalitätenstaat nur dauernd gesichert werden, wenn die soziale und nationale Gleichberechtigung verbürgt ist. .... Der Sudetendeutsche Schicksalsraum liegt zwischen der Staatsgrenze und der Sprachgrenze. Vom tschechischen Volk müssen wir daher die Anerkennung der Sprachgrenze ebenso fordern, wie der Staat von allen Völkern die Respektierung der Staatsgrenzen fordert. .... Die Forderung nach Anerkennung des Lebensraumes der Sudetendeutschen enthält keine Spitze gegen die tschechischen Mitbürger, die seit Generationen dort zuhause sind. Aber in einer Zeit schwerster und drückender Wirtschaftsnot bisherige deutsche Arbeitsplätze – aus welchem Motiven immer – tschechischen Landsleuten in die Hände zu spielen, heißt, den Sudetendeutschen Aktivismus bei lebendigem Leibe ans Kreuz schlagen. ....

Die Sudetendeutschen, eine fünfte Kolonne Hitlers?

Dazu fand der deutsche christlich-soziale Minister Zajicek im Jahre 1937 folgende Worte:

Minister Zajicek

Auszug:

Frage: »Warum haben die Tschechen dem deutschen Aktivismus so wenig bewilligt?«
Die Antwort: »Oben wurde gebremst, unten sabotiert.«
Frage: »Warum gab man uns Zugeständnisse nie freiwillig, warum so spät?«
Antwort: »Weil Führende des tschechischen Volkes einen nationalen Ausgleich nicht wünschten.«
Frage: »Wäre es nicht besser gewesen, den Staat konsequent zu verneinen?«
Antwort: »Die Bevölkerung war nicht revolutionär; sie war – einschließlich vieler Henleinleute – bereit zur Mitarbeit im Staat.«

Der tiefere Sinn des deutschen »Aktivismus« bestand in dem Bemühen, im Wege **der Evolution** den tschechischen Nationalstaat in einen Nationalitätenstaat umzuwandeln.

Zitat: »Wir wollten im Herzen Europas einen dauerhaften Völkerfrieden anbahnen. Damit wollten wir dem Weltfrieden dienen.«

Das sind Worte dieser »Jungaktivisten«, ein Jahr vor der Abtretung des Sudetenlandes. Selbst der deutsch-kritische tschechische Historiker Celovsky gibt zu, dass sich bis 1938 keinerlei Anhaltspunkte für irgendwelche hochverräterische Beziehungen der Henleinbewegung zum Ausland nachweisen lassen. In Beneš`s Interesse versuchte die Polizei, Material gegen die Heimatfront zu finden. Es fand sich keines, denn es gab keines. (E. Franzel)

Wann gab es dann eigentlich diese sooft genannte deutsche »5. Kolonne«, die den Staat durch Jahre hindurch systematisch unterminierte und zerstörte? Der typisch kommunistische Begriff einer »5. Kolonne« erweist sich als bösartige Zweckpropaganda, die der deutschen Volksgruppe unter allen Umständen eine Schuld am Schicksal der späteren Vertreibung unterstellen will.

Der neue Staatspräsident
Vergebliche Hoffnung auf einen Kurswechsel

Der Gesundheitszustand des Herrn Präsidenten T. G. Masaryk bedingte eine vorgezogene Präsidentschaftswahl. Dr. Beneš gelang es im Herbst 1935 eine Wahlempfehlung vom Alt-Präsidenten zu erhalten, die ihm dann, wenn auch nicht alleine, zu einem Wahlsieg verhalf.

Wer durch diesen Führungswechsel im höchsten Staatsamt der ČSR eine Verschärfung des tschechisch-deutschen Konfliktes, eine weitere Eskalation der Spannungen auch über die Staatsgrenzen hinaus befürchtete, der sollte unglücklicherweise Recht behalten. Beneš's Innenpolitik galt nicht einem Ausgleich – auch nicht angesichts der verzweifelten Bemühungen der deutschen »aktivistischen« Politiker – denn er war bereit, sein innenpolitisches »Säuberungs«-Ziel mit außenpolitischen Ränken zu erreichen. Die Konsequenz daraus war ein vergebliches Bemühen aller demokratischen politischen Parteien um eine Entspannung durch die Hoffnung auf Gewährung von Zugeständnissen von tschechischer Seite.

Dr. Eduard Beneš
Der Kriegstreiber

Dr. E. Beneš vertraute auf das Netz von Vertragswerken, das er mit Frankreich, den Ländern der »Kleinen Entente«, mit Russland und England zur »Einkreisung« Deutschlands geknüpft hatte.

Sein engster Verbündeter war Frankreich, sein gefährlichster Russland bzw. die UdSSR. Zu dem militärischen Bündnis mit Russland kam es bereits im Jahre 1935. An der Spitze einer Militärkommission erschien damals in Prag der sowjetische General und spätere Marschall Schaposchnikow und seitdem bereiteten sich die tschechische Militärführung durch Anlage einer Bunkerlinie, von Flugplätzen und Straßen zur deutschen Grenze systematisch auf einen Krieg mit dem Deutschen Reiche vor. Wie stark sich weiterhin Beneš der Sowjetunion verschrieb, geht aus der Tatsache hervor, dass im Jahre 1938 in Kaschau (Kosice), eine Verbindungsstelle zur sowjetischen Armee, besetzt mit russischen Offizieren, eingerichtet war! Mit diesem vermeintlichen Sicherungsnetzwerk im Rücken war Dr. Beneš nie zu Konzessionen bereit, im Gegenteil, er war bereit, für die Vollendung seines Planes eines von Deutschen »gesäuberten« tschechischen Nationalstaates bis zur letzten Konsequenz zu gehen: Der Entfesselung eines Krieges!

England machte Herrn Beneš jedoch, zumindest vorläufig, einen Strich durch die Rechnung.

Die Sinnhaftigkeit weiterer politischer Bemühungen: Neue Koalitionen?

Wäre die festgelegte Strategie des Herrn Dr. Beneš damals schon bekannt gewesen, hätten sich alle weiteren Bemühungen um einen Interessenausgleich zwischen Tschechen und Sudetendeutschen aller Voraussicht nach erübrigt. So aber wurden nicht nur von den Sudetendeutschen, sondern auch zunehmend von englischer Seite Bemühungen um eine gütliche politische Lösung der anstehenden Probleme unternommen.

Beeindruckt vom Wahlsieg und der Konzentration der deutschen Parteien stellten sogar die tschechischen Agrarier Erwägungen darüber an, ob nicht eine Koalition unter Einbeziehung der Sudetendeutschen Partei (SdP) möglich wäre! Die tschechischen Agrarier hätten einen solchen Versuch gerne gemacht und auch die Außenpolitik der Republik lieber auf einen deutschen Kurs als auf den sowjetrussischen festgelegt, den Beneš damals gerade einschlug. Man befürchtete aber andererseits, dadurch die Bildung einer oppositionellen »Volksfront« in der ČSR herauszufordern, die zur Zeit der wachsenden Gefahr kommunistischer Expansion zu riskant erschien. Aber auch auf der Seite der SdP war ein solches Unterfangen mehr als gefährlich, denn ohne gewichtige Zugeständnisse in eine Regierung einzutreten, hatten schon zwei deutsche Parteien teuer bezahlen müssen. Sie verloren ihre Wähler. Auch diese eventuelle Chance für eine bessere Zukunftslösung konnte nicht genützt werden.

England beachtet immer wieder die Konfliktsituation in der ČSR

Am 29.6.1937 sagte Lord Lothian (1882 – 1940, Philipp Henry Kerr, 11. Marquess of Lothian, großbritannischer Botschafter in Washington 1939 – 1940) in London, in einer Rede im Chatham House: »Wenn wir das Prinzip der Selbstbestimmung der Völker zugunsten Deutschlands anwenden würden, so wie es zu seinen Ungunsten in Versailles angewandt worden ist, würde das Ergebnis folgendes sein:

– Wiedervereinigung Österreichs mit Deutschland.
– Rückkehr der Sudetendeutschen, Danzigs und wahrscheinlich des Memellandes ins Reich.
– Gewisse Regelungen mit Polen in Schlesien und dem Korridor.«

Auszug:

Professor Arnold J. Toynbee, Geschichtsschreiber und Autor im englischen Kgl. Institut für Außenpolitik berichtet im »The Economist« im Juli 1937.

»Die Frage der deutschen Minderheit in der ČSR ist das schwierigste und zugleich gefährlichste aller mitteleuropäischen Probleme.

Die Tschechen sind ein Opfer der Umstände als auch ein Opfer ihres eigenen Wesens ... andere Länder können gefahrlos schlechte Politik machen. Diese Annehmlichkeit, wenn es eine ist, haben die Tschechen nicht. Was für die Tschechen eine Notwendigkeit, ist für die Briten ein Interesse; eine befriedigende Lösung der Minderheitenfrage erscheint nämlich als unumgängliche Vorbedingung für die Aufrechterhaltung der Unabhängigkeit der Tschechoslowakei. Wer die Tschechoslowakei erhalten will ..., muss ... wünschen, dass die Minderheitenfrage in der ČSR von der tschechischen Staatskunst gelöst wird, bevor es zu spät ist. Die Tschechen sind unbeliebt bei ihren Nachbarn; ihre Freunde und Helfer sind ferne, ...

Natürlich muss dabei stets bedacht werden, dass diese »deutsche« Bevölkerung eigentlich aus Österreichern besteht und von den Deutschen nur adoptiert worden ist. ...

Drei Jahrhunderte lang hat das tschechische Volk das Leben von Menschen geführt, die sich nicht frei bewegen konnten, die Tschechen haben während dieser Zeit alle Tugenden und Laster solcher Menschen angenommen. Dies ist recht unangenehm, denn solch eine Mentalität gehört sich gar nicht für ein Volk, das eine führende Stelle einnehmen will.

.... haben sich die Tschechen von den Briten weniger die »selbstverständliche Überlegenheit« sondern weit eher die »britische Heuchelei«
angeeignet – und das in sehr starken Mass. Von allen Belastungen mit
denen die Tschechen heute zu kämpfen haben, ist jene Verständnislo-
sigkeit vermutlich die schlimmste.

Es ist sowohl die Pflicht wie auch das Interesse Großbritanniens, unter
Einsatz seines ganzen Gewichts mit denjenigen zusammenzuwirken,
die – innerhalb oder außerhalb Mitteleuropas – eine Regelung des
Friedens und des Ausgleiches der Mitteleuropafrage anstreben. **Die
Zeit des Handelns ist gekommen.** Die mitteleuropäischen Auspizien
sind heute günstiger als seit Jahren. **Morgen könnte es zu spät sein«.**

Lord Halifax, der spätere britischer Außenminister, kam am
19.11.1937 privat zum Besuch der Jagdausstellung nach Deutschland,
wurde von Hitler auf dem Obersalzberg empfangen und erklärte bei
dieser Gelegenheit, die Lösung der Österreich-, Sudeten-, Danzig-
und Korridorfrage sei britischerseits annehmbar, vorausgesetzt, dass
sie nicht gewaltsam erfolge. Halifax erkennt auch die Rolle Deutschlands als eines Bollwerks des Westens gegen den Bolschewismus an.

Henlein wird nach England eingeladen
Ansehen des Dr. Beneš sinkt

**Obzwar der Artikel 86 der Versailler Verträge dem Deutschen Reich das Recht
gab, die Durchführung der Minderheitenschutzbestimmungen nicht bloß
von den alliierten und assoziierten Hauptmächten, sondern unmittelbar von
der Tschechoslowakei zu verlangen, wandten sich die Sudetendeutschen in
ihrer größten Not nicht an Deutschland um Hilfe, sondern an England.**

Dort hatte in den letzten Jahren ein Nachdenkprozess über die »Friedensrege-
lungen« von 1919 begonnen. Das erste Ergebnis war der Abschluss des
deutsch-englischen Flottenabkommens im Jahre 1935, eine Bestätigung für
die Bündnisqualitäten des ehemaligen Kriegsgegners Deutschland. Dieses
hatte auch – und dies sei nochmals erwähnt – eine große Bedeutung als Boll-
werk gegen den weltrevolutionären Kommunismus. Denn der spanische Bür-
gerkrieg, die starke »Rotfront« Frankreichs und das Bündnis der Tschechoslowakei mit der Sowjetunion waren Gefahren für die englischen Bestrebungen
– zumindest vorläufig – zur Erhaltung des europäischen Friedens, zur unge-
störten Verfolgung ihrer »Appeasment-Politik«.

Zusätzlich nahm die öffentliche Meinung mehr und mehr Stellung gegen den
neuen Präsidenten der Tschechoslowakei, Herrn Dr. Beneš. »Was sich vor

allem darin ausdrückte, dass die Enthüllungen des Amerikaners John Hunter-Miller über Beneš's Intrigen und Betrügereien auf der Friedenskonferenz (Anm.: im Jahre 1919) jetzt erst das Interesse der britischen Presse fanden«. (Zitat E. Frenzel)

Sein Ansehen in England wurde tief erschüttert und damit auch das der Tschechoslowakischen Republik!

Durch Vermittlung des englischen Oberst Christie gelang es Mitarbeitern Konrad Henleins, Beziehungen zu maßgebenden Kreisen aufzunehmen und Henlein wurde im Oktober 1937 nach England eingeladen, wo er vor ausgewähltem Publikum sprach und gesellschaftlichen Anklang fand. Bedeutende englische Politiker, unter ihnen auch W. Churchill, standen ihm als Gesprächspartner zur Verfügung. Dies hatte eine ungeheure Wirkung. Man schenkte seinen Beschwerden Glauben, zumal auch Wenzel Jaksch – ebenfalls nach England gereist – gleiche oder ähnliche Beschwerden vorbrachte.

In einer seiner Publikationen befasst sich E. Franzel mit diesem Thema. Zitat: »In der britischen Öffentlichkeit wuchs seit 1936 die Überzeugung, dass Beneš ein Lügner, dass die Tschechoslowakei eine Fehlgründung und eine Gefahr für den Weltfrieden sei, und dass nur durch wesentliche Zugeständnisse an die Sudetendeutschen diese Gefahr beseitigt werden könne.«

England begann, den inner-tschechoslowakischen Konflikt – wenn nicht anders – so durch eine außenpolitische Einflussnahme zu entschärfen.

Hans Schütz (1901 – 1982)
Vorsitzender des Verbandes der deutschen
christlichen Gewerkschafter in der ČSR

Gustav Hacker (1900 – 1979)
1936 – 1938 Vorsitzender
des Bundes der Landwirte

Die letzten Bemühungen der »Jung-Aktivisten«

Die in der Regierung durch 3 Minister, davon 2 ohne Geschäftsbereich vertretenen deutschen Parteien standen auf verlorenem Posten. Diese noch aktiven jüngeren Politiker der Sozialdemokratie, des Bundes der Landwirte und der Christlichsozialen empfanden es mehr und mehr unerträglich, weiter die

Rolle von Statisten und Mitläufern eines Systems zu spielen, das sie offenbar nicht erst nahm, sondern nur noch als propandistische Kulissen benützte. Nach vorherigen Absprachen traten Wenzel Jaksch, Hans Schütz und Günter Hacker mit Kundgebungen hervor, die von den Tschechen endlich einen Kurswechsel forderten und keinen Hehl mehr daraus machten, dass die Geduld auch der bisher staatstreuen Deutschen erschöpft sei.

Am 18.Feber 1937 richteten Präsident Beneš und Ministerpräsident Hodža Briefe an die drei deutschen Regierungsparteien, in denen sie endlich greifbare Zugeständnisse versprachen.

Aber die Aktionen kamen nicht vom Fleck. Sie wurden, wie schon berichtet, von »oben gebremst, von unten sabotiert«. (Minister Zajicek) Noch ein ganzes Jahr nach dem 18. Feber **war so gut wie nichts geschehen.**

Da halfen auch nicht die im April 1937 von der Sudetendeutschen Partei im Parlament eingebrachten fünf Anträge ihrer »Volksschutzgesetze« über die Bildung öffentlich-rechtlicher Verbände, die Erstellung nationaler Kataster, den Schutz gegen Entnationalisierung, die Gleichberechtigung im öffentlichen Dienst u.s.w. Die tschechische Staatsführung ließ sich durch nichts bewegen, demokratische Formen für ein freundschaftlich-nachbarliches Zusammenleben von Tschechen und Sudetendeutschen anzustreben.

Im September 1937 gab Ministerpräsident Hodža zu, dass seine Zusagen nicht eingehalten wurden!

Gustav Hacker erklärte schließlich 1938: »Der im Jahre 1926 begonnene Versuch, im Wege der Mitarbeit in der Regierung zu einer nationalen Befriedung im Staate und zur Sicherung der Lebensrechte der sudetendeutschen Volksgruppe zu gelangen, ist gescheitert.« (Quelle: SD Rat, »Die Sudetendeutschen«, S 60)

Neuen Kräften, bisher noch zurückhaltend und nur von England und Deutschland her wirkend, wurde das politische Spielfeld überlassen.

Äußerlich war zur Jahreswende 1937/1938 alles noch ruhig.

Unter der Oberfläche aber bereiteten sich Entscheidungen vor, deren Kommen nur von den mit einem sensiblen »sechsten Sinn« ausgestatteten Politikern wahrgenommen wurden. Herr Dr. Beneš aber war eingesponnen in seine fixe Idee der Entgermanisierung »seines« Staates – auf multi-ethnischen Boden – und in seinem Machtgefühl, basierend auf der Spekulation der Inanspruchnahme fremder Hilfe gegen seine deutschen Mitbürger, setzte er alles auf eine Karte: auf Gewalt! Auf Gewalt als einzige Lösung? Die reale Entwicklung sah er nicht kommen.

Das Unheil nahm seinen schicksalhaften Verlauf.

Kapitel 11

Das Frühjahr 1938
Parteienkonzentration

Ein Bericht sei den Schilderungen der Geschehnisse des Frühjahres 1938 vorangesetzt, weil er – sowohl von neutraler als auch kompetenter Seite erstellt – die weitere konsequent verlaufende Entwicklung des vorläufig noch tschechisch – sudetendeutschen Konfliktes voraussieht.

Bericht des britischen Gesandten in Prag, Newton, vom 15. März 1938 (Auszug):

»... Sollte ein Krieg ausbrechen, so kann nichts, was Frankreich oder wir tun können, die Tschechoslowakei davor schützen, überrannt zu werden. Alles, was wir hoffen könnten, wäre, dass nach längeren Kämpfen ein Zustand wiederhergestellt wird, der sich bereits als unannehmbar erwiesen hat und im Fall seiner Wiederherstellung vermutlich aufs neue als unmöglich (unworkable) herausstellen würde. Denn selbst wenn Deutschland irgendwann einmal aufhören würde, den in »Mein Kampf« entwickelten ehrgeizigen Plänen nachzujagen, würde es sich mit einer potentiell feindlichen Tschechoslowakei, die sich in seine Flanke schiebt, nicht abfinden und nur auf die Gelegenheit warten, die Tschechoslowakei mit Gewalt aus einer Machtstellung zu vertreiben, die nach meinem Dafürhalten an sich unnatürlich ist ...

Sollten meine Befürchtungen richtig sein und sollte mein Urteil stimmen, wonach die derzeitige politische Lage der Tschechoslowakei aus geographischen, geschichtlichen und nationalen Gründen auf die Dauer unhaltbar ist, so tut man diesem Staat schließlich und endlich nichts Gutes, wenn man versucht, ihn in dieser Lage festzuhalten.«

(Quelle: Docs.Brit.For.Pol. Reihe 3, Bd. 1, London 1952)

Der britische Botschafter in Berlin, Henderson, drahtete am 17. März 1938 sein völliges Einverständnis mit dem Inhalt des obigen Berichts.

Die Schlussphase der Parteienkonzentration

Stete, bisher allerdings immer wieder gescheiterte Bemühungen, die tschechische Führung zur Umkehr ihrer Entnationalisierungspolitik zu bewegen, ließ die meisten deutschen Parteien erkennen, dass ihr vordringlichstes Ziel ein gemeinsames ist: Die Abwehr der tschechischen Aggressionen.

Die außenpolitischen Erfolge der Sudetendeutschen Partei und deren Akzeptanz hauptsächlich in England veranlasste fast alle sudetendeutschen Parteien sich mit der SdP zu vereinen: Die drei sudetendeutschen Regierungsparteien, der Bund der Landwirte, die Christlich-sozialen und die Sozialdemokraten traten aus der Regierung aus. Der Bund der Landwirte gliederte sich in die Sudetendeutsche Partei ein.

Erklärung des Vorsitzenden des Reichsparteivorstandes des Bundes der Landwirte, Abg. Gustav Hacker vom 22. März 1938

»Der BdL tritt mit dem heutigen Tage aus der Regierung aus. Der im Jahre 1926 begonnene Versuch, im Wege der Mitarbeit in der Regierung zu einer nationalen Befriedung im Staate und zur Sicherstellung der Lebensrechte der sudetendeutschen Volksgruppe zu gelangen, ist gescheitert. Ebenso hat die Politik, die mit dem Regierungsbeschluß vom 18. Feber 1937 eingeleitet wurde, versagt.

Der BdL gliedert sich zur Gänze in die Sudetendeutsche Partei unter Führung Konrad Henleins ein. Die Entwicklung der letzten Zeit erfordet die einheitliche Ausrichtung und den geschlossenen Einsatz aller Volkskräfte.

(Quelle: »Die Zeit«, Prag, Nr. 69 vom 23.3.1938)

Auch die Deutsche Christlichsoziale Volkspartei stellte ihre Tätigkeit ein und schloss ihre Abgeordneten und Senatoren dem parlamentarischen Klub der Sudetendeutschen Partei an. Dieser zählte nun 55 Abgeordnete und 26 Senatoren und war damit die weitaus stärkste Fraktion im tschechoslowakischen Parlament; sie konnte sich auf 1,6 Millionen Wählerstimmen stützen. Die noch verbliebene zweite sudetendeutsche Partei im Parlament, die Sozialdemokratische, hatte elf Abgeordnete und fünf Senatoren. Die Deutsche Gewerbepartei löste sich gleichfalls auf, die Deutschsoziale Partei stellte ihre

Tätigkeit ein. Fast alle ehemalige Wähler dieser Parteien und auch viele Sozialdemokraten traten der Sudetendeutschen Partei bei. Henlein wies am 25. März 1938 auf die »restlose Vereinheitlichung der sudetendeutschen Politik« unter seiner Führung hin und forderte die Staatsführung auf, der neugeschaffenen Lage gerecht zu werden. Er forderte, Neuwahlen auszuschreiben und sich für die Liquidierung des gegenwärtigen politischen Systems zu entscheiden, das dem Sudetendeutschtum Not und Rechtlosigkeit gebracht habe.

Am 28. März 1938 hatte Henlein eine Unterredung mit Hitler.

Hitler, Göring und die Sudetendeutschen

Im Jahre 1928, bei den Jubiläumsfeiern anlässlich des 10-jährigen Bestandes der ČSR, drückte Dr. Beneš seine Unzufriedenheit mit dem Fortschritten der »Entgermanisierung« aus und beschloss, neue und härtere Maßnahmen zur Beschleunigung dieses Prozesses einzuleiten.

In diesem Jahr sandte Adolf Hitler, damals Parteiführer der NSDAP, einen Mitarbeiter in die ČSR, um über die Situation der Sudetendeutschen Informationen zu erhalten, als er noch zwei Lösungsmöglichkeiten dieser Frage sah: »Anschluss der sudetendeutschen Gebiete an das Deutsche Reich oder Autonomie im Rahmen der Tschechoslowakischen Republik.« Dann hörte man kaum etwas über weitere Aktivitäten zu diesen Thema.
Erst nach der Übernahme der Reichsführung äußerte sich Adolf Hitler im Jahre 1933 gegen über Herrn Knirsch, einem volksbewussten Sudetendeutschen, »dass sich die Sudetendeutschen um ihr Schicksal selbst kümmern müssten«, denn er (Hitler) »habe in den nächsten 10 Jahren keine Zeit für die Tschechoslowakei.«

Nach anderen – auch tschechischen Quellen – soll jedoch Adolf Hitler »bereits seit 1936 und dann noch mehrere Male Prag die Hand zu einer Verständigung geboten haben. So sandte Hitler 1936 zwei Sonderbeauftragte zur Prager Regierung, um die Möglichkeit erkunden zu lassen, ob sich die staatlichen Beziehungen verbessern ließen, ob sich die Tschechoslowakei vor allem aus ihren deutschfeindlichen Bündnissen herauslösen ließe. Auch dieser Versuch verlief im Sand«. (Ohlbaum).

Es scheint Hitler dabei auf alle Fälle nie primär um die Sudetendeutschen, sondern um die Außenpolitik der Tschechoslowakei gegangen zu sein. »... die manchmal geradezu abweisende Haltung Berlins gegenüber den Sudetendeutschen hielt ... bis in das späte Frühjahr 1938 vor«. (E. Franzel).

Als Vorbote einer Haltungsänderung erscheint eine Andeutung Hitlers vom 20. Feber 1938, mit der er, allerdings gemeinsam mit dem österreichischen, auch das sudetendeutschen Problem aufgriff. Diesmal bekennt er, dass auch der Schutz jener deutschen Volksgenossen »die aus eigenem nicht in der Lage sind, sich an unseren Grenzen das Recht einer allgemeinen menschlichen, politischen und weltanschaulichen Freiheit zu sichern«, zu seinen Interessen gehöre.

Er wies auf die »Masse von 10 Millionen Deutschen in zwei der an unserer Grenze liegenden Staaten« hin, denen das Selbstbestimmungsrecht 19 Jahre zuvor im Hinblick auf den Wunsch zur friedlichen Vereinigung mit Deutschland verwehrt wurde. Drei Wochen später erfolgte der Anschluss Österreichs.

Der Einfluss des »Anschlusses« Von Österreich auf die Sudetendeutschen

Der Anschluss Österreichs an das Deutsche Reich am 13. März 1938 löste bei den Sudetendeutschen überwiegend Genugtuung über den erfüllten Wunsch der Deutsch-Österreicher vom Jahre 1919 und weckte bei vielen die latente Hoffnung, dass auch für sie die in St. Germain auferlegten Fesseln gegen den Anschluss an das Deutsche Reich aufbrechen würden.

Seit dem Jahre 1918/1919 waren kaum 20 Jahre vergangen, als sich das damalige Deutsch-Österreich unter sozialdemokratischer Führung einschließlich seiner deutschen Gebiete Böhmens, Mährens und Österreichisch-Schlesiens mit der Deutschen Republik zu einem deutschen Gesamtstaat vereinigen wollte.

Der Wille des österreichischen Volkes zur Inanspruchnahme des verkündeten Selbstbestimmungsrechts »für die Völker der ehemaligen Österreich-Ungarischen Monarchie« fand 1919 in einigen Bundesländern, die damals eine Volksabstimmung über den Zusammenschluss beider deutschen Staaten wagten, einen beredten Ausdruck: jeweils über 90 % der abgegebenen Stimmen entfielen auf ein »Ja« für einen Anschluss.

Solch ein parteiunabhängiges Volksvotum konnte auch nach 20 Jahren nicht vergessen sein, weder bei der 1919 in Österreich verbliebenen, noch bei der mit ihren Heimatgebieten zwangsweise in die ČSR integrierten Bevölkerung des ehemaligen Deutsch-Österreichs.

Auszug:

Dr. Karl Renner, der auch bei den Sudetendeutschen immer noch in höchstem Ansehen stehende und verehrte ehemalige Staatskanzler, erklärte am 3. April 1938 in Wien:

»Ich habe als erster Kanzler Deutschösterreichs am 12. November 1918 in der Nationalversammlung den Antrag gestellt und zur nahezu einstimmigen Annahme gebracht: Deutschösterreich ist ein Bestandteil der Deutschen Republik.' Ich habe als Präsident der Friedensdelegation zu St. Germain durch viele Monate um den Anschluss gerungen. Die Not im Lande und die feindliche Besetzung der Grenzen haben die Nationalversammlung und so auch mich genötigt, der Demütigung des Friedensvertrages und **dem bedingten Anschlussverbot** uns zu unterwerfen. Trotzdem habe ich seit 1919 in zahllosen Schriften und ungezählten Versammlungen im Lande und im Reiche den Kampf um den Anschluss weitergeführt. Obschon nicht mit jenen Methoden, zu denen ich mich bekenne, errungen, ist der Anschluss nunmehr doch vollzogen, ist geschichtliche Tatsache, und diese betrachte ich als wahrhafte Genugtuung für die Demütigungen von 1918 und 1919, für St. Germain und Versailles. Ich müsste meine ganze Vergangenheit als theoretischer Vorkämpfer des Selbstbestimmungsrechtes der Nation wie als deutsch-österreichischer Staatsmann verleugnen, wenn ich die große geschichtliche Tat des Wiederzusammenschlusses der deutschen Nation nicht freudigen Herzens begrüßte. Als Sozialdemokrat und somit als Verfechter des Selbstbestimmungsrechtes der Nation, als erster Kanzler der Republik Deutschösterreich und als gewesener Präsident ihrer Friedensdelegation zu St. Germain werde ich mit Ja stimmen.«

(Quelle: Neues Wiener Tageblatt, Wien 3.4.1938)

Das Beispiel Dr. Karl Renners – eines bekennenden Sozialdemokraten – zeigt, dass die Genugtuung über die späte Erfüllung des Wunsches nach einem Selbstbestimmungsrecht nicht signifikant für die Verfechtung einer extrem nationalistischen Ideologie sein kann. Jetzt erst, nach dem sowohl außen – als auch innenpolitisch friedlich vollzogenen Anschluss Österreichs, war Hitler bereit, mit Konrad Henlein ein offizielles persönliches Gespräch zu führen. Ebenso veranlasste er für den Folgetag eine ausführliche Unterredung zwischen Konrad Henlein und Hermann Göring.

Besprechungen Konrad Henleins in Berlin

**Niederschrift über eine Unterredung
mit Adolf Hitler am 28. März 1938, (Auszüge):**

»... Der Führer erklärte, dass er beabsichtige, das tschechoslowakische Problem in nicht allzu langer Zeit zu lösen. Er könne es nicht mehr dulden, dass Deutsche drangsaliert würden oder auf Deutsche geschossen würde. Er erklärte Henlein, dass er wisse, wie beliebt dieser sei und dass er der berechtigte Führer des Sudetendeutschtums wäre und auf Grund seiner Beliebtheit und Volkstümlichkeit die Dinge meistern würde. ...

... Die Tendenz der Anweisung, die der Führer Henlein gegeben hat, geht dahin, dass von Seiten der SdP Forderungen gestellt werden sollen, die für die tschechische Regierung unannehmbar sind. Henlein beabsichtigt, trotz der günstigen Lage durch die österreichischen Ereignisse, nichts zu überspitzen, sondern nur die alten Forderungen auf Selbstverwaltung und Wiedergutmachung am Parteitag (Anm.: 23./24. April 1938) zu stellen. Eine Anregung des Führers, eigene deutsche Regimenter, mit deutschen Offizieren und deutscher Kommando-Sprache zu fordern, will er sich für später vorbehalten. Das Reich wird von sich aus nicht eingreifen. Für die Ereignisse sei zunächst Henlein selbst verantwortlich. ...«

(Quelle: ADAP a.a.O. Nr. 107)

Während der Inhalt der Unterredung Henleins mit Hitler, insbesondere die Passage: »..., dass von Seiten der SdP Forderungen gestellt werden sollen, die für die tschechische Regierung unannehmbar sind«, gerne als Beweis dafür herangezogen wird, endgültig den Sudetendeutschen eine Verhandlungsbereitschaft abzusprechen, wird die tags darauf stattfindende Besprechung mit Göring weniger oder gar nicht erwähnt.

Dabei ergibt sich aus dieser Besprechung eine ganz andere Deutung des o. a. Zitates. Denn Göring legte fest, dass es alleine den Sudetendeutschen überlassen sei, selbst Forderungen zum Erlangen der Freiheit zu stellen (siehe Text in der Niederschrift). Er, Göring, warnt direkt davor, sich überhastet die Zusage zu einer Regierungsbeteiligung der SdP abringen zu lassen, sondern empfiehlt, durch das Stellen von nicht erfüllbaren Forderungen Zeit für echte Verhandlungserfolge zu gewinnen.

Denn von tschechischer Seite sei all dies schon einmal praktiziert worden, z.B. 1926, als man versuchte, die bloße Beteiligung deutscher Politiker an der Tschechoslowakischen Regierung als die »Lösung« der sudetendeutschen

Frage hinzustellen. Und jetzt, im Frühjahr 1938 sei diese Frage nur durch die Berichterstattung des deutschen Gesandten in Prag aktuell, da dieser den Eintritt der SdP in die Regierung der ČSR zu fördern suchte. (Quelle: dessen Bericht vom 27.3.1938)

Es sollten somit nicht die vorerst unbedingt nötigen Verhandlungen über die nationalitätenrechtlichen und nationalpolitischen Fragen abgebrochen, sondern lediglich ein neuerlicher Regierungsbeitritt wegen seiner unkalkulierbaren Folgen vermieden werden. Dies geht aus dem folgend angeführten Text fast wörtlich hervor.

Am darauf folgenden Tag empfing Joachim von Ribbentrop, der deutsche Reichsaußenminister, Konrad Henlein zu weiteren detaillierteren Gesprächen.

Niederschrift über die Unterredung Konrad Henleins mit dem Reichsaußenminister am 29. März 1938 *(Hervorhebungen vom Verfasser)*

»Der Herr Reichsminister betonte eingangs die Notwendigkeit einer strengen Geheimhaltung der anberaumten Besprechung und führte sodann unter Hinweis auf die Richtlinien, die gestern Nachmittag der Führer Konrad Henlein persönlich erteilt hat, aus, dass es vor allem zwei Fragen wären, die für die Führung der Politik der Sudetendeutschen Partei von Wichtigkeit wären:

1) Das Sudetendeutschtum müsse wissen, dass hinter ihm ein 75-Millionen-Volk stände, das eine weitere Unterdrückung der Sudetendeutschen durch die Tschechoslowakische Regierung nicht dulden würde.

2) **Es sei Sache der Sudetendeutschen Partei,** gegenüber der Tschechoslowakischen Regierung diejenigen Forderungen aufzustellen, deren Erfüllung sie zur Erlangung der von ihr gewünschten Freiheiten für notwenig erachte.

Der Herr Reichsminister führte hierzu aus, **dass es nicht Aufgabe der Reichsregierung sein könne,** Konrad Henlein, der der ausdrücklich anerkannte und vom Führer erneut bestätigte Führer des Sudetendeutschtums sei, im einzelnen Anregung zu geben, **welche Forderungen gegenüber der Tschechoslowakischen Regierung zu stellen seien.** Es käme darauf an, ein Maximalprogramm aufzustellen, das als letztes Ziel den Sudetendeutschen die volle Freiheit gewähre. Gefährlich erscheine es, sich frühzeitig mit Zusagen der Tschechoslowakischen Regierung abzufinden, die einerseits gegenüber dem Ausland den

Anschein erwecken könnten, als ob eine Lösung gefunden sei, und andererseits die Sudetendeutschen selbst nur teilweise befriedigen würden. Vorsicht sei vor allem auch deshalb am Platze, weil man nach der bisherigen Erfahrung den Zusicherungen Benesch's und Hodža's kein Vertrauen schenken könnte. Das Ziel der von der Sudetendeutschen Partei mit der Tschechoslowakischen Regierung zu führenden Verhandlungen wäre letzten Endes das, durch den Umfang und die schrittweise Präzisierung der zu stellenden **Forderungen den Eintritt in die Regierung zu vermeiden.** Bei den Verhandlungen müsse klar herausgestellt werden, dass allein die Sudetendeutsche Partei Verhandlungspartner der Tschechoslowakischen Regierung wäre, nicht die Reichsregierung. Die Reichsregierung ihrerseits müsse es ablehnen, gegenüber der Prager Regierung oder gegenüber London und Paris als Vertreter oder Schrittmacher der sudetendeutschen Forderungen in Erscheinung zu treten. Eine selbstverständliche Voraussetzung sei es, dass **das Sudetendeutschtum** bei den vorstehenden Auseinandersetzungen mit der Tschechoslowakischen Regierung fest in der Hand Konrad Henlein's liege, **Ruhe und Disziplin bewahre** und Unvorsichtigkeiten vermeide. Hierzu habe Konrad Henlein bereits zufrieden stellende Zusicherungen gegeben.

Im Anschluss an diese allgemeinen Ausführungen des Herrn Reichsaußenministers wurden die in der Anlage beigefügten Forderungen der Sudetendeutschen Partei an die Tschechoslowakische Regierung durchgesprochen und grundsätzlich genehmigt. Für die weitere Zusammenarbeit wurde Konrad Henlein auf einen möglichst engen Kontrakt mit dem Herrn Reichsaußenminister und mit dem Leiter der Volksdeutschen Mittelstelle sowie dem Deutschen Gesandten in Prag als dem dortigen Vertreter des Herrn Reichsaußenministers verwiesen. Die Aufgabe des Deutschen Gesandten in Prag würde darin bestehen, nicht offiziell, sondern in mehr privat gehaltenen Gesprächen mit den tschechoslowakischen Staatsmännern die Forderungen der Sudetendeutschen Partei als vernünftig zu unterstützen, ohne auf den Umfang der Forderungen der Partei unmittelbaren Einfluss zu nehmen.

Abschließend wurde die Frage der Zweckmäßigkeit eines Zusammengehens der Sudetendeutschen Partei mit den übrigen Minderheiten in der Tschechoslowakei, insbesondere den Slowaken, erörtert. Der Herr Reichsminister entschied dahin, dass man der Partei die Freiheit lassen müsse, mit den anderen Minderheitengruppen, deren paralleles Vorgehen zweckmäßig erscheinen könnte, lose Fühlung zu halten.«

(Quelle: ADAP a. a.: NR.109)

Anlage zur Niederschrift über die Unterredung vom 29. März 1938

I. Sofortforderungen: Zweck: Beruhigung des Sudetendeutschtums

1. Gemeindewahlen
   Politische Wahlen
   Wahlen in die sozialen Institutionen
   (=Umschaltung der Massenstimmung in eine positive Aktion)
2. Weitgehendste Amnestie
3. Regierungsverordnung: »Zugehörigkeit zur SdP darf nicht zum Anlass politischer Verfolgung und wirtschaftlich-sozialer Benachteiligung genommen werden.«
   »Die aus der Mitgliedschaft zur seinerzeitigen DNSAP und DNP entstandenen Benachteiligungen sind sofort aufzuheben bzw. wiedergut zu machen«

II. Forderungen, die erfüllt werden müssen, bevor die SdP in konkrete Verhandlungen mit der Regierung tritt.

1. Rückversetzung der Staatsbeamten deutscher Nationalität aus dem tschechischen Gebiet und der Slowakei in das deutsche Siedlungsgebiet.
2. Neubesetzung von Staatsbeamtenstellen im deutschen Siedlungsgebiet nur mit Deutschen.
   Neueinstellungen bei Ämtern und öffentlichen Institutionen im gemischtsprachigen Gebiet und in den Zentralen solange nur mit Deutschen, solange nicht dem Bevölkerungsschlüssel entsprochen ist.
3. Abbau des Polizeistaatssystems und Rückführung der Ortspolizeigewalt in die Kompetenz der Selbstverwaltungskörper (= Gemeinden).

III. Forderungen, die im Laufe von Verhandlungen der SdP mit der Regierung bereinigt werden müssen:

1. Die von der SdP bereits eingebrachten »Volksschutzgesetze«.
2. Revision des Staatsverteidigungsgesetzes in seinen, sich gegen das Sudetendeutschtum von vornherein auswirkenden Teilen.
3. Wiederherstellung der vollen Kommunalselbstverwaltung.
4. Deutsche Sprache gleichberechtigte Staatssprache.
5. Klarstellung der künftigen Außenpolitik.

(Quelle: Dokumente und Materialien zur Vorgeschichte des Zweiten Weltkrieges aus dem Archiv des deutschen Auswärtigen Amtes, Hrsg. v. Min. f. ausw. Angelegenheiten der UdSSR, Moskau 1949)

Der Parteitag der SdP
Das Karlsbader Programm

Wenn Henlein am 28.3.1938 zu Hitler erklärt, dass er dessen Anregung zur Forderung nach »deutschsprachigen Regimentern innerhalb der tschechoslowakischen Armee am Parteitag der SdP am 23./24. April nicht nachkommen will, sondern sich dies »für später« vorbehält, dann besagt das, dass er, Henlein, mit noch länger andauernden Verhandlungen rechnet. Das gleiche gilt u.a. für den obigen dreistufigen Forderungsplan, der als Ergebnis der Unterredung Henleins mit Göring am 29.3.1938 für längerfristige Verhandlungen festgelegt wurde.

Die **zeitliche** Reihung der Forderungen ist von besonderer Bedeutung:
 I. **Sofort**forderungen,
 II. Forderungen, die erfüllt werden müssen
    b e v o r die SdP in konkrete Verhandlungen mit der Regierung tritt,
III. Forderungen die im Laufe von Verhandlungen der **SdP m i t der Regierung** bereinigt werden müssen.

Aus dieser Dokumentation geht zweifelsfrei hervor, dass Henlein – allerdings bereits mit massiver Unterstützung des Deutschen Reiches – auch zu diesem Zeitpunkt noch immer **keine Zerstörung der ČSR** angestrebt hat.

In Henleins Forderungsprogramm vom 24. April, dem so genannten »Karlsbader Programm«, kommen mit Ausnahme des letzten Punktes 8, die Themen zum Ausdruck, die er auch Hitler genannt hat: Selbstverwaltung und Wiedergutmachung.

Karlsbader Programm
der Sudetendeutschen Partei vom 24. April 1938

1. Herstellung der vollen Gleichberechtigung der deutschen Volksgruppe mit dem tschechischen Volk.
2. Anerkennung der sudetendeutschen Volksgruppe als Rechtspersönlichkeit zur Wahrung dieser gleichberechtigten Stellung im Staate.
3. Feststellung und Anerkennung des sudetendeutschen Siedlungsgebiets.
4. Aufbau einer sudetendeutschen Selbstverwaltung im sudetendeutschen Siedlungsgebiet in allen Bereichen des öffentlichen Lebens, soweit es sich um die Interessen und Angelegenheiten der deutschen Volksgruppen handelt.

5. Schaffung gesetzlicher Schutzbestimmungen für jene sudetendeutschen Staatsangehörigen, die außerhalb des sudetendeutschen Siedlungsgebiets ihrer Volksgruppe leben.

6. Beseitigung des dem Sudetendeutschtum seit 1918 zugefügten Unrechts und Wiedergutmachung der ihm durch dieses Unrecht entstandenen Schäden.

7. Anerkennung und Durchführung des Grundsatzes: Im deutschen Gebiet deutsche öffentliche Angestellte.

8. Volle Freiheit des Bekenntnisses zum deutschen Volkstum und zur deutschen Weltanschauung.

(Quelle: ADAP, Reihe D, Bd 2, Baden-Baden 1950, Nr. 135)

Der letzte Punkt, Punkt 8, ist in seiner Thematik neu. Ob er der Punkt ist, der einen vorschnellen Eintritt in die Regierung verhindern soll, ist ungewiss. Überraschend allerdings ist die Stellungnahme hiezu von Dr. Milan Hodža: »Der tschechoslowakische Ministerpräsident Dr. Milan Hodža war von Seiten der Sudetendeutschen Partei knapp vierzehn Tage vor der Verkündung des obigen Programms von seinem Inhalt in Kenntnis gesetzt worden. Er hatte 'nach längerem Nachdenken' insbesondere zu Punkt 8 erklärt, dass hiergegen »vom verfassungsrechtlichen Standpunkt kein Einwand zu erheben sei.«
(Quelle: US-Außenministerium »Documents on German Foreign Policy«)

Kurze Zeit später, wird Dr. Beneš dem Ministerpräsidenten Hodža die Verhandlungen aus der Hand nehmen.

Reaktion aus England

Anlässlich der britisch-französischen Regierungsbesprechungen in London vom 28. bis 29. April 1938 äußerte sich der britische Premier Chamberlain gegenüber Daladier und Bonnet über die Verhältnisse in der Tschechoslowakei: »Wenn Beneš die von ihm (1919) annektierte deutsche Minderheit liberal behandelt hätte, wozu er sich 1919 verpflichtet hatte, gäbe es die derzeitige Krise nicht.« Man beschließt, gemeinsam auf Beneš in dem Sinne einzuwirken, **er möge Henleins Forderung nach Autonomie für die sudetendeutschen Gebiete stattgeben.**

Wird Beneš dieser Einwirkung »stattgeben«?
Nein, denn man muss vorerst Rücksicht auf die Stimmung beim Sokol-Kongress in Prag nehmen.

Man könne dem tschechischen Volk jetzt keine Zugeständnisse zumuten. (E. Franzel)

Und 3 Wochen später demonstriert Dr. Beneš kein Einlenken, sondern setzt am 20. Mai ein Signal der Beharrlichkeit und Stärke:

Er befiehlt eine Teilmobilmachung!

Seine Spekulation, dass sich mit dieser Provokation Deutschland bereits jetzt zu einem Krieg herausfordern ließe, an dessen Ende das Sudetendeutsche Problem mit Gewalt zu lösen wäre, **ging nicht auf.**

| Kapitel 12

Der Sommer 1938
Mobilisierung und Lord Runciman

Die Maikrise

Anfang Mai richteten die Westmächte an Prag die Mahnung, den Sudetendeutschen Zugeständnisse zu machen und dabei bis an die Grenze des Möglichen zu gehen. Damit setzte eine bis in den September laufende Reihe von Interventionen der Westmächte ein, die zwar vorerst versicherten, sie würden keinen Angriff Deutschlands auf die ČSR dulden, zugleich aber in Prag ungeduldig eine befriedigende Antwort an die Sudetendeutschen forderten. Doch dazu waren die tschechischen Politiker nicht und nie bereit.

Kriegsprovokation durch Mobilmachung

Am 13. Mai 1938 meldet das Korps-Kommando I (Pilsen) der ČSR-Armee an das Staatsverteidigungsministerium in Prag: Meldung des Gendarmeriekommandos Klattau: ... »dass die im Raum Waldmünchen gelegenen Unterstände ... von feldmarschmäßig ausgerüsteten Truppen besetzt gewesen seien. Die Truppen hatten auf Lkw verladene Feldküchen mit sich und kochten im Walde ab. Diese Nachricht wurde glaubhaft übermittelt und ist bestimmt zutreffend.«
Solch eine Meldung über eine Lappalie wird im tschechischen Sammelwerk »Mnichov v dukunentech«, Prag 1958 als Grund für die Teilmobilisierung angeführt und ist die erste Version der Rechtfertigung dieser Provokation.

Eine zweite Version nimmt auf ein anderes Ereignis Bezug: Zwei »Kuriere« der SdP, die die Grenze nach Deutschland überschreiten wollten, wurden durch Schüsse in den Rücken von tschechischen Grenzposten getötet. Die zwei Ermordeten hatten angeblich »hochverräterische« Dokumente bei sich, die Beweise dafür lieferten, dass ein Aufstand geplant sei. Von den Beweisen war später nie mehr die Rede, diese offensichtlich völlig erlogene Behauptung wurde einfach fallengelassen.

Dafür gab es dann eine nächste Version für die Begründung des Beschlusses des tschechischen Kabinettes unter Vorsitz des Herrn Dr. Beneš zur Teilmobilmachung am 21. Mai 1938: Die tschechische Regierung sei aus London gewarnt worden, dass deutsche Truppenbewegungen in Richtung auf die tschechische Grenze stattfänden. Der renommierte tschechische Historiker Čelovsky bemühte sich, den Ursprung dieser an und für sich wirklich bedrohlichen Meldung zu finden und kam zu dem Ergebnis, dass die angeblichen Warnmeldungen von einem britischen Konsul stammten, der wieder durch eine Kellnerin aus Garmisch über diese Truppenbewegungen informiert worden sei.

Dem deutschen Außenamt in Berlin ist es noch zeitgerecht am 21. Mai 1938 gelungen, all diese fadenscheinigen Begründungen für die Kriegsprovokation durch die tschechische Führung glaubhaft mittels eines Rund-Telegrammes an die deutschen diplomatischen Missionen zu entkräften.

Rundtelegramm des Staatssekretärs im AA, Feiherrn von Weizsäcker, an die deutschen diplomatischen Missionen vom 21.5.1938:
»Wie aus den Pressenachrichten bekannt sein wird, haben sich im Laufe der letzten Tage in zunehmender Zahl Zwischenfälle im sudetendeutschen Gebiet der Tschechoslowakei ereignet, durch die die Lage eine wesentliche Verschärfung erfahren hat. Während gestern schwere Zusammenstöße in Komotau und Chodau stattgefunden haben, wurden **gestern Abend** zwei sudetendeutsche Landwirte auf Motorrad in Eger durch tschechisches Militär kurzerhand beschossen. **Beide sind tot.** Tschechoslowakische Regierung hat gestern, offenbar zwecks **Verlagerung der Verantwortung**, erregte Anfrage sowohl an unseren Gesandten in Prag wie auch hier wegen angeblicher militärischer Zusammenziehungen in Sachsen, Schlesien und Niederösterreich sowie über angebliche Alarmstellung von SA und SS während des Wochenendes an deutschtschechoslowakischer Grenze gerichtet. Gleichzeitig sind Behauptungen von der Weltpresse verbreitet worden. Alle dahin gehenden **Nachrichten sind völlig aus der Luft gegriffen.** Ihre Unrichtigkeit wurde dem tschechoslowakischen Gesandten und auf Anfrage auch dem englischen Botschafter zur Kenntnis gebracht. **Trotzdem hat die Tschechoslowakische Regierung heute früh einen Jahrgang** Reservisten sowie weitere Spezialisten und Techniker **einberufen.** Der tschechoslowakische Außenminister, der unseren Gesandten darüber informierte, hinzufügte, ursprünglich sei Einberufung von fünf Jahrgängen beabsichtigt gewesen, doch habe man davon auf Grund obiger deutschen Dementis abgesehen. Einberufung eines Jahrganges sei jedoch zur **Aufrechterhaltung staatlicher Autorität** in den gemischtsprachigen Gebieten erforderlich. Dieser beunruhigende Tatbestand wird durch die laufend heute hier eingehenden

Meldungen von tschechoslowakischen Truppenbewegungen, Verhängung der Grenzsperre, **Abtransport der tschechischen Bevölkerung aus dem Grenzgebiet** verschärft. Die Reichsregierung will diese **provokatorischen Maßnahmen** vorläufig **mit Stillschweigen beantworten.** In Frage kommende Stellen sind angewiesen, keinerlei Auskünfte auf Anfrage über deutsche militärische und politische Absichten zu erteilen. Wir wollen es dem Ausland überlassen, sich auf Grund der aus der Tschechoslowakei vorliegenden Tatsachen-Berichte selbst ein Urteil über die dort herrschenden Zustände zu bilden. Weizsäcker«

Der in staatsmännischer Zurückhaltung verfasste Text des Rundtelegrammes spricht für sich selbst.

Lediglich drei Textstellen mit Bezug auf andere Ereignisse sollen hier hervorgehoben werden. Da ist vorerst die Passage: ... »Tschechische Regierung hat gestern, offenbar zwecks **Verlagerung der Verantwortung,** erregte Anfrage ... gerichtet.« Diese Verlagerung der Verantwortung kennen wir doch?

Das ist Methode, wie sich auch später nochmals herausstellen wird!

Erinnern wir uns: Am 4. März 1919 wurden 54 Männer, Frauen und Kinder von tschechischen Militär ermordet. Jetzt, am 20. Mai 1938 wurden zwei »Kuriere« von tschechischen Organen ermordet.

Damals – wie im Kapitel 5 unter dem Titel »Lässt sich Falschheit noch steigern?« berichtet – wurde der Versuch unternommen, diese Bluttat mit einer »Note« an das Ausland zu überspielen, in der behauptet wurde, am 1. März 1919 sei eine Spionage – und Propagandaverschwörung entdeckt worden und Österreich habe die Absicht, mit militärischen Streitkräften in die ČSR einzufallen.

Diesmal wird eine »erregte Anfrage ... wegen angeblicher militärischer Zusammenziehung in Sachsen ... an deutsch-tschechischer Grenze« gerichtet. Damals gleichwie diesmal gab es keine deutsche Angriffsvorbereitungen.

Man wollte die Öffentlichkeit nur von selbst verübten Schandtaten ablenken.

Die zweite Passage lautet: »Trotzdem hat die Tschechoslowakische Regierung heute früh einen Jahrgang Reservisten ... einberufen ... zur Aufrechterhaltung staatlicher Autorität ....« Diese x-te Rechtfertigung der Mobilisierung ist noch die plausibelste, denn für den Folgetag, den 22. Mai 1938, waren die bereits über den Termin hinaus aufgeschobenen Gemeindewahlen angesetzt. Die an die 100.000 mobilisierten Soldaten wurden in den gemischtsprachigen Wahlgebieten zu Schanz- und Sicherungsarbeiten eingesetzt. Und das am Wahltag, demonstrativ, sodass dieser Zustand in erster Linie als psychologischer Druck und demnach als Einschüchterung von der deutschen Wählerschaft empfunden wurde.

Trotzdem erhielt die Sudetendeutsche Partei ca. 92% aller deutschen Wählerstimmen und damit eine eindeutige Legitimation zur Interessenvertretung der Deutschen gegenüber der tschechischen Regierung.

Und schließlich die dritte Passage: »Abtransporte der **tschechischen** Bevölkerung aus dem Grenzgebiet ....« Dies waren die ersten Fluchtopfer aus dem sudetendeutschen Gebiet, die einen Teil der angeblich 400.000 Flüchtlinge aus dem Sudetenland darstellten. Nur, diese tschechischen Bürger flohen nicht aus Furcht vor den Deutschen, sondern aus berechtigter Furcht vor dem Unheil, das von tschechischer Seite heraufbeschworen wurde: vor dem provozierten Krieg, den Dr. Beneš seinen Mitbürgern eher zumutete, als der deutschen Randbevölkerung eine Autonomie zu gewähren. Mittels des Krieges wollte Dr. Beneš schon im Jahre 1938 die Liquidierung des sudetendeutschen Problemes kompromisslos und radikal herbeiführen. Aber England und Frankreich ließen dies damals noch nicht zu.

Eine interessante englische Erklärung zur Mobilisierung

England, das nachweislich bereits seit den Jahren 1918/1919 den Erklärungen des Herrn Dr. Beneš skeptisch gegenüber stand, ließ sich nicht durch die tschechischen Begründungen der Mobilisierung düpieren. Kein geringerer Experte als der britische Militärattaché in Prag äußerte, dass die **vorgegebenen Gründe** von tschechischer Seite »fabriziert« worden seien! (Vgl. Bericht v. 27.10.38 lt.R.S.D. Laffan in »The crisis over Czechoslovakia«.)

Obzwar dieser Bericht keiner Bestätigung bedarf, ist es interessant, dass auch andere Quellen über bestätigende Aussagen berichten. So wird im Buch »München 1938«, Hgg. v.S.D.-Rat, angemerkt, »... dass ein tschechischer General, vermutlich General Voiciechovský, im April 1938 in einer geschlossenen Gesellschaft ausgeführt habe, man rechne im tschechischen Staatsverteidigungsministerium mit Disziplinlosigkeiten der Anhänger Henleins. Dies werde Anlass zur Errichtung einer »Militärdiktatur« sein und **Hitler zum Eingreifen nötigen**. In einem Krieg, der sich anschließend entwickeln werde, baue die Tschechoslowakei fest auf ihr Bündnis mit Frankreich und der Sowjetunion; sowjetische Generalstäbler seien bereits eingetroffen und arbeiten eng mit dem tschechoslowakischen Generalstab zusammen.«

Letzterer Umstand wird durch Zeitzeugen und Historiker mehrfach bestätigt.

Fehlspekulationen oder tschechischer Spott?

Aus dem Protokoll über die außerordentliche Sitzung der tschechoslowakischen Regierung vom 20. Mai 1938 geht hervor, dass die ursprünglich geplante Mobilisierung von fünf Reservisten-Jahrgängen – unter Hinweis auf angebliche Truppenaufmärsche an den tschechischen Grenzen von Sachsen bis Niederösterreich – wegen der glaubhaften deutschen Gegendarstellung einerseits, und andererseits um nicht eindeutig als Kriegstreiber entlarvt zu werden, auf einen Jahrgang reduziert werden musste.

Dass man das gefürchtete Ergebnis der Gemeinderatswahlen nicht durch Einschüchterung der Wähler beeinflussen und dass Hitler durch Provokationen nicht zum »Losschlagen« veranlasst werden konnte, all dies verlief nicht planmäßig.

Am treffendsten schildert E. Franzel diese Fehlspekulation und den daraufhin einsetzenden Spott der tschechischen Presse, die Hitler zum Umdenken seiner Pläne provozierte: »Da deutscherseits kein Angriff vorbereitet worden war und daher auch keiner erfolgen konnte, die Tschechen aber in der Welt ausgeschrien hatten, Hitler habe sie am 22. Mai überfallen wollen, so erschien die Unterlassung dieses Überfalles als ein großer Erfolg der Tschechoslowakei. Wochenlang waren die tschechischen Zeitungen und die westeuropäische Linkspresse erfüllt von großsprecherischen Ruhmredereien und von Verhöhnungen Hitlers, der vor der ersten energischen Geste zurückgewichen sei und die »Ohrfeige« eingesteckt habe ... und dass man ihm nur entsprechend energisch entgegentreten müsse, um ihn in die Knie gehen zu sehen. Das war leichtsinniger Selbstbetrug.« *(Quelle: F. Franzel, »Sudetendeutsche Geschichte«)*

Die Folge der Mobilisierung
Die Geduld geht zu Ende

Der verspottete Hitler, der am 20. Mai 1938 noch erklärt hatte, es sei nicht seine Absicht, die Tschechoslowakei in absehbarer Zeit anzugreifen, gab am 30. Mai einen neuen Befehl zur Erarbeitung eines Angriffsplanes, den man jederzeit umsetzen konnte, heraus.

Aber auch die Briten hatten nunmehr ihre Geduld mit den Tschechen verloren. Lord Halifax hat am **25. Mai 1938** »eindeutig dem tschechoslowakischen Gesandten in London die **Annahme eines Schweizer Verfassungsmodells** und eine Neutralitätsposition in internationalen Fragen als **Mindestentgegenkommen** bezeichnet.« (Zitat: Laffan).

Diese Forderung war präziser und härter als die 8 Punkte des Karlsbader Programmes. Ein englischer Plebiszitplan wurde vorläufig in Erwartung von Gegenreaktionen der tschechischen Generalstabes (!) fallengelassen. Jedoch entschloss man sich englischerseits zur Entsendung von lokalen Beobachtern in die ČSR. Es waren dies Major R. Sutton-Pratt und der britische Konsul von

Reichenberg. Sie beobachteten vor Ort die politische Situation, man misstraute fremden Berichten.

Tschechisch – deutsche Verhandlungen?
Schon wieder: Vollendete Tatsachen?

Die Besprechungen der tschechischen Regierung mit den Sudetendeutschen gingen nach der Mobilisierung und nach den Wahlen in äußerst schleppendem Tempo weiter. Denn man blieb dabei, was Dr. Beneš am 17. Mai 1938 dem britischen Gesandten anvertraute: »**Drastische Änderungen**, gegenüber der Verfassung können **ohne Revolution schwerlich** gemacht werden«. Man blieb auf der tschechischen Linie: geringfügige Konzessionen, trotzdem aber Weiterrechnen auf die westlichen Freunde. Am 23. Juni 1938 fand nach einer Pause die erste Zusammenkunft zwischen deutschen und tschechischen Verhandlungspartnern statt. »Das Maß der Übereinstimmung wurde durch die Feststellung der »Times« vom 25. Juni 1938 illustriert, dass die tschechische öffentliche Meinung noch nicht genügend von dem Umfang des notwenigen Entgegenkommens an die SdP unterrichtet sei.« (Zitat: Lafan)

Es scheint bereits damals ein tschechisches Spezifikum gewesen zu sein, dass die Regierung immer auf ein nicht »unterrichtetes Volk« Rücksicht nehmen müsse, wenn nötige Maßnahmen anstünden, die im Ausland schon lange diskutiert wurden. Als Beispiel diene der folgende Leitartikel der »Times«:

Leitartikel der »Times«, London, 3. Juni 1938, (Auszüge):

»Ein gestern abgedruckter Leserbrief war typisch für viele.
Zugleich war er ein wirkungsvoller Ausdruck der Auffassung, dass es den Deutschen in der Tschechoslowakei erlaubt werden müsste, durch eine Volksabstimmung oder auf andere Weise über ihre Zukunft zu entscheiden – auch dann, wenn dies ihr Ausscheiden aus der Tschechoslowakei bedeuten würde. Dieser Ansicht stimmt die Mehrheit der Engländer wahrscheinlich zu. ... Als die Friedensbedingungen (des I. Weltkrieges) aufgestellt wurden, galt das Selbstbestimmungsrecht jener Völker (Tschechen und Slowaken) als eine gerechte und geeignete Grundlage. Die Anwendung dieses Grundsatzes wurde jedoch den Deutschen Österreichs und Böhmens kurzsichtig und unklugerweise verweigert. In beiden Ländern versuchten sie, sich durch Wahlen mit den anderen Teilen des deutschen Volkes zu vereinigen – ihren Wünschen wurde nicht stattgegeben. ...

Eine genaue Anwendung des Selbstbestimmungsgrundsatzes überall ist offensichtlich unmöglich, hingegen haben die Sudetendeutschen zweifellos gute Gründe dafür, die Wiedergutmachung des ihnen in Versailles zugefügten Unrechts zu verlangen.

Dafür ist auch aus einem anderen Gesichtspunkt sehr viel zu sagen, denn dies würde – immer unter der Voraussetzung, dass die Sudetendeutschen an Deutschland angeschlossen werden wollen (want to be transferred) – ein gutes Beispiel für den friedlichen Wandel (peaceful change) abgeben. Bisher hat man am Status quo so starr festgehalten, dass schließlich nur mehr die Gewalt übrig zu bleiben scheint, wenn es sich darum handelt, ihn zu ändern.

... Die tschechische Regierung wird nicht bereitwillig einer Volksabstimmung zustimmen, deren Ergebnis möglicherweise das Verlangen nach dem Anschluss der Sudetendeutschen an das Reich und der Verlust von Gebieten für die Republik sein würde. Sollte sie sich trotzdem zu dieser Lösung bereit finden, und eine ähnliche Wahlmöglichkeit auch den anderen, den ungarischen und polnischen Minderheiten geben, so könnte die Regierung der Tschechoslowakei auf lange Sicht dabei gewinnen: erhielte sie dadurch doch eine einheitliche und zufriedene Bevölkerung, die noch immer zahlreicher wäre als diejenige Belgiens oder Hollands und doppelt so stark als die Dänemarks oder der Schweiz. Wenn es eine Ungerechtigkeit gewesen ist, der neuen Republik jene Minderheit einverleibt zu haben, so würde diese Ungerechtigkeit damit beseitigt sein; die an ihren Volksgenossen aus völkischen Gründen interessierten Nachbarstaaten müssten nunmehr für sie sorgen und würden jeden Anspruch darauf verlieren, in die Angelegenheiten der Tschechoslowakei einzugreifen. Dies wäre eine radikale Lösung der gegenwärtigen Unruhe, aber vielleicht ist eine radikale Lösung notwendig.«

(Quelle: SD Rat, »München 38«)

Die tschechische Seite wollte die Verhandlungen beenden, indem sie einen eigenen Gesetzesentwurf der Regierung – der den Forderungen der Engländer zu weitestgehenden Zugeständnissen an die Sudetendeutschen nicht im Entferntesten näher kam und von der SdP vollkommen verworfen wurde – dem Parlament zur Beschlussfassung vorlegen wollte.

Diese winkelzügige Vorgangsweise entsprach ganz und gar nicht den Vorstellungen der englischen Regierung und sie sah den Zeitpunkt zum Eingreifen gekommen. Sie beschloss die Entsendung einer »Person von Rang und Ansehen«, die im richtigen Augenblick nach der Tschechoslowakei entsendet würde; mit der doppelten Aufgabe der **Untersuchung und Vermittlung,** und zwar in Unabhängigkeit von der britischen und jeder anderen Regierung.

Obwohl Dr. Beneš sehr gut wusste, dass er damit die Souveränität seines Staates grundsätzlich bereits preisgab und fürchten musste, dass der Brite, der natürlich kein bloßer Beobachter, sondern ein Schiedsrichter sein würde, sich auf die sudetendeutsche Seite schlagen könnte, bat er in London um die Entsendung des Unparteiischen.

Diese verantwortungsvolle Friedensmission wurde dem britischen Lord Runciman übertragen.

Die Mission des Lord Walter Runciman
Der letzte Versuch einer friedlichen Lösung

Am 3. August 1938 traf Lord Runciman in Prag ein und wurde am Bahnhof von den Vertretern der Regierung und von denen der Sudetendeutschen Partei begrüßt! Die tschechische Zustimmung zu seiner Mission behob zunächst einmal die Gefahr einer tschechischen parlamentarischen Zwangslösung, die Behandlung der Entwürfe im Abgeordnetenhaus wurde verschoben bzw. unterbunden.

Die englische Regierung trug dafür Sorge, dass die Mission Lord Runcimans nicht nur die Zustimmung der tschechoslowakischen Regierung sondern auch der Sudetendeutschen Partei hatte. Lord Runciman sah seine Aufgabe darin, mit sämtlichen Beteiligten zu sprechen, sich ein eigenes Bild von der Lage in den Sudetengebieten zu verschaffen und seiner Regierung zu berichten.

Unter Runcimans Einfluss kam es zu Änderungen der bisherigen tschechischen Vorschläge, der Pläne des Herrn Dr. Beneš. Damals stand der »dritte Plan« zur Diskussion. Dieser Plan und ein Memorandum vom 30. August, das angeblich den »Beginn der Verwirklichung« der Karlsbader Punkte darstellte, lehnte die SdP ab. Aber auch Runciman hatte »einen ungünstigen Eindruck« und war gegen die Veröffentlichung dieser Vorschläge. Auch der später vorgelegte »vierte Plan« des Herrn Dr. Beneš konnte nicht akzeptiert werden. Und Runciman kam zu dem Schluss, dass trotz dieses Planes »angesichts des gegebenen psychologischen Stadiums an eine endgültige Lösung innerhalb dieses Staates nicht mehr zu denken war. ... Damit war die Sudetenfrage zum ausschließlich internationalen Problem geworden, das Stadium der staatsrechtlichen Lösungsmöglichkeiten abgeschlossen«. (Kimminich)

Als Lord Runciman Anfang September 1938 seine Mission für beendet erklärte, teilte er Henlein mit und ermächtigte ihn es Hitler zu sagen, dass er die

Abtrennung der deutschen Gebiete von der ČSR empfehlen werde. Seinen Bericht veröffentlicht Runciman am 14. September 1938. Der Inhalt dieses Dokumentes ist derart aussagekräftig, dass einer der umfangreichsten Quellentexte folgt:

>**Runciman-Bericht**« (Auszüge):

Aus dem Schreiben des britischen Lords Walter Runciman (1870 – 1949, Liberaler Minister in den Kabinetten McDonald und Chamberlain) an den britischen Premierminister Sir Neville Chamberlain vom 14. September 1938:

»Es ist bitter, von einem fremden Volk beherrscht zu werden, und mein Gesamteindruck geht dahin, dass die tschechoslowakische Herrschaft in den sudetendeutschen Gebieten während der letzten 20 Jahre zwar keine direkte Bedrückung dargestellt hat und auch sicher nicht »terroristisch« gewesen ist, dennoch aber als taktlos, verständnislos und kleinlich bezeichnet werden muss – und dies in einem Ausmaß, welches die allgemeine Meinung der deutschen Bevölkerung unweigerlich in die Richtung offenen Widerstands treiben musste. Den Sudetendeutschen war auch klar, dass ihnen seitens der tschechoslowakischen Regierung in der Vergangenheit zwar eine Menge versprochen worden war, dass aber nichts oder nur sehr wenig hiervon in Erfüllung gegangen ist. Diese Erfahrung hat dazu geführt, dass man den führenden tschechischen Staatsmännern mit unverhülltem Misstrauen gegenübertrat....

Zu diesen hauptsächlichen Beschwerden kamen örtliche Ärgernisse hinzu. Tschechische Beamte und Polizisten, die wenig oder gar kein Deutsch sprachen, wurden in großer Zahl in rein deutsche Gebiete versetzt; die Ansiedlung tschechischer landwirtschaftlicher Siedler inmitten der deutschen Bevölkerung auf Ländereien, die auf Grund der Bodenreform an sie übertragen wurden, wurde gefördert, für die Kinder dieser tschechischen Eindringlinge wurden in großem Maßstab Schulen gebaut; es herrscht allgemein die Überzeugung, dass bei der Zuteilung von Staatsaufträgen tschechische vor deutschen Firmen bevorzugt wurden und dass der Staat Tschechen bereitwilliger Arbeit und Unterstützung zuwies, als Deutschen. Ich glaube, dass diese Klagen in der Hauptsache berechtigt sind. Selbst zu so später Zeit, wie es die Zeit meiner Mission war, konnte ich seitens der tschechoslowakischen Regierung keine Bereitschaft feststellen, diese Klagen durch einigermaßen angemessene Maßnahmen zu beheben....

Damit komme ich zur politischen Seite des Problems, die die Frage der Integrität und Sicherheit der Tschechoslowakischen Republik speziell in Bezug auf ihren unmittelbaren Nachbarn betrifft. Ich glaube, dass dieses Problem einen Brennpunkt politischer Reibungsflächen in Mitteleuropa berührt. Ich halte es für unumgänglich notwendig, sich stets vor Augen zu halten, dass der tschechoslowakische Staat immer in Frieden mit allen seinen Nachbarn leben muss und dass seine Innen- und Außenpolitik diesem Umstand Rechnung zu tragen hat. Gerade das ist ja das Wesentliche an der Politik der Schweiz, dass diese durchaus neutral ist, etwas woraus sich ihre internationale Stellung ergibt. Eine solche Art von Politik ist aber auch notwendig für die Tschechoslowakei, und zwar nicht nur zur Erhaltung ihrer eigenen Existenz, sondern auch zur Erhaltung des europäischen Friedens.

Überdies hat die Sudetendeutsche Partei im Jahre 1935 mehr Stimmen erhalten als jede andere Partei. Auf Grund der später erfolgten Beitritte ist sie nunmehr die größte Partei. Trotzdem kann sie jederzeit überstimmt werden, und aus diesem Grunde sind viele ihrer Mitglieder der Ansicht, dass ihr die Betätigung auf parlamentarischem Gebiet nichts nützen kann. Aus vielen Gründen herrschte unter den Sudetendeutschen bis vor drei oder vier Jahren ein Gefühl der Hoffnungslosigkeit. Der Aufstieg des nationalsozialistischen Deutschlands erfüllte sie jedoch mit neuer Hoffnung. Dass sie sich an ihre Landsleute um Hilfe wandten und sich daraus später der Wunsch ergab, mit dem Reich vereint zu werden, sehe ich unter den gegebenen Umständen als natürlich an.

Die (innerstaatliche) Lösung in der Form des bekannten »Vierten Planes« (vom 5.9.1938) brach, ... angesichts der gewandelten innen- und außenpolitischen Lage zusammen ...

Zur Zeit meiner Ankunft wünschten die gemäßigteren Sudetendeutschen Führer noch eine Regelung innerhalb der Grenzen des tschechoslowakischen Staates ... ich tat mein Bestes, um diese Lösung zu fördern – bis zu einen gewissen Punkt nicht ohne Erfolg, aber.... ich fühlte, dass jede derartige Regelung auf Zeit abgestellt und nicht endgültig sein würde ...

Für mich ist selbstverständlich, dass die zwischen Deutschland und der Tschechoslowakei liegenden Grenzgebiete, in denen die Sudetendeutschen die klare Mehrheit besitzen, sofort das uneingeschränkte Selbstbestimmungsrecht erhalten sollten. Wenn, wie ich glaube,

Gebietsabtretungen unvermeidlich sind, so sollen sie rasch und ohne überflüssiges Zögern durchgeführt werden. Sollte die gegenwärtige Unsicherheit andauern, so ergeben sich wirkliche Gefahren, selbst die eines Bürgerkrieges. Für eine Politik sofortiger und einschneidender Maßnahmen liegen daher handgreifliche Gründe vor. Eine sehr große Mehrheit wünscht die Vereinigung mit Deutschland. Ich bin daher der Ansicht, dass diese Grenzgebiete von der Tschechoslowakei unverzüglich an Deutschland übertragen werden sollten, und ferner dass Sofortmaßnahmen für ihre friedliche Abtretung ... abgemacht werden sollten. Die Übertragung der Grenzbezirke bedeutet jedoch nicht die endgültige Lösung der Frage, wie Deutsche und Tschechen zukünftig in Frieden beisammen leben können. Selbst dann, wenn alle deutschen Mehrheitsgebiete mit Deutschland vereinigt werden würden, verbliebe in der ČSR eine große Menge von Deutschen, und in den Deutschland übertragenen Gebieten würde sich nach wie vor eine Anzahl von Tschechen befinden. Für diejenigen Gebietsteile, in denen die deutsche Mehrheit nicht so groß ist, empfehle ich daher, alle Anstrengungen zu machen, die Grundlagen für eine Lokalautonomie herbeiführen.«

Ende der Verhandlungsbereitschaft

Die SdP hatte nun kein Interesse mehr daran, die Verhandlungen fortzusetzen, auch als Dr. E. Beneš ihr in dem so genannten »Vierten Plan« weitestgehende Zugeständnisse machte, in denen letztlich nichts anderes versprochen wurde, als Dr. Beneš bereits 1919 versprochen hatte: die Verschweizerung ihres Staates. Übrigens mussten die sudetendeutschen Unterhändler annehmen, dass es Dr. Beneš nicht ehrlich meine, da er jede Glaubwürdigkeit verloren hatte, was auch Runciman betonte. Später verriet Dr. Beneš dem Sozialdemokraten Jaksch, dass der »Vierte Plan« nicht ernst gemeint gewesen sei. Er habe nur den Sudetendeutschen die Schuld an dem Kriege zuschieben wollen.

Als es noch dazu in Mährisch-Ostrau zu einem ernsten Zwischenfall kam, für den Tschechen und Deutsche einander die Schuld zuschoben, brach die SdP die Verhandlungen ab.
Dies geschah im September 1938, fast zur gleichen Zeit, als Dr. Beneš nach Paris signalisierte, dass er mit einer Teilabtretung der Sudetengebiete einverstanden wäre.

Kann man also den Sudetendeutschen zur Last legen, die Zerstörung des tschechoslowakischen Staates jahrelang betrieben zu haben, wenn sie bis zu diesem Zeitpunkt eine innerstaatliche Lösung angestrebt haben?

Kapitel 13

Der Herbst 1938
Das Fiasko der Pläne des Dr. Beneš

> »Die Tschechen haben seit jeher Volkspolitik, nicht Staatspolitik, betrieben. Sie denken vom Sprachvolk aus und können den Staat nur als feindliche unterdrückende Macht oder als Schutzorganisation und Machtinstrument des tschechischen Sprachvolkes verstehen. Diesem Staatszweck waren sie immer geneigt, selbst das Wohl und die Existenz dieses ihres Staates zu opfern.«
>
> *Quelle: Eugen Lemberg, Zeitschrift für Ostforschung 8.Jhg.*

Das Verhängnis eines Staatsprinzips der ČSR: Die Entgermanisierung

Das in aller Konsequenz seit 1918 verfolgte Programm »des Prinzips der permanenten Majorisierung der nationalen Minderheiten« – festgelegt in der Verfassung der ČSR – bedeutete nichts anderes als die Dokumentation des Vorsatzes zur »ethnischen Säuberung« der Republik und dies in der Hauptsache vom zweitstärksten Staatsvolk: von den Sudetendeutschen.

In besonderer Deutlichkeit drückte die Absicht zum Begehen dieses Verbrechens gegen die Menschlichkeit der erste Präsident der ČSR, Prof. T. G. Masaryk, kurz nach seinem Amtsantritt aus, als er u. a. sagte: »... im übrigen bin ich davon überzeugt, dass eine sehr rasche »Entgermanisierung« dieser Gebiete vor sich gehen wird.« Gemeint waren damit die jahrhundertelang kultivierten Siedlungsgebiete der Deutschen Böhmens, Mährens und Österreichisch-Schlesien.

Bereits 20 Jahre dauerte der Abwehrkampf der Deutschen gegen die zahllosen »Slawisierungsmaßnahmen« der tschechischen Staatsführung und alle Versuche der Deutschen, in demokratischer Opposition oder durch Regierungsmitarbeit dem blinden und chauvinistischen Tschechisierungsdruck Einhalt zu gebieten, sind kläglich gescheitert.

140

Auch das Bemühen der Gründerstaaten der ČSR – England und Frankreich – durch Vermittlung die international als unhaltbar und unzumutbar erkannte Nationalitätenpolitik der ČSR zu ändern, musste an der Uneinsichtigkeit der tschechischen Führung scheitern.
Dr. Beneš' Pläne

Die Beurteilung von Dr. Beneš ' »Plänen« – die jeweils als zu späte Reaktionen auf die Verschärfung der Konfliktsituation durch dessen Reformunwillen erfolgten, war schon damals – sowie auch aus heutiger Sicht – fast einheitlich skeptisch bis ablehnend.

Sowohl die Sudetendeutschen als auch Lord Runciman, Lord Halifax, Chamberlain und somit die englische Regierung und auch Adolf Hitler schenkten den schriftlichen Zusagen des Dr. Beneš – zum Teil wie schon 1919 – keinen Glauben. Wenn es dazu einer Bestätigung bedurft hätte, dann lieferte diese Herr Dr. Beneš selbst und persönlich in seinen Gesprächen mit dem sudetendeutschen Führer der Sozialdemokraten, Wenzel Jaksch – wie schon früher angeführt – mit dem Eingeständnis, dass sein so genannter »Vierter Plan«, der plötzlich alle von den Engländern geforderte Konzessionen beinhaltete, nur ein taktisches Spiel war.

Erkenntnisse des Walter Runciman, Viscount of Doxford

Kaum war der von England in die ČSR entsandte Beobachter und Vermittler Lord Runciman mit seinem Stab nach England zurückgekehrt, als die Situation eintrat, die er mit den Worten vorher gesehen hatte: »Sollte die gegenwärtige Unsicherheit andauern, so erheben sich wirkliche Gefahren, selbst eines Bürgerkrieges. Für die Politik sofortiger und einschneidender Maßnahmen liegen daher handgreifliche Gründe vor.«
(Siehe Kapitel 12 »Runciman-Bericht«)

Und nochmals Tote

Am 12. September 1938 hielt A. Hitler in Nürnberg eine Rede, in der er sich offiziell des Schicksals der Sudetendeutschen annahm und für diese Deutsche Gruppe das Selbstbestimmungsrecht nunmehr kompromisslos einforderte.

Im Sudetengebiet kam es erneut zu ernsten Zwischenfällen. Dabei gab es wieder Todesopfer.
13 Sudetendeutsche wurden von tschechischer Polizei erschossen.

In 13 Bezirken wurde von der Regierung das Standrecht verhängt. Die SdP verfasste ein Ultimatum an die Regierung, um weiteres Blutvergießen zu verhindern.

Ultimative Forderungen der Sudetendeutschen Partei vom 13. 9. 1938 in Eger, *(Auszüge):*

»Die Erklärung des Standrechtes wird sofort zurückgenommen.
Aus allen Bezirken mit deutscher Bevölkerungsmehrheit wird die Staatspolizei zurückgezogen. Die Ausübung der Polizeigewalt wird den Bürgermeistern übertragen.

Die Gendarmerie und alle übrigen Organe der SOS (Straz obranny statu = Staatsverteidigungswache) sind auf ihre normalen Funktionen zu beschränken. Sie haben, gleichzeitig mit der Zurückziehung der Staatspolizei, das Einvernehmen mit den Bürgermeistern herzustellen, **um weiteres Blutvergießen zu vermeiden.**
Sämtliche militärische Formationen sind in ihren Ubikationen (Unterkünften) zu kasernieren. Sie sind von der Zivilbevölkerung fernzuhalten.«

Ministerpräsident Hodža wäre zu Verhandlungen bereit gewesen. Henlein jedoch verzichtete auf jegliche weitere Verhandlungen, die immer nur auf Zeitgewinn für die Tschechen und nicht auf effiziente Problemlösungen ausgerichtet waren. Er verfasste folgenden Aufruf:

Aufruf Konrad Henleins an die sudetendeutsche Bevölkerung. Vom 15. September 1938

Meine Volksgenossen!

Als Träger Eures Vertrauens und im Bewusstsein meiner Verantwortung stelle ich vor der gesamten Weltöffentlichkeit fest, dass mit dem Einsatz von Maschinengewehren, Panzerwagen und Tanks gegen das wehrlose Sudetendeutschtum das Unterdrückungssystem des tschechischen Volkes seinen Höhepunkt erreicht hat. Dadurch hat das tschechische Volk aller Welt vor Augen geführt, dass ein Zusammenleben mit ihm in einem Staate endgültig unmöglich geworden ist. Die Erfahrungen einer zwanzigjährigen Gewaltherrschaft und vor allem die schweren Blutopfer der letzten Tage verpflichten mich zu erklären:

Im Jahre 1919 wurden wir bei Vorenthaltung des uns feierlich zugesicherten Rechts auf Selbstbestimmung gegen unseren Willen in den tschechischen Staat gezwungen.

Ohne jemals auf das Selbstbestimmungsrecht verzichtet zu haben, haben wir unter schwersten Opfern alles versucht, im tschechischen Staat unser Dasein zu sichern.

Alle Bemühungen, das tschechische Volk und seine Verantwortungsträger zu einem ehrlichen und gerechten Ausgleich zu bewegen, sind an ihrem unversöhnlichen Vernichtungswillen gescheitert.

In dieser Stunde der Not trete ich vor Euch, das deutsche Volk und die gesamte zivilisierte Welt und erkläre: **Wir wollen als freie deutsche Menschen leben! Wir wollen wieder Friede und Arbeit in unserer Heimat! Wir wollen heim ins Reich!**
Gott segne uns und unseren gerechten Kampf!

(Quelle: ADAP Nr.490, S. 639)

Dem daraufhin ausgestellten polizeilichen Haftbefehl entzogen sich Konrad Henlein und seine engsten Mitarbeiter durch Grenzübertritt nach Deutschland. KH Frank erklärte die Partei, bevor sie behördlich verboten wurde, für aufgelöst. Die Geschäftsstelle der SdP in Eger wurde durch Militär gestürmt. Der Rest der SdP-Parteiführung verblieb in Prag und wurde dort verhaftet.

Beneš hat entschieden:
Internationalisierung des sudetendeutschen Problems

Dr. Beneš beschloss, keine Konzessionen an seine deutschen Mitbürger zu machen, kein Abweichen vom chauvinistischen Nationalstaatsdenken zuzulassen, keine Empfehlungen oder Forderungen von England zu berücksichtigen, daher **keine innerstaatliche Konfliktlösung** und Befriedung anzustreben, sondern als letzten Ausweg die Durchsetzung seiner Nationalstaatsidee entweder durch Krieg oder durch Zeitgewinn mit »Totverhandeln« der Minderheitenprobleme auf internationaler Ebene herbeizuführen.
Von diesen beiden Möglichkeiten entschied sich Dr. Beneš daher für die **Internationalisierung der Probleme.**

Die Folge: Premier Chamberlain reist zu A. Hitler
Gebietsabtretung als Problemlösung!

Unter dem Eindruck der öffentlichen Meinung Englands – die zunehmend mehr Verständnis für die Abtretung der sudetendeutschen Gebiete zeigte – der

Vorschläge Lord Runcimans und der Rede A. Hitlers entschloss sich der britische Premierminister Neville Chamberlain, nach Deutschland zu reisen und am 15. 9. 1938 persönlich über eine Problemlösung mit Hitler zu verhandeln.

Chamberlain versprach dabei letztendlich Hitler, **seinem Kabinett und den Franzosen den Gedanken zur Abtretung** der sudetendeutschen Gebiete von der ČSR als die **einzig mögliche Lösung** zu empfehlen. Seit Veröffentlichung des Runciman-Berichtes war der Gedanke der Abtretung der Sudetendeutschen Gebiete von der ČSR ein europäisches Gesprächsthema.

Ist Abtretung besser als Gewährung von Konzessionen? Der Leitaufsatz der »Times« London vom 7. Sept. 1938 »Nürnberg und Aussig«

»In einem solchen Falle« (Anm.: falls die Deutschen in der ČSR nicht mehr verbleiben wollen) »stünde es für die tschechoslowakische Regierung durchaus dafür, Erwägungen darüber anzustellen, ob ein Vorschlag, der in gewissen Kreisen Beifall gefunden hat, weiterhin abgelehnt werden sollte – nämlich der Gedanke, aus der Tschechoslowakei durch die Abtrennung jenes Randstreifens nichttschechischer Bevölkerungen, die mit ihrem jeweiligen Stammvolk in unmittelbar räumlichem Zusammenhang siedeln, ein homogeneres Staatswesen zu machen. Auf jeden Fall kann keine Lösung von Dauer sein, für die **der Wunsch der betroffenen Bevölkerung nicht den entscheidenden Faktor** darstellt, und es ist denkbar, dass die Vorteile, die sich für die Tschechoslowakei aus ihrer Wandlung zu einem homogenen Staatswesen ergeben würden, die offensichtlichen Nachteile des Verlustes der sudetendeutschen Grenzgebiete aufwiegen würden.«

(Quelle: The Times, London, vom 7. September 1938)
Hervorhebungen nicht im Originaltext

Dr. Beneš im Zugzwang
Kriegspläne vorerst gescheitert
Verhandlungsbereitschaft?

Solche und ähnliche Stellungnahmen und vor allem das Gespräch A. Hitlers mit Premier Chamberlain und dessen Versprechen, auch die Franzosen für die friedliche Konfliktlösung durch Gebietsabtretung zu gewinnen, ließen alle Hoffnungen des Herrn Dr. Beneš auf eine Kriegslösung schwinden. Da ihm auch der Inhalt des Runciman-Berichtes bekannt war und überdies zu diesem

Thema am 16.9. eine Sitzung des britischen Kabinetts stattfand, in welcher Chamberlains Zusagen an Hitler zugestimmt wurde, geriet Dr. E. Beneš in Zugzwang.

Als er erfuhr, dass man den französischen Ministerpräsidenten Daladier und seinen Außenminister nach England – zur gemeinsamen Entscheidungsfindung im tschechisch-sudetendeutschen Konflikt – gebeten hatte, sah er eine Chance zur Schadensbegrenzung darin, selbst einen Abtretungsvorschlag nach seinen Vorstellungen durchzusetzen. Er verfasste ein »geheimes Schreiben«, das durch seinen Minister Nečas und über Leon Blum an Daladier weitergeleitet werden sollte, bevor dieser noch nach England abreiste.

Staatspräsident Dr. E. Beneš war am 15. September 1938 bereit: aber wozu?

Geheimes Schreiben an den nach Paris entsandten tschechoslowakischen Minister für Soziale Fragen und Fürsorge Jaromir Nečas

Brieftext: Brief ohne Datum

»Niemals zugeben, dass gesagt werden könnte, dieser Plan stamme von den Tschechoslowaken.
Alles äußerst geheim halten. Veröffentlicht werden darf nichts.
Das Übereinkommen mit den Franzosen und Engländern über die genaue Abgrenzung des Gebietes, das wir abtreten könnten, muss völlig geheim bleiben, weil sonst Gefahr besteht, dass die andern Hitler alles geben, wenn sie erst einmal wissen, dass wir den Grundsatz (der Gebietsabtrennung) angenommen haben.

Der dann schon fertige **Plan** ist als unsere l e t z t e K o n z e s s i o n anzusehen und **muss Hitler** notfalls **aufgezwungen werden.**

Der Plan würde bedeuten, dass Deutschland so und so viel qkm (wie viel, weiß ich nicht genau – es dürften 4-6000 sein – insoweit darf man sich nicht festlegen) unter der Bedingung erhält, dass es **wenigstens 1 1/2 – 2 Millionen der deutschen** Bevölkerung übernimmt. Dies würde **eine Ortsverlagerung der Bevölkerung** bedeuten, wobei Demokraten, Sozialisten und Juden bei uns bleiben würden. Eine andere Regelung wäre unmöglich, **da sich ansonsten die Frage nach der vollen Aufteilung des Staates stellen würde.** Aus diesem

Grund i s t d e r g a n z e G e d a n k e h ö c h s t gefährlich, und es wäre katastrophal, wenn er leichtfertig ans Licht gelangte.

Achten Sie darauf, dass niemand etwas erfährt; man könnte sonst versuchen, Sie in diesem Zusammenhang der Illoyalität zu zeihen.
... Eine Volksabstimmung ist technisch, politisch und rechtlich unmöglich. Weisen Sie an Hand der Karte ferner darauf hin, wie die deutsche Position und auch **unser Staat im Fall eines Plebiszits aussehen würden.**

(Darunter)
Nicht sagen, dass das von mir stammt.
Osusky nichts sagen und verlangen, dass mit ihm nicht darüber gesprochen wird.
Diese Papiere v e r n i c h t e n.«

Anmerkung: Osusky war der tschechische Botschafter in Paris.
Quellen: Jan Pachta – Pavel Reimann: »0 novych dokumentach k otazce Mnichova« in Příspěvky k dějinám »Dokumente zur Sudetenfrage« S 219)

Hervorhebungen nicht im Originaltext, Sperrschrift im Original

England ignoriert diesen Vorsatz zur Menschenrechtsverletzung des Präsident Beneš

Wesentlich für die späteren Entscheidungen der Engländer und Franzosen war die im v. a. Schreiben signalisierte Bereitschaft Dr. Beneš' zum Grundsatz einer Gebietsabtretung. Es ist also ausgerechnet das eingetreten, was Dr. Beneš unter allen Umständen vermeiden wollte. Seine unmenschlichen Ansinnen hat man ignoriert.

Die Protokolle über die von Verantwortung getragenen Verhandlungen zwischen den Herrn Chamberlain und Daladier zeigen, dass beide Herren unter dem Eindruck der Berichte von Lord Runciman, von den Berichten über die Gespräche zwischen Chamberlain und Hitler, aber auch unter der erkennbaren grundsätzlichen Bereitschaft des Herrn Dr. Beneš zu einer Gebietsabtretung standen.

In Verbindung einerseits mit dieser Bereitschaft und andererseits der Anerkennung des Selbstbestimmungsrechtes der Sudetendeutschen durch England

und Frankreich, reifte der Plan zu jener Problemlösung, die unmittelbar darauf im Übereinkommen zwischen Großbritannien, Frankreich und der Tschechoslowakei zum Ausdruck gebracht wurde:
Die Abtretung der sudetendeutschen Gebiete an Deutschland.

Die Texte der gemeinsamen Noten der britischen und französischen Regierung an die tschechoslowakische Regierung und die Antwortnote der Tschechoslowakei an die britische und französische Regierung werden hier auszugsweise wiedergegeben:

Note der französischen und britischen Regierung vom 19. 9. 1938 an die Regierung der Tschechoslowakei, *(Auszüge)*:

»Die Vertreter der französischen und der britischen Regierung haben heute über die allgemeine Lage beraten. Beide Regierungen sind davon überzeugt, dass im Hinblick auf die jüngsten Ereignisse nunmehr der Zeitpunkt gekommen ist, in dem das weitere Verbleiben der überwiegend von Deutschen bewohnten Bezirke innerhalb der Grenze des tschechoslowakischen Staates tatsächlich nicht mehr länger andauern kann, ohne die Interessen der Tschechoslowakei selbst und den europäischen Frieden zu bedrohen. Im Hinblick hierauf sehen sich die beiden Regierungen zu der Schlussfolgerung gezwungen, dass die Aufrechterhaltung des Friedens sowie die Sicherheit lebenswichtiger Interessen der Tschechoslowakei selbst in der Tat nicht länger gewährleistet werden können, wenn diese Gegenden nicht auf das Reich übertragen werden.

Dies könnte entweder als direkte Abtretung oder als Ergebnis einer Volksabstimmung geschehen. Deswegen sehen wir bis zur Andeutung des Gegenteils vor, dass Sie es vorziehen, das sudetendeutsche Problem durch direkte Abtretung und als eigene Angelegenheit zu behandeln. Das zu übertragende Gebiet würde vermutlich Gegenden mit mehr als 50 Prozent deutscher Bevölkerung zu umschließen haben. Sowohl die französische wie die britische Regierung anerkennen die Schwere des von der tschechoslowakischen Regierung im Interesse des Friedens geforderten Opfers. Da dieses Interesse jedoch nicht nur Europa im allgemeinen, sondern auch die ČSR selbst in gleicher Weise betrifft, halten sich beide Regierungen für verpflichtet, unumwunden die Bedingungen darzulegen, **unter denen allein es gewahrt werden kann.«**

Quellen: Rabl, Kurt: »Das Ringen um das sudetendeutsche Selbstbestimmungsrecht«; München; 1958;). Und Außenministerium von Großbritannien und Nordirland: »Documents on British Foreign Policy 1919-1939«

Die Annahme des französisch-britischen Planes vom 17. September 1938 durch die Tschechoslowakei,

Auszüge):

»Die tschechoslowakische Regierung wurde durch die Umstände und die drängenden Bitten der französischen und britischen Regierung, die deren Mitteilung vom 21. September 1938 folgten, gezwungen, die französischen und englischen Vorschläge – wenn auch mit schmerzlichen Gefühlen – anzunehmen. Die tschechoslowakische Regierung unterstellt dabei, dass diese beiden Regierungen alles tun werden, um bei der Anwendung ihrer Vorschläge alle lebenswichtigen Anliegen des tschechoslowakischen Staates zu wahren. Sie (d. h. die tschechoslowakische Regierung) stellt mit Bedauern fest, dass diese Vorschläge ohne Rücksprache mit der tschechoslowakischen Regierung erarbeitet wurden.

Sie (d. h. die tschechoslowakische Regierung) bedauert zutiefst, dass ihr Vorschlag eines Schiedsverfahrens nicht angenommen wurde. Sie (d. h. die tschechoslowakische Regierung) nimmt sie (d. h. die obigen Vorschläge) als eine Einheit an, wobei das Prinzip der Garantie – wie es in der Note formuliert wurde – unterstrichen wird. ..

Es ist offensichtlich, dass die französisch-britischen Vorschläge davon ausgehen, dass alle Einzelheiten der praktischen Durchführung dieser Vorschläge im Einverständnis mit der tschechoslowakischen Regierung festgelegt werden.«

Quelle: Außenministerium von Großbritannien und Nordirland: »Documents on British Foreign Policy 1919-1939«;

Turbulenzen und Kriegsgefahr

Alle Turbulenzen, die zwischen dem 21. und dem 29. September 1938, dem Tage des Münchener Abkommens liegen, bleiben hier ausgespart, da sie keine bedeutende Relevanz für das hier behandelte Thema haben.

Es waren dies diplomatische Briefwechsel, Gespräche, Missverständnisse, Drohungen, eine Kriegswarnung, die tschechoslowakische Generalmobilmachung u.s.w.

Das entscheidende Ereignis zur Befriedung des Konfliktes auf Drängen Englands, war die von Mussolini für den 29. 9. 1938 einberufene internationale Konferenz, an der Daladier, Mussolini, Hitler und Chamberlain teilnahmen und die am 30. 9. 1938 zum »Münchener Abkommen« führte.

Das Münchener Abkommen vom 29./30. September 1938

Auszüge:

»Deutschland, das Vereinigte Königreich, Frankreich und Italien sind unter Berücksichtigung des Abkommens, das hinsichtlich der Abtretung des sudetendeutschen Gebiets bereits grundsätzlich erzielt wurde, über folgende Bedingungen und Modalitäten dieser Abtretung und über die danach zu ergreifenden Maßnahmen übereingekommen und erklären sich durch dieses Abkommen einzeln verantwortlich für die zur Sicherung seiner Erfüllung notwendigen Schritte.

Die Räumung beginnt am 1. Oktober.
Das Vereinigte Königreich, Frankreich und Italien vereinbaren, dass die Räumung des Gebietes bis zum 10. Oktober vollzogen wird, und zwar, ohne Zerstörung irgendwelcher bestehender Einrichtungen, und dass die tschechoslowakische Regierung die Verantwortung dafür trägt, dass die Räumung ohne Beschädigung der bezeichneten Einrichtungen durchgezogen wird.
Die Modalitäten der Räumung werden im einzelnen durch einen internationalen Ausschuss festgelegt, der sich aus Vertretern Deutschlands, des Vereinigten Königreiches, Frankreich und Italiens und der Tschechoslowakei zusammensetzt....

(... Die Punkte 4 bis 7 enthalten technische Einzelheiten der Gebietsräumung.)

8. Die tschechoslowakische Regierung wird innerhalb einer Frist von vier Wochen vom Tage des Abschlusses dieses Abkommens an alle Sudetendeutschen aus ihren militärischen und polizeilichen Verbänden entlassen, die diese Entlassung wünschen. Innerhalb derselben Frist wird die tschechoslowakische Regierung sudetendeutsche Gefangene entlassen, die wegen politischer Delikte Freiheitsstrafen verbüßen.

Unterzeichnet von: Adolf Hitler, Neville Chamberlain, Benito Mussolini, Edouard Daladier«

Klärung von Missverständnissen bezüglich des Münchener Abkommens:

Einleitend wird im Text des Abkommens klar und deutlich angeführt, dass dieses **Abkommen nicht den Beschluss zur Abtretung darstellt, sondern dass** darin jenes Abkommen berücksichtigt wird, das hierüber bereits grundsätzlich erzielt war!

Es wird einerseits auf die »Note der französischen und britischen Regierungen an die Regierung der ČSR« Bezug genommen, in welcher die Übertragung der deutschen »Gegenden« in das »Reich« einer tschechischen Entscheidung vorweggenommen wurde, andererseits auf Grund der Antwortnote vom 21. 9., die die erzwungene Annahme des französischen-britischen Abtretungsplanes durch die ČSR bestätigt.

Auch der Endtermin der Räumung des Gebietes (Punkt 2) und die Auflage, dass keinerlei Zerrstörungen erfolgen dürfen, wird von Deutschland nicht mitvereinbart! Hingegen wurden die Modalitäten der Räumung, von Vertretern Deutschlands, Englands, Frankreichs, Italiens und der Tschechoslowakei festgelegt.

Nicht Deutschland hat also die Abtretung der sudetendeutschen Gebiete beschlossen, sondern England und Frankreich, in direktem Kontakt mit der Tschechoslowakei!

Die zweite Stufe zum Völkermord
Dr. Beneš' Aufforderung zum Verbrechen
gegen die Menschlichkeit

Das vorangeführte »geheime Schreiben« des Herrn Dr. Beneš, letzten Endes an Herrn Daladier gerichtet, wird, wegen seiner schrecklichen und bisher unvorstellbaren Vorschläge – unter deren Realisierung noch weitere Millionen Menschen zu leiden gehabt hätten – jedem einigermaßen human denkenden Menschen einen Rückschluss auf die moralische Qualität dieses »Staatsmannes« ermöglichen:

Die Erzwingung von **Ortsverlagerung:** von Maschinen, von Produktion? **Nein: von mindestens 1 1/2 bis 2 Millionen Menschen.**

Die zweite Stufe? Was war die erste?

Die erste Stufe war der **Vorsatz** – geäußert u. a. vom 1. Staatspräsidenten der ČSR, Prof. Dr. T. G. Masaryk – zur »Entgermanisierung« der sudetendeutschen Siedlungsgebiete im Jahre 1918 und der Beginn der Realisierung dieses Vorsatzes in systematischer Praxis in fast 20 Jahren.
Die zweite Stufe liegt im Versuch, sogar unter Mithilfe von England und Frankreich, zum Begehen eines Verbrechens gegen die Menschlichkeit durch Zwangsumsiedlung des Großteiles einer ethnischen Gruppe »aus dem Gebiet, in dem sie sich rechtmäßig aufhält«: der Sudetendeutschen.

| Kapitel 14

Das Restjahr 1938
Die »Prager Abtretung« und
die »Münchener Konferenz«

Einer jener Zeitungsartikel, die die heutige Politik und Wissenschaft immer wieder als Zeitzeugenbericht werten sollten, erschien in der renommierten Londoner »Times« als Leitaufsatz unter dem Titel »Ein neuer Morgen«

Auszug:

»Kein siegreich vom Schlachtfeld heimkehrender Eroberer konnte mit edlerem Lorbeer geschmückt werden als Mr. Chamberlain bei seiner gestrigen Ankunft aus München. ...

... Die zivilisierte Menschheit war dem Zusammenbruch so nahe, dass jede friedliche Lösung des Konflikts der letzten Monate eine geradezu überwältigende Erleichterung im Gefolge hat; die genaue Betrachtung der Münchner Vereinbarung, insbesondere in geographischer Hinsicht, zeigt, dass es sich nicht nur um eine Regelung schlechtweg, sondern um eine solche handelt, die zu Hoffnungen berechtigt. Dass man sie in der Tschechoslowakei mit bitterem Vorwurf empfangen hat, steigert nur noch die großen Sympathien, die man in England für einen kleineren – und, wie vielen erschien, viel versprechenden – der durch die Friedenskonferenz geschaffenen Staaten entgegenbringt. Indes – **der Verlust der Sudetengebiete war seit langem unvermeidlich** und es wäre auch **gar nicht wünschenswert gewesen ihn zu vermeiden.** Das war nicht nur die Meinung aller, die an den Selbstbestimmungsgrundsatz glauben, sondern auch die von Lord Runciman, der sich auf Grund einer einzigartigen und zugleich dem Tagesstreit enthobenen Stellung eine genaue Kenntnis des Problems in seinen praktischen Auswirkungen angeeignet hat. Jedenfalls hat es sich schließlich nur noch darum gehandelt – nachdem die Prager Regierung als einzige, zunächst nicht zustimmende Regierung bewogen worden war, der Landabtretung ihrerseits zuzustimmen –, Mittel und Wege zur ordnungsmäßigen Durchführung des bereits vereinbarten Plans ausfindig zu machen. ...

... Im Endergebnis haben beide Seiten Zugeständnisse gemacht. ...«

Quelle: »The Times«, London, 2. Oktober 1938 (Hervorhebungen nicht im Originaltext)

Die hier angesprochenen »Mittel und Wege zur ordnungsgemäßen Durchführung« wurden mit und in dem Münchener Abkommen gefunden. Der Beschluss zum »Verlust der Sudetengebiete« war Gegenstand des dem Abkommen vorangegangen Notenwechsels zwischen der englischen, französischen und tschechischen Regierung über die Gebietsabtretung der tschechoslowakischen Gebiete mit mehr als 50% deutschem Einwohneranteil.

Natürlich kam dieses trilaterale Abkommen nur durch äußersten Druck – nach Newton »a kind of ultimatum« – der Engländer und Franzosen zustande, die wiederum keinen anderen Ausweg aus jener gefährlichen Situation sahen, die von der Tschechoslowakei durch Intoleranz seit Jahren herbeigeführt wurde. Die »Times« schrieb am 21. September 1938 zu diesem Thema: »Friedliche **Vertragsrevision** pflegt ohne Druck irgendwelcher Art nicht durchgeführt werden zu können. Wurde sie **durch 19 Jahre verzögert**, so kann der Druck explosiven Charakter annehmen.«

»München« verhandelte nicht nur über sudetendeutsche Anliegen

Zusatz zu dem Abkommen München, den 29. September 1938

»Seiner Majestät Regierung im Vereinigten Königreich und die französische Regierung haben sich dem vorstehenden Abkommen angeschlossen auf der Grundlage, dass sie zu dem Angebot stehen, welches in Paragraph 6 der englisch-französischen Vorschläge vom 19. September enthalten ist, betreffend eine internationale Garantie des tschechoslowakischen Staates gegen einen unprovozierten Angriff. Sobald die Frage der polnischen und ungarischen Minderheiten in der Tschechoslowakei geregelt ist, werden Deutschland und Italien ihrerseits der Tschechoslowakei eine Garantie geben.

ADOLF HITLER, NEVILLE CHAMBERLAIN, MUSSOLINI, ED. DALADIER«

Zusätzliche Erklärung München, den 29. September 1938

»Die Regierungschefs der vier Mächte erklären, dass das Problem der polnischen und ungarischen Minderheiten in der Tschechoslowakei, sofern es nicht innerhalb von drei Monaten durch eine Vereinbarung unter den betreffenden Regierungen geregelt wird, den Gegenstand einer weiteren Zusammenkunft der hier anwesenden Regierungschefs der vier Mächte bilden wird.

ADOLF HITLER, NEVILLE CHAMBERLAIN,
MUSSOLINI, ED. DALADIER«

Die Regelung des ungarischen Problems wurde einer Schiedskommission in Wien übertragen.

Der Wiener Schiedsspruch

Zufolge der Bedingungen der »Zusätzlichen Erklärung« wurde nach Wien, am 29. 10. 1938 eine deutsch-italienische Regierungskonferenz einberufen, die am 2. 11. 1938 folgenden Schiedsspruch fällte:

»Der auf Ersuchen der ungarischen und der tschechoslowakischen Regierung gefällte Schiedsspruch soll die Frage der an Ungarn abzutretenden Gebiete regeln.
1. Die von der ČSR an Ungarn abzutretenden Gebiete sind in der anliegenden Karte bezeichnet.
2. Die Räumung der Gebiete beginnt am 5. November 1938 und ist bis zum 10. November durchzuführen.
Von den umstrittenen Städten verbleiben die Hauptstadt der Slowakei Pressburg, ferner Neutra sowie die karpatoukrainische Stadt Sevljusch mit den umliegenden Gemeinden innerhalb der ČSR. Dem Königreich Ungarn wurden die Städte Neuhäusl, Levenz, Lutschenetz, Kaschau, Uzhorod und Munkatsch zugesprochen.«

Quelle: Vertrags-Ploetz., S. 158-160

Die vorläufige Regelung mit Polen

Teschen am 2.10.1938: Polnische Truppen besetzen gemeinsam mit der deutschen Wehrmacht das an die Republik Polen von der ČSR abzutretende Olsagebiet. (Quelle: Ploetz 28.Aufl.S 1308)

Endgültige tschecho-slolwakisch – deutsche Grenzfestsetzung

Als zu ergreifende Maßnahme wurde im Münchener Abkommen beschlossen, dass die Modalitäten der Grenzziehung durch einen Ausschuss festgelegt werden, an dem die tschechoslowakische Republik entscheidend mitgewirkt hat.

Auszug aus dem Protokoll vom 21. November 1938

»Der Internationale Ausschuss hat heute von der Niederschrift vom 20. November über die **Festsetzung der deutsch-tschecho-slowaki-schen Grenze durch die deutsche und die tschecho-slowakische Delegation** sowie von den dieser Niederschrift beigefügten Karten Kenntnis genommen. Er stellt fest, dass die in diesen Karten einge-zeichnete Grenze die Grenze im Sinn der Ziffer 6 des Münchner Abkommens ist.«

(Quelle: ADAP. S 146)

Anmerkungen:
Die im vorstehenden Protokoll erwähnten Karten sind hier aus Qualitäts-gründen nicht abgelichtet.
Das Protokoll trägt die Unterschriften des deutschen, italienischen, britischen, französischen und tschechoslowakischen Vertreters
(Ritter, Attolico, Ogilvie-Forbes, Montbar, Mastny).

Lord Chamberlain
»Mitglieder des Völkerbundes
tragen Verantwortung für »München«

Auszüge aus dem am 17. März 1939 in Birmingham gehaltenen Rede des bri-tischen Ministerpräsidenten N. Chamberlain: »Ich habe niemals in Abrede gestellt, dass mir die in München möglichen Bedingungen wünschenswert erschienen. Aber wie ich damals ausführte, hatten wir es nicht mit einem neuen Problem zu tun. Es handelte sich um einen seit dem Vertrag von Ver-sailles bestehenden Sachverhalt, um ein Problem, für das man längst hätte eine Lösung finden müssen, wenn es nur die Staatsmänner der letzten 20 Jahre mit weiterem Blick und größerem Pflichtgefühl betrachtet hätten. Auch in der Annahme, dass wir gegen Deutschland einen siegreichen Krieg geführt **hät-ten, hätten wir niemals mehr die Tschechoslowakei wiederhergestellt**, wie sie durch den Versailler Vertrag geschaffen wurde.« (Text der Rede nach »Revue general de droit international public, 1939)
Chamberlain hatte denselben Gedanken bereits am 28. September 1938 vor dem Unterhaus ausgedrückt und damals erklärt, man könne den Gedanken nicht unterdrücken, dass eine **rechtzeitige Anwendung des Artikels 19 der Völkerbundsatzung, die eine einverständige Revision der Verträge** vorsieht, statt abzuwarten, bis die erhitzten Leidenschaften eine einverständige Revision

ausschlössen, **die Krise hätte vermeiden lassen. »Für diese Unterlassung müssen alle Mitglieder des Völkerbundes die Verantwortung tragen.«**
(Quelle: Zitiert nach Quincy Wright, The Munich Settlement and International Law, American Journal of Int. Law. 1939)

Weitere Stellungnahmen zu München

Aus englischer Sicht
Lordkanzler Maugham erklärte im Oberhaus, dass England und Frankreich sich bemüht hätten, **einen Staat, der eigentlich niemals hätte gebildet werden dürfen,** vor der Vernichtung zu schützen.

Außenminister Lord Halifax interpretierte am 4. Oktober das **Münchener Abkommen** dahin, es handle sich um nichts anderes als um **eine Vertragsrevision.** Großbritannien hätte sich auf einen endlosen Krieg einlassen können; aber kein Staatsmann, der die Grenzen der Tschechoslowakei danach hätte erneut ziehen müssen, würde sie so gezogen haben, wie **das durch den Vertrag von Versailles** geschehen sei.
Ähnlich schrieb im »Manchester Guardian« vom 20. Oktober Lord Allen of Hurtwood, dass England sich eines vor Augen halten müsse: wenn, wie manche behaupten, es heute den Frieden mit Unehre erkaufe, so deswegen, **weil es vor 20 Jahren einen ehrlosen Frieden auferlegt hätte.**

In einer Unterhaltung mit einem Mitglied der deutschen Botschaft in London machte ein Vertrauensmann Chamberlains kurz nach »München« darauf aufmerksam, man solle nicht glauben, »Dass die englische Entscheidung im tschechoslowakischen Konflikt und insbesondere die Haltung Chamberlains von dem Bewusstsein militärischer Schwäche diktiert gewesen sei, sondern ausschließlich von der religiösen Vorstellung, dass man Deutschland Gerechtigkeit widerfahren lassen und **das Unrecht von Versailles wieder gutmachen müsse.** *(Quelle: ADAP., Serie D, Bd. IV, Nr. 266)«*

Die englische Tageszeitung »Times« schrieb am 5.10.1938 über das Münchener Abkommen u.a.: »... Es ist nichts weiter geschehen, als dass man von den Tschechen **eine Bevölkerung abgetrennt hat, die ihr niemals hätte ausgeliefert werden sollen,** und auf die sie keinerlei moralischen Anspruch erheben konnten!« Sir Winston Churchill äußerte sich in der Zürcher Zeitung vom 24.10.1938 wie folgt: »**Den Sudetendeutschen ist durch das Münchener Abkommen Recht widerfahren.«**

Aus der Sicht des Sozialdemokraten Wenzel Jaksch

Wenzel Jaksch der Führer der sudetendeutschen Sozialdemokraten erinnert sich: »So kam es zu jenem gemeinsamen diplomatischen Schritt des französischen und britischen Gesandten in Prag, bei dem Präsident Beneš am 21. September um zwei Uhr nachts aus dem Bett geholt wurde. Paris und London wiederholten ihren Standpunkt, dass nur eine möglichst schnelle Gebietsabtretung die Kriegsgefahr beseitigen könne. Weigere sich Prag, würde Großbritannien sich nicht an die Seite Frankreichs stellen, ohne England aber wäre der französische Beistand für die Tschechoslowakei wirkungslos.«

Jetzt wurde Beneš, kommentiert Jaksch jene dramatischen Stunden, »ein Opfer seines schlechten Gewissens. **Er wusste, dass die Gebiete, die auf dem Spiel standen, nicht rechtmäßig erworben waren.** Ein Staatsmann, der einen einwandfreien Rechtsstandpunkt zu vertreten hat, hätte auch dem englisch-französischen Drängen zur Nachgiebigkeit trotzig die Stirn bieten können ... Beneš und seine Regierung kapitulierten jedoch am Morgen des 21. September.«

»In Wirklichkeit hatte der Staat, der angeblich durch das Abkommen von München (29. September) zerstört worden ist, schon (acht Tage früher) am 21. September kapituliert ... Beneš kämpfte ... nur noch um sein persönliches Alibi.«

Aus der Sicht des Sudetendeutschen Historikers R. Ohlbaum

Das »Münchener Abkommen«, von Adolf Hitler, Neville Chamberlain, Benito Mussolini und Edouard Daladier ausgehandelt und am 29./30. September 1938 unterschrieben, machte für den größten Teil der Sudetendeutschen den Weg frei, mitsamt ihrer Heimat nach Deutschland, ins Reich, zu gelangen. Die Tschechen hatten bei diesem Abkommen ein Mitspracherecht bei der Grenzziehung, die Sudetendeutschen waren nicht dabei. Es wiederholte sich das Schauspiel von 1919, dass die Großmächte entschieden und die Betroffenen sich nur einverstanden zu erklären hatten. Den tschechischen Politikern zerriss München vorerst den nationalistischen Traum vom tschechischen Nationalstaat und von der unzerstörbaren Einheit der »Länder der böhmischen Krone« oder, verkürzt, der »böhmischen Länder«, die für sie zugleich die »tschechischen Länder« bedeuten. Die Masse der Sudetendeutschen – auch viele Sozialdemokraten – geriet zunächst in Jubel und Hochstimmung. Sie fühlten sich befreit, sie sahen wieder eine Zukunft vor sich. Gewiss, sie dankten Hitler. Aber sie hätten ebenso und ebenso gern einem Reichspräsidenten Ebert oder Hindenburg gedankt. »Denn« – so drückte Lodgman später die Überlegungen und Empfindungen der Sudetendeutschen aus – »wir Sudetendeutschen hatten 1938 nur die Wahl zwischen Hitler und Beneš, also zwischen dem Führer und Kanzler des Deutschen Reiches, der damals einen politischen Akt vollzog, der dem echten Selbstbestimmungsrecht und damit den Wünschen der Volksgruppe entsprach, und dem tschechoslowakischen Präsidenten Beneš, der durch seine Assimilations- und Entrechtungspolitik dasjenige **auf langsamem Wege erreichen wollte, was ihm dann unter der Mithilfe der westlichen Alliierten und der Sowjetunion 1945 auf brutale Weise binnen kürzester Zeit gelungen ist.«**

Der Völkermord an seinen sudetendeutschen Mitbürgern.

Die Folgen von »München«

Abtretung der Sudetengebiete

Geographisch: Der Kern des Sudetengebietes wurde zum »Reichsgau-Sudetenland«. Die Gebiete des Böhmerwaldes kamen zu Bayern, das südliche Böhmen wurde dem Reichsgau Oberdonau und Südmähren dem Reichsgau Niederdonau angeschlossen.

Politisch: Für viele Sudetendeutsche setzte die Zeit von Verfolgungen ein. Ca. 15.000 Sozialdemokraten flohen in die Tschecho-Slowakei. Nach Schätzungen der Seliger-Gemeinde flohen etwa 30.000 Sudetendeutsche nach England, Kanada und Skandinavien. Alle Sudetendeutschen konnten auf eigenen Antrag in die NSDAP – die einzige deutsche Partei – aufgenommen werden. Zwang hierfür oder **eine Automatik des Übertrittes von der SdP in die NSDAP gab es nicht.** Wehrtüchtige Männer wurden zur deutschen Wehrmacht eingezogen und durften somit keiner politischen Partei angehören.

Entscheidung des Stellvertreters des Führers (der NSDAP), Reichsminister Rudolf Heß (Auszug):

»... Abschließend wird mitgeteilt, dass die Mitgliedschaft bei der Sudetendeutschen Partei nicht gleichzusetzen ist mit der Mitgliedschaft bei der NSDAP, weil die Sudetendeutsche Partei keinen der Etwicklung **der NSDAP vergleichbaren politischen Kampf** geführt hat, sondern ausschließlich einen Kampf um die Erhaltung des Deutschtums auf dem Boden der ehemaligen Tschechoslowakei ...«

Diese »Entscheidung« ist ein Beweis dafür, dass von deutscher Seite unmissverständlich ein Unterschied zwischen der Mitgliedschaft in der NSDAP und der Sudetendeutschen Partei definiert wurde, denn die SdP kämpfte in der Tschechoslowakei nur »um die Erhaltung des Deutschtums«.

Konkurs der Staatsidee
Das vorläufige Ende der Utopie Nationalstaat

Herr Dr. Beneš hat seit 1919 durch seine Abkehr vom eigenen Versprechen zur Gründung einer »zweiten Schweiz« und mit seiner fixen Idee der Grün-

dung eines tschechischen Nationalstaates keinem der in diesen Staat einge-
gliederten Völkern Glück gebracht.

Dem zweitgrößten Staatsvolk – den Deutschen – nicht, da er im Einverständnis mit dem Präsidenten T. G. Masaryk von Beginn an eine »Entgermanisierung« der deutschen Heimatgebiete vorantrieb.

Dem drittgrößten Staatsvolk – den Slowaken – nicht, da auch sie die tschechische Bevorzugung und Bevormundung als Last empfanden und weil man
ihnen die zu Recht erwartete Autonomie nicht gewährte.

Das viertgrößte Staatsvolk, die Magyaren, fühlten sich unterdrückt und die
Bewohner der Karpatho-Ukraine litten darunter, dass ihnen die im Friedensvertrag zugesicherte Autonomie nicht gewährt wurde.

Und letzten Endes dem größten Staatsvolk – den Tschechen – brachte ihre
Überheblichkeit und der Größenwahn ihrer Führung auch kein Glück. Denn
alle unter ihrem Einfluss stehenden anderen Völker der Tschechoslowakischen
Republik haben diesen Staat abgelehnt.

So ernüchternd diese Erkenntnis ist, so leicht ist sie beweisbar. Der Grad der
Zufrieden- oder Unzufriedenheit einer Staatsbevölkerung mit dem Staat ist
durch eine Volksbefragung leicht messbar.

Dem Herrn Dr. Beneš war die Unzufriedenheit der nicht tschechischen Teile
seines Vielvölkerstaates mit diesem Staate sehr gut bekannt.

Und darum weigerte er sich immer wieder, sogar unter Kriegsdrohung – und
sein Generalstab unterstützte ihn dabei – den dringenden Wünschen der Engländer zur Durchführung eines Plebiszites nach zu kommen!! Er wusste – und
äußerte sich auch dementsprechend – dass das Ergebnis eines Plebiszites das
Ende, den Zerfall der ČSR bedeutet hätte.

Auch A. Hitler erreichte die Zustimmung der Engländer zur Lösung der Sudetendeutschen Frage nach dem Prinzip des Selbstbestimmungsrechtes erst dann,
als er gegenüber den Alliierten auf seine ursprüngliche Forderung der Anwendung dieses Prinzipes auch für die übrigen Völker der ČSR verzichtete.

Alleine die Tschechen wollten diesen Staat unverändert erhalten:
Alle anderen Ethnien lehnten diesen Staat in seiner damaligen Form ab.
War das die Schuld aller anderen Volksgruppen oder der tschechischen unein-
sichtigen Politik?

Der tschechoslowakische Staatspräsident Dr. Edvard Beneš tritt zurück:

Rundfunkrede vom 5. Oktober 1938 ... »Ich habe dem Herrn Vorsitzenden
der Regierung (Anm: Gemeint ist Ministerpräsident Jan Syrovy) soeben einen

Brief gesandt, durch den **ich mich meines Amtes begebe** und wende mich an Sie, **um mich als Präsident** von Ihnen, Mitbürger, **zu verabschieden**....
Wir werden einen Nationalstaat haben ... und darin wird die große Kraft unseres Volkes und Staates liegen. Dies wird Staat und Volk jene große neue Schöpferkraft und sittliche Grundlage verleihen, die sie bisher entbehren musste. Unsere Nationalkultur wird sich vertiefen und stärken, denn noch sind wir genügend stark an der Zahl und Kraft und blicken daher hoffnungsvoll in die Zukunft ...«

Der Text dieser Rundfunkrede hat eine zweifache tiefe Bedeutung.
Einerseits erhob Dr. Beneš trotz dieser eindeutigen Demission als Präsident der Tschechoslowakischen Republik später einen illegitimen Anspruch auf eine Anerkennung als Staatspräsident im Exil und der wiedererschaffenen Tschechoslowakischen Nachkriegsrepublik und andererseits gab er auch zu diesem Zeitpunkt seinen chauvinistischen Plan zur Schaffung eines Nationalstaates nicht auf.

Das weitere Geschehen

Die Slowakei unter ihrem eigenen Ministerpräsidenten Josef Tiso, seit dem Tode Hlinkas im August 1938 Vorsitzender der Slowakischen Volkspartei, erlangt am 6.10.1938 die volle Autonomie innerhalb des in Auflösung begriffenen tschechoslowakischen Staatsverbandes.

Dem Beispiel der Slowakei folgend, nimmt am 8.10.1938 auch der östlichste Zipfel der ehemaligen Tschechoslowakei, die Karpato-Ukraine, Autonomie für sich in Anspruch.

Nach der Ermordung des deutschen Diplomaten Ernst vom Rath durch den jüdischen Bürger Herschel Grynszpan in Paris, kommt es am 9.11.1938 im Reichsgebiet zu ausgedehnten Ausschreitungen gegenüber Juden und deren Eigentum, zur Zerstörung von Synagogen und von Schaufenstern zahlreicher jüdischer Geschäfte, was die spätere Bezeichnung »Reichskristallnacht« zur Folge hatte. Dieses Pogrom löste eine Reihe von Konsequenzen aus, die wiederum dazu angetan waren ein deutsch-amerikanisches Spannungsfeld aufzubauen.

Kriegstreiber oder Propheten?

Der amerikanische Botschafter in Paris, Bullitt, erklärte am **19. 11. 1938** dem polnischen Botschafter in Washington, Graf Jerzy Potocki: »Nur Gewalt und schließlich ein Krieg kann der wahnsinnigen Expansion Deutschlands in

Zukunft ein Ende machen.« Auf Potockis Rückfrage, ob die USA an einem solchen Krieg gegen Deutschland teilnehmen würden, antwortet Bullitt: »Zweifellos ja! Aber erst dann, wenn England und Frankreich zuerst losschlagen.« In seinem Bericht über dieses Gespräch mit Bullitt an das polnische Außenministerium in Warschau fügt Potocki ergänzend hinzu, Präsident Roosevelt sei laut Aussage Bullitts entschlossen, die USA in den nächsten europäischen Krieg, der bald ausbrechen werde, hineinzuziehen. Er habe »Von Deutschland und seinem Kanzler Adolf Hitler ... mit außerordentlicher Heftigkeit und mit bitterem Hass gesprochen.«

Die Intentionen der Herren Dr. Beneš und Dr. Hubert Ripka im Dezember 1938!

Von Frau Elizabeth Wiskemann erfahren wir die Gedankengänge des Dr. »Beneš« und »Dr. Ripka« vom Dezember 1938, zwei Monate nach dem kläglichen Scheitern des Nationalstaates, nicht etwa über eine spätere Staatsgründung nunmehr nach Schweizer Vorbild. Nein, man hat nichts aus dem missglückten Versuch von 1918 bis 1938 gelernt.

Auszug:

»... Die Idee der Entfernung eines Teiles der Sudetendeutschen (aus ihrer Heimat) war unwillkürlich in die Vorstellungswelt einiger Beobachter des Verhaltens der Sudetendeutschen in den Jahren 1937 und 1938 eingedrungen. Die Tschechen selbst hielten jeden Plan dieser Art erst nach einem Krieg für durchführbar. Beneš und Dr. Ripka hatten die erste ernsthafte Diskussion der praktischen Möglichkeiten eines derartigen Vorgehens im Dezember 1938, **da beide seit dem Münchener Abkommen den Krieg als unvermeidbar ansahen ...«**

Quelle: Elizabeth Wiskemann: »Germany's Eastern Neighbours«, London 1956

1938 blieb die Spekulation auf einen Krieg zur Entgermanisierung der ehemaligen Sudetenländer ergebnislos. Jetzt setzte man neue Hoffnung auf einen kommenden Krieg. Nicht etwa von Deutschland, sondern – wie dokumentiert – sowohl von Dr. Beneš und seinen Gefährten als auch von Amerika.

Im Jahre 1938 hat dagegen in Deutschland noch niemand an einen bevorstehenden Krieg gedacht.

Kapitel 15

Kriegshetzer Dr. Beneš und Dr. Ripka Zerfall der ČSR

Wetterleuchten aus Amerika

Die Fakten:

Im Kapitel 14 wurden in anderem Zusammenhang zwei Gefahrenkategorien angesprochen, eine mit indirektem und eine mit direktem Bezug auf das weitere Schicksal der Sudetendeutschen. Die mit indirektem Bezug betrifft zwei Meldungen aus Amerika, aus den USA. Die erste davon berichtet, dass nicht nur neu erwogene Allianzen spruchreif sind, die zwischen Polen, den USA, England und Frankreich für den nächsten »europäischen Krieg« **gegen Deutschland, »der bald ausbrechen werde«** gebildet werden – sondern lässt durch die Passage, dass Präsident Roosevelt »von Deutschland und seinem Kanzler Adolf Hitler ... mit außerordentlicher Bitterkeit und mit bitterem Hass gesprochen« hat – überrascht aufhorchen!

(Hervorhebungen im gesamten Kapitel durch den Autor)

Denn diese Nachricht stammt aus einem Gespräch von keinen Geringeren als dem USA-Botschafter in Paris, Bullit, mit dem polnischen Botschafter in Washington, Graf Jerzy Potocki, der den Inhalt dieses Gespräches seinem Außenministerium in Warschau übermittelt.

Einfach unglaublich ist der **Zeitpunkt** dieses Ereignisses.
Es ist der 19. November des Jahres **1938.**

Zweifler an der Bedeutung dieser Meldung werden sofort eines Besseren belehrt, denn **zwei Wochen später,** am 3. Dezember 1938, erfolgt die zweite Meldung über ein weiteres Gespräch, das wie folgt dokumentiert ist. »Der amerikanische Botschafter in Warschau, Biddle, erklärt dem Danziger Völkerbundkommissar Burckhardt, **Polen werde sehr bald gegen Deutschland kämpfen** und er, Biddle, würde diese **Entwicklung begrüßen.** Er spricht in diesem Zusammenhang von einem tiefen Hass »maßgebender amerikanischer Kreise« auf Deutschland und sagt auch eine Intervention Großbritanniens und Frankreichs in einem **deutsch-polnischen** Krieg voraus.«

Diese von Herrn Biddle und dessen Gleichsinnten begrüßte Entwicklung wurde ein Jahr später erfolgreich abgeschlossen. Am 1.9.1939 gab es diesen begrüßten Krieg.

Die Kombinationen:

In beiden Meldungen wird von bitterem und tiefem Hass sowohl amerikanischer Würdenträger als auch »maßgebender Kreise« gesprochen. Bedenkt man, dass die Amerikaner zur Zeit des Münchener Abkommens die von England und Frankreich herbeigeführte Abtrennung der überwiegend deutschen Gebiete der ČSR im September 1938 neutral zur Kenntnis genommen haben, erscheint es unvorstellbar, dass sie darüber zwei Monate später in blanken Hass verfallen. Gut vorstellbar hingegen, ja sogar nahe liegend ist es, dass die Meldung über die Ausschreitungen gegen deutsche jüdische Bürger in der »Reichskristallnacht« vom 9. November 1938 in amerikanischen Kreisen einen tiefen Hass gegen Deutschland aufkommen ließ, der einen Kriegswillen verständlich erscheinen lässt.

Auffallend an den Meldungen ist nämlich, dass als Initiatoren der Kriegswünsche vorerst nur die Polen und Amerikaner fungieren, die ihrerseits Frankreich und England weitere Rollen zuordnen, obzwar diese beiden Länder zu dieser Zeit mit dem Erfolg von »München« zufrieden sind. Man schrieb noch 1938, das Jahr o h n e weitere Zwischenfälle.

Wetterleuchten aus dem tschechischen Exil

Die Fakten:

Das Münchener Abkommen sah drei Etappen des Rückzuges der tschechischen Einflusssphäre vor. Am 1. Oktober 1938 begann die Besetzung der so gut wie rein deutschen Gebiete der ČSR etappenweise bis zum 7. Oktober. Die restlichen Gebiete mit vornehmlich deutscher Bevölkerung wurden vom internationalen Ausschuss unter tschechischer Beteiligung festgelegt und bis zum 10. Oktober besetzt. Der internationale Ausschuss sollte dann die Gebiete festlegen, in denen eine Volksabstimmung für den Verbleib oder das Ausscheiden aus der ČSR durchgeführt werden sollte und der dann eine endgültige Grenzziehung vorzunehmen hätte. Einerseits nahm also ein Diktat das mit Sicherheit zu erwartende Ergebnis einer Volksabstimmung vorweg. Dies war in den rein deutschen Gebieten der Fall. Andererseits sah das Abkommen eine als demokratisch anzusehende Volksabstimmung im gemischtsprachigen Gebieten vor.

Dass dann der internationale Ausschuss unter tschechischer Beteiligung nach Prüfung der ethnischen Verhältnisse und einer Konsensfindung über den endgültigen Grenzverlauf auf die partiellen Volksabstimmungen verzichtete, schmälert nicht den ursprünglichen Willen zu einer demokratischen Lösung der Grenzprobleme.

Die Kombinationen:
All dies hätte jedoch leicht vermieden werden können, wenn die tschechischen Politiker nicht diktatorisch darauf beharrt hätten, aus nationalistischer Verblendung einen selbst geschaffenen defacto Nationalitätenstaat als tschechisches »Eigentum« anzusehen, diesen Staat als »Nationalstaat« der Tschechoslowaken zu deklarieren und dessen Macht als ethnisches **Kampfinstrument** hauptsächlich gegen 3 1/2 Millionen in den Staat gezwungener deutscher Mitbürger in ihrer Gesamtheit zu missbrauchen!

Diese trotz alledem friedlichen Bürger haben nicht **gegen den Staat sondern für die Gewährung ihrer Rechte innerhalb des Staates** gekämpft. Auch in ihrer oft unsäglichen Not wäre niemals jemandem von ihnen eingefallen, einen Krieg als **Befreiung** aus ihrer Misere herbeizusehnen.

Solch eine Denkungsart blieb Herrn Dr. Beneš vorbehalten. Statt den Sudetendeutschen den versprochenen Minderheitenschutz zu gewähren, betrieb er eine rücksichtslose »Entgermanisierung«. Und nach der von Dr. Beneš herbeigeführten Internationalisierung des sudetendeutsch-tschechischen Konfliktes versuchte er, statt eine Autonomie zu gewähren, einen Krieg herbeizuführen. Diesen Plan haben England und Frankreich jedoch vorerst durchkreuzt.

Der von den Sudetendeutschen angestrebte Weg einer Autonomielösung zur rechten Zeit – solange sie ihr Schicksal noch selbst in der Hand hatten – wurde von Dr. Beneš strikt abgelehnt. Nur dieser Weg aber hätte den Fortbestand der Tschechoslowakischen Republik gesichert.

Neue – ewig alte – Pläne des Herrn Dr. Beneš

Der abgedankte Präsident der ČSR, Dr. Beneš und sein Gefährte Dr. Hubert Ripka dachten nicht im entferntesten daran, die Ergebnisse von »München« zu akzeptieren und dafür Dankbar zu sein, dass es den Franzosen, Engländern und Italienern gelungen war, eine den Krieg vermeidende Lösung zu finden.

Stattdessen diskutierten beide Herren »ernsthaft« über die Entfernung eines Teiles der Sudetendeutschen aus ihrer Heimat, die sie allerdings erst »nach einem Krieg für durchführbar hielten!«

Im Dezember 1938 sahen also Dr. Beneš und Dr. Ripka einem Krieg hoffnungsvoll entgegen

Einen Krieg als einzige Möglichkeit zur Vertreibung der Deutschen als Rache für die Errichtung des Protektorates?
Dieses war ja noch gar nicht errichtet!
Einen Krieg zur Vertreibung wegen der Gräuel von Lidice?
Dieses Unglück wird erst in dreieinhalb Jahren geschehen!

Es bedurfte demnach erst gar nicht dieser kommenden Ereignisse zur Motivation für die Vertreibung der deutschen Mitbürger. Diese Ereignisse wurden nur später als plausible Pseudo-Rechtfertigung des »neuen Planes« von Dr. Beneš zur Vollendung der »ethnischen Säuberung« beziehungsweise der »Entgermanisierung« der deutschen Gebiete herangezogen. Kurz:
Eines Verbrechens gegen die Menschlichkeit.

Die Ereignisse des Jahreswechsels 1938 / 1939
Der Amtswechsel der Staatspräsidentschaft in der ČSR – C-SR

Eingeleitet wurden die späteren Ereignisse des Jahres 1939 bereits im Oktober 1938. Wir entnehmen den Ausführungen der Professoren Kimminich und Raschhofer im Buch »Die Sudetendeutsche Frage« hiezu folgende Auszüge:

»Am 5. Oktober 1938 hielt der bis dahin amtierende Staatspräsident Dr. Beneš über den Prager Rundfunk eine Rede. Er sprach darin über die Zukunft des tschechoslowakischen Staates in seinen Grenzen nach dem Münchener Abkommen und stellte ihm dabei eine durchaus optimistische Prognose. Jetzt sei er seiner nationalen Schwierigkeiten enthoben und besitze eine solide Grundlage für seine weitere Entwicklung. In dieser Rede kündigte er auch seine Rücktrittsabsicht an.... Er führte ausführlich aus, ... dass er darüber mit den verfassungsmäßigen Organen... beraten habe und betonte schließlich, dass dieser Entschluss freiwillig und auf Grund tiefer persönlicher Überzeugung (»librement et de ma profonde conviction«) erfolgt sei ...

Dass sind so klare Tatsachen, dass über die Rechtslage kein Zweifel obwalten kann. Trotzdem hat Dr. Beneš hinterher das genaue Gegenteil behauptet – so z.B. bei der Eröffnung des Prager Parlaments 1946 und gesagt, dass er nur auf deutschen Druck hin resigniert hätte. Hier ist nicht der Ort, diese Methode näher zu kennzeichnen. Auch W. Jaksch hat in seiner wiederholt angeführten Schrift mehrfach die Unterschlagung gewisser Dokumente durch Dr. Beneš zum Zweck der Entstellung politischer Zusammenhänge nachgewiesen.«

Es dauerte bis zum 30. November 1938, ehe der rechtmäßige Nachfolger des abgedankten Präsidenten Dr. E. Beneš sein schweres Amt antreten konnte. Es war dies der bisherige Präsident des obersten Verwaltungsgerichtes, der 66-jährige Dr. Emil Hácha. Zu seinem Amtsantritt beehrte ihn Herr Dr. Beneš mit einem Schreiben vom 30. November 1938 mit folgendem Wortlaut:

> Auszug:
>
> »**Herr Präsident**, ich weiß genau, welch schwerer Aufgabe Sie sich **als Präsident der Republik** gegenübersehen und wünsche daher der Republik wie auch Ihnen persönlich, dass Ihre heutige Wahl in dieser schweren Zeit voll auch zum Guten gereichen möge ... Mit dem Ausdruck aufrichtiger Verehrung. Dr. Edvard Beneš.”

Die hier bezeugte Verehrung erlosch offensichtlich, denn im Jahre 1945 ließ es Herr Dr. Beneš zu, dass sein Amtsnachfolger Dr. Hácha im berüchtigten Gefängnis Pankraz zu Tode misshandelt wurde, ohne dessen Rettung durchzusetzen.

Dr. E. Beneš' »Transfer«

Herr Dr. Beneš muss nicht ins Ausland flüchten. Kein Angehöriger einer »fünften Kolonne« trachtete ihm aus Rache für viele hunderte Todesopfer und tausende vernichtete Existenzen nach dem Leben. Er übersiedelte in einem geregelten Transfer mit über 10 Eisenbahnwaggons Fracht und nach Transfer seines viele Millionen Kronen betragenden Barvermögens ins Ausland.
Er wurde Universitätslehrer in den USA und begab sich später nach England, um dort die tschechoslowakische Exilregierung zu leiten und um seinen unterbrochenen **Kampf gegen die Sudetendeutschen fortzusetzen**. Mit Unterstützung von Geldern – einer horrenden Summe – die ihm Dr. Hácha in den ersten Tagen seiner Amtstätigkeit aus dem tschechischen Staatsschatz nach England überweisen ließ.

Dr. Háchas undankbare Aufgabe

Herrn Dr. Emil Hácha hingegen traf die volle Wucht eines schweren Schicksals. Wie war die Republik, zu deren Präsident er am 30.11.1938 gewählt wurde, beschaffen?
Die Staatsform war die einer demokratischen Republik. Die Vielzahl der ursprünglichen Parteien bestand weiterhin. Die Länder Slowakei und Karpato-Ukraine erhielten Autonomie, der Staat hieß nunmehr »Tschecho-Slowakei« mit Bindestrich. Zwischen Prag und der slowakischen Regierung unter

Ministerpräsident Tiso, einem katholischen Prälaten, war es bereits im Dezember 1938 zu Spannungen gekommen.

Konflikte entstehen

Am 2. 3. 1939 forderte Ministerpräsident Beran von seinem slowakischen Amtskollegen Tiso unter anderem eine Loyalitätserklärung zur tschecho-slowakischen Staatsidee, weiters die Beendigung der eingeleiteten Bewaffnung einer slowakischen Parteiarmee und den Verbleib tschechischer Offiziere in der Slowakei. Die Pressburger Regierung lehnte ab, diese Forderungen zu erfüllen und wurde deshalb am 10. 3. von Prag für abgesetzt erklärt. Gleichzeitig begannen tschechische Armeeeinheiten damit, die Slowakei zu besetzen. Ein Konflikt war entbrannt. Mit der Slowakei.
Im östlichen Teil der Tschecho-Slowakei, der Karpato-Ukraine, war ebenfalls eine autonome Regierung in Auseinandersetzungen mit Prag verwickelt. Ein weiterer Kampf war entbrannt. Mit der Karpato-Ukraine.

Begehrlichkeiten

In dieser Zeit meldeten sich sowohl Polen als auch Ungarn als Interessenten für eine Teil- oder Vollintegration der Slowakei und der Karpato-Ukraine in ihre Staaten an. Polen befand, dass die slowakische Sprache eigentlich ein Dialekt des Polnischen wäre, was für eine Vereinigung dieser beiden Länder sprechen würde. Und Ungarn alleine hatte schon im November 1938 die Absicht, ohne Rücksicht auf die Folgen, die Karpato-Ukraine militärisch zu besetzen.

Deutschland als Schutzherr

Daraus ergab sich die heute paradox anmutende Situation, dass Deutschland als Schutzherr vorerst der Tschecho-Slowakei und später für die Slowakei auftrat. Für die Tschechoslowakei, da es den Aufteilungsplänen der Polen und Ungarn für die Slowakei vorerst wirkungsvoll entgegentrat, andererseits weil es später die Bildung eines eigenen slowakischen Staates unter Druck herbeiführte und somit die Slowakei der ungarischen Begehrlichkeit entzog.

Zerfall der Tschechoslowakischen Republik
Keine Zerschlagung!

Der Abfall der Karpato-Ukraine
Unerfüllt ließ Deutschland lediglich den Wunsch der Karpato-Ukraine, sich – um der militärischen Besetzung durch Ungarn zu entgehen – unter deutsche

Schutzherrschaft zu stellen. Die autonome Regierung erklärte am 13.3.1939 ihre Region als unabhängig, **womit die Karpato-Ukraine aus dem tschecho-slowakischen Staatsverband ausschied.**

Eine Annexion der Karpato-Ukraine durch Ungarn wurde von Polen bereits seit Jänner 1919 gewünscht. Es wurde eine Interessentrennung angestrebt: Ungarn erhält die Karpato-Ukraine, Polen die Slowakei. Am 13. 4.1939 fanden in der Karpato-Ukraine anlässlich der Besetzung durch ungarische Truppen Kämpfe statt.

Der Abfall der Slowakei

Am 17. Oktober 1938 plädierte der spätere slowakische Minister Durcansky bei Göring für eine selbstständige Slowakei unter Anlehnung an Deutschland. *(ADAP Nr. 68 Quelle: »Die sudetendeutsche Frage«)*

Am 19. Oktober 1938 erklärte auch der slowakische Ministerpräsident Tiso vor Ribbentrop, dass die Slowaken den Wunsch nach nationaler Selbstständigkeit hätten. *(ADAP Nr. 72 Quelle: »Die sudetendeutsche Frage«)*

Nach langen Beratungen Tisos mit Hitler über den Status der Slowakei erklärte Hitler, dass Deutschland Klarheit darüber haben wolle, ob die Slowaken ein Eigenleben führen wollten oder nicht. Deutschland hätte keine Interessen östlich der Karpaten. Er möchte endgültig bestätigt bekommen, was die Slowaken eigentlich wollten. Er würde nicht sein Volk ... für etwas einsetzen, was von dem slowakischen Volk gar nicht gewollt sei. Andererseits, wenn sich die Slowakei selbstständig machen wollte, würde er dieses Bestreben unterstützen und sogar garantieren.

Falls die Slowakei dieses Angebot nicht annehmen sollte, »überlasse er die Slowakei ihrem Schicksal«. Das hätte die Annexion der Slowakei durch Polen oder Ungarn bedeutet.

Tiso kehrte nach Pressburg zurück und berichtete nach Beratungen mit slowakischen Stellen am 14. März 1939 im slowakischen Landtag über seine Gespräche mit Hitler. Der Landtagspräsident legte sodann dem Landtag die Frage vor, ob er für einen selbstständigen slowakischen Staat sei. Diese Frage wurde durch Erheben der Abgeordneten von den Sitzen einstimmig bejaht.

Der Landtag beschloss daraufhin, gleichfalls mit Stimmeneinheit, das folgende Gesetz:

§ 1. Das Land Slowakei erklärt sich zum selbständigen und unabhängigen slowakischen Staat. Der Landtag des Landes Slowakei wird in das gesetzgebende Parlament des slowakischen Staates umgewandelt.

> § 2. Bis zum Erlass der Verfassung des slowakischen Staates liegt die gesamte Regierungs- und Exekutivgewalt in den Händen der Regierung, die das Parlamentspräsidium ernennt.
>
> § 3. Alle bisherigen Gesetze, Verordnungen und Maßnahmen bleiben mit den Veränderungen in Kraft, die sich aus der Tatsache der Selbstständigkeit des slowakischen Staates ergeben.
>
> § 4. Die Regierung wird ermächtigt, im Verordnungswege alles zu tun, was in der Übergangszeit zur Erhaltung der Ordnung und zur Sicherung der Interessen des slowakischen Staates nötig ist.
>
> § 5. Dieses Gesetz tritt heute (Anm. 14.3.1939) in Kraft und wird von der gesamten Regierung durchgeführt.

Lord Chamberlain sah unter Bezugnahme auf die slowakische Unabhängigkeitserklärung die damalige Lage so:

»**Diese Erklärung setzte durch internen Zerfall jenem Staate ein Ende**, dessen Grenzen »wir zu garantieren vorgeschlagen hatten, und die Regierung Ihrer Majestät fühlt sich demzufolge nicht mehr durch diese Obligation gebunden.«

Die Slowakei wurde zu einem völkerrechtlich unabhängigen Staat, der sofort von vielen europäischen Staaten anerkannt wurde. Hier ein Auszug aus der deutschen Stellungnahme zur slowakischen Unabhängigkeitserklärung vom 14. März 1939:

Auszug:

»Das Deutsche Reich übernimmt den Schutz der politischen Unabhängigkeit der Slowakei und der Integrität seines Staatsgebietes.

Der deutsch-slowakische Staatsvertrag vom 21. November 1939 regelt zusätzlich die Wiedereingliederung der der Slowakei durch den ehemaligen polnischen Staat 1920, 1923 und 1938 entrissenen Gebiete.«

Die Slowakei besaß eine eigene Wehrmacht. Deutsches Militär war vertragsgemäß nur in Gebieten der »Weißen Karpaten« stationiert. Erst 1944 wurde die Slowakei im Kriege einem deutschen Militärbefehlshaber unterstellt.

Präsident Háchas Entscheidung

Nach diesem Zerfall der Tschechoslowakischen Republik reiste Präsident Hácha (Staatsoberhaupt 1938-1945) in Begleitung des Außenministers Chvalkovsky auf Anraten des britischen Gesandten in Prag sofort am Abend des 14. 3. 1939 nach Berlin und führte am 15. 3. von 1 Uhr bis 4 Uhr früh Gespräche mit A. Hitler, Göring und anderen Mitgliedern der Reichsführung. In den, an Dramatik kaum zu überbietender Weise einseitig geführten Gesprächen, wurden die Herren Hácha und Chvalkovsky mit der ultimativ vorgetragenen Tatsache konfrontiert, dass deutsche Truppen bereits in Mährisch-Ostrau einmarschierten und dass um 6 Uhr früh die militärische Besetzung Böhmens und Mährens beginnen würde. Vor die Wahl gestellt, die tschechischen Trup-

Präsident Hácha

pen keinen Widerstand leisten zu lassen oder Kampfhandlungen zu riskieren wählte Dr. Hácha, an der Grenze seiner physischen Belastbarkeit – nach einem Schwächeanfall, – die friedliche Lösung.

Ergänzt man diese Schilderung durch die Darstellung der Ereignisse durch den Diplomaten Paul Schmidt, eines glaubwürdigen Augenzeugen, so erscheint folgendes Bild: Es gab keine wirklichen Verhandlungen. Schmidt betont aber auch nachdrücklich, es sei nicht zu jenen turbulenten Szenen gekommen, von denen Auslandspresse und Botschafterberichte geschrieben haben. Er selbst hat damals schon Überlegungen angestellt, welche Darstellung Háchas Schwächeanfall in der Welt erfahren würde. Schmidt hat mit seinen Bedenken recht behalten.

Dem bereits erwähnten Buch »Die Sudetendeutsche Frage« entnehmen wir die Zusammenfassung des rechtlich bedeutsamen Kerns dieser Vorgänge:

a) Feststellungen von Seiten Hitlers

1. Hitler teilt Hácha seinen bereits gegebenen Befehl an die deutsche Wehrmacht mit, am nächsten Tag in die Tschechoslowakei einzumarschieren und sie dem Deutschen Reich anzugliedern.
2. Er teilt ihm gleichzeitig die bedingte Absicht mit, den Tschechen volle Autonomie und nationales Eigenleben (in größerem Umfang als in der österreichischen Zeit) zu geben.
3. Die Verwirklichung dieser Absicht soll von der psychologischen Lage nach der Einverleibung abhängen, für die wiederum wesentlich sein soll, ob sie ohne Widerstand oder nach Blutvergießen stattfindet.
4. Hitler unterstreicht, dass es sich um unwiderrufliche Entschlüsse handle.

b) Feststellungen auf Seiten Háchas

1. Hácha stellt fest, dass angesichts dieser Sachlage ein Widerstand sinnlos sei. Eine Frage, ob der Einmarsch der deutschen Wehrmacht nur der Entwaffnung der tschechischen Truppen diene und ob diese nicht auf andere Weise durchgeführt werden könne, führt zur Bekräftigung der Absichten Hitlers.

2. Hácha wusste bereits um den Beginn des Einmarsches im Raume Mährisch-Ostrau – Witkowitz.

3. Hácha verteidigt den Anspruch des tschechischen Volkes auf ein nationales Leben. Hitler erklärt, dass keine Entnationalisierung geplant sei.

4. Hácha bezeichnet diese Erklärung Hitlers als für ihn von überragender Wichtigkeit.

Ergänzt man diese Punkte durch die Darstellung Schmidts, so erscheint folgendes Bild:

Es gab keine wirklichen Verhandlungen. Das tschechoslowakische Staatsoberhaupt wurde von Hitler vor die Absicht der militärischen Invasion seines Landes durch die deutsche Wehrmacht und seiner Einverleibung in das Deutsche Reich gestellt.

In nüchterner diplomatisch stilisierter Wortfindung lautet dann die Meldung über den schicksalhaften Hergang des letzten Aktes der tschechoslowakischen Republik folgendermaßen:

»Der Führer und Reichskanzler hat heute (15. 3. 1939) in Gegenwart des Reichsministers des Auswärtigen von Ribbentrop den tschechischen Staatspräsidenten Emil Hácha (1872 – 1945) und den tschechischen Außenminister Franz Chvalkovsky auf deren Wunsch in Berlin empfangen. Bei der Zusammenkunft ist die durch die Vorgänge der letzten Wochen auf dem bisherigen tschechoslowakischem Staatsgebiet entstandene ernste Lage einer Prüfung unterzogen worden. Auf beiden Seiten ist die Überzeugung zum Ausdruck gebracht worden, dass das Ziel aller Bemühungen die Sicherung von Ruhe, Ordnung und Frieden in diesem Teil Mitteleuropas sein müsse. Der tschechische Staatspräsident hat erklärt, dass er, um eine endgültige Befriedung zu erreichen, das Schicksal des tschechischen Volkes und Landes vertrauensvoll in die Hände des Führers des Deutschen Reiches legt. Der Führer hat diese Erklärung angenommen und seinem Entschlusse Ausdruck gegeben, dass er das tschechische Volk unter den Schutz des Deutschen Reiches nehmen und ihm eine seiner Eigenart gemäße autonome Entwicklung seines völkischen Lebens gewährleisten wird.«

Als Konsequenz daraus entsteht:

Das »Reichsprotektorat Böhmen und Mähren«

Über die Errichtung des Reichsprotektorates Böhmen und Mähren wurde eine offizielle Meldung veröffentlicht:

> »16. 3. 1939: Das Protektorat Böhmen und Mähren wird an diesem Tage errichtet. Es setzt sich aus den Ländern Böhmen und Mähren zusammen und bildet einen Bestandteil des Großdeutschen Reiches. Die deutschen Bewohner des Protektorats besitzen die deutsche Staatsangehörigkeit. Das Protektorat ist autonom und verwaltet sich selbst. Die Hoheitsrechte werden durch eigene Organe und eigene Behörden mit eigenen Beamten wahrgenommen. Das Oberhaupt der autonomen Verwaltung genießt den Schutz und die Ehrenrechte eines Staatsoberhauptes. Der Vertreter des Führers in dessen Eigenschaft als Staatsoberhaupt ist der »Reichsprotektor in Böhmen und Mähren«. Dagegen werden die die Wahrung der Reichsinteressen im Protektorat umfassenden Regierungsgeschäfte vom »Deutschen Staatsminister in Böhmen und Mähren« wahrgenommen (1944). Die auswärtigen Angelegenheiten des Protektorats nimmt das Reich wahr. Das Protektorat gehört zum Reichszollgebiet.«
>
> *Quelle: Gothaisches Jahrbuch, 1944, S. 51*

Dazu ist erwähnenswert, dass das Protektorat vom Sudetenland durch eine Passgrenze und bis zum 1. 10. 1940 auch durch eine Zollgrenze getrennt war. Die genaue Grenzziehung kann man der hier abgedruckte Karte von Böhmen und Mähren entnehmen.

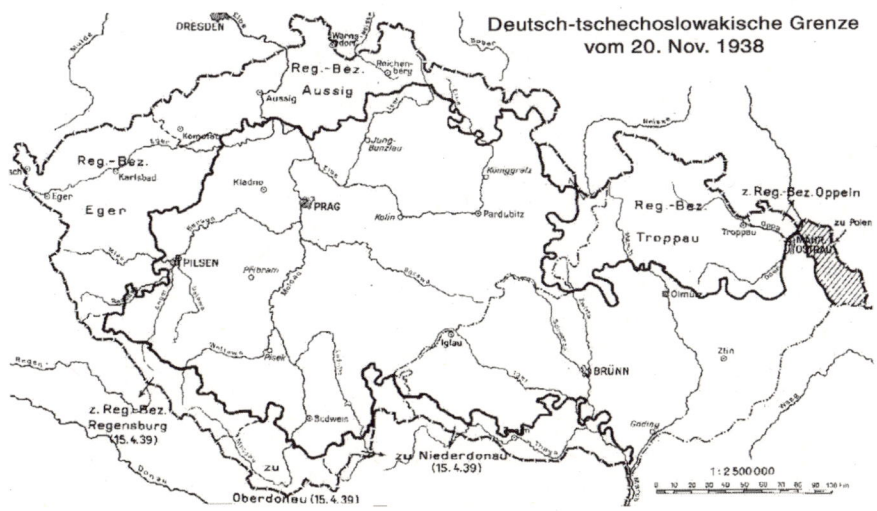

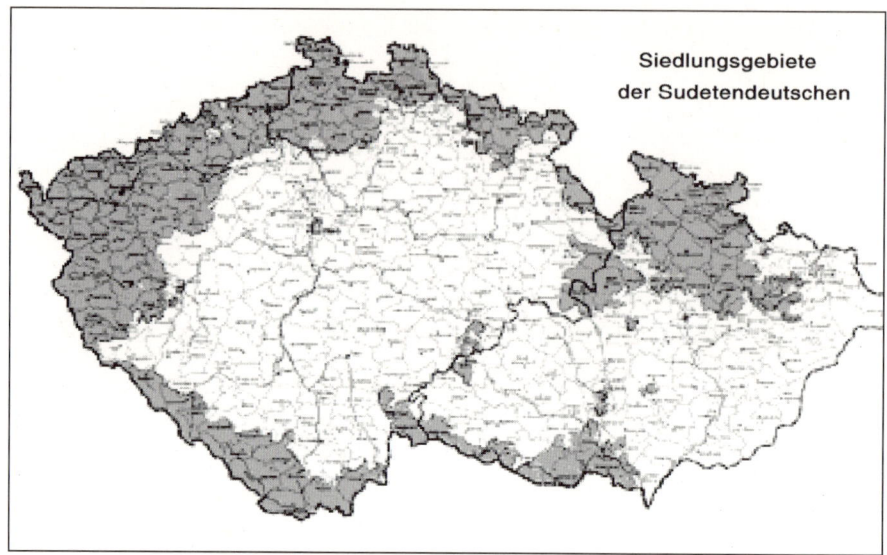

Siedlungsgebiete
der Sudetendeutschen

Zum Vergleich der im Jahre 1935 ermittelten böhmischen und mährischen Siedlungsgebiete mit mehrheitlich deutscher Bevölkerung.

Das Schicksal der in der ČSR verbliebenen Deutschen

In der Tschechoslowakei verblieben in den Orten mit weniger als 50% deutschem Bevölkerungsanteil an die 480.000 Deutsche, deren Schicksal in den wenigen Monaten der Existenz dieses Staates durch seine innerpolitischen Ereignisse als nicht endgültig geregelt angesehen werden konnte.

Rückblick

Es war kein schöner Weg, die Zeit von 1918 – 1938.
Die Hoffnung der Sudetendeutschen, dass die Tschechen eine »zweite Schweiz« gründen würden, wurde auf das Bitterste enttäuscht. Stattdessen wurde von Staat und Politik der Tschechen das krasse Gegenteil einer Schweizer Staatsidee praktiziert. Konsequente »Entgermanisierung« und »ethnische Säuberung« waren die Parolen des Alltages im tschechischen Nationalstaat. Verzweiflung, Hunger, Elend, Zensur, Überwachung waren stets Begleiter für einen großen Teil der Deutschen in der ČSR. Alle Anstrengungen eine Verbesserung ihrer Situation innerhalb des Staates zu erreichen, blieben durch tschechische Aggressivität und Intoleranz ergebnislos. Die Loslösung der deutschen Siedlungsgebiete von der ČSR auf Initiative Englands und Frankreichs, löste auch bei den anderen Staatsvölkern einen neuen Impuls für den seit langem bestehenden Wunsch zur Lostrennung vom tschechischen Nationalstaat aus.

Tschechischer Nationalismus mit blindem Chauvinismus gepaart musste zur Zerstörung des »Tschechoslowakischen« Staates führen. Es ist absurd, die Schuldigen für dieses Unglück, dass auch vom Sudetendeutschen Standpunkt aus als Unglück angesehen werden muss, bei allen anderen Staatsnationen zu suchen und nicht bei dem Verursacher. Statt beim Täter – bei den Opfern!

Dass man sich zu dieser Erkenntnis von tschechischer Seite schon damals nicht und nicht durchringen konnte, führte in den Folgejahren zu noch weit größerem Unglück: Zur internationalen Vorbereitung des Krieges gegen Deutschland.
Zur tschechischen Vorbereitung der Vertreibung der deutschen Bevölkerung während des Krieges.

Und zu Kriegsende im Jahre 1945: Zur brutalen Vertreibung, zur teilweisen unmenschlichen Vernichtung und zur totalen Beraubung aller Deutschen, zur Begehung des Verbrechens des Völkermordes an den Sudetendeutschen.

| Kapitel 16

Kriegszeiten
Die »Endlösungs« –
Pläne des Dr. Beneš

Das Vorspiel zu Dr. Beneš »Endlösungs« – Plänen

In den Tagen des Mai, Juni und Juli des Jahres 1945, noch kurz vor und dann nach dem Ende des 2. Weltkrieges, begannen sich die Pläne des ersten Präsidenten der Tschechoslowakischen Republik, Prof. Dr. T. G. Masaryk, anlässlich deren Gründung im Jahre 1918 über die »Entgermanisierung« des neuen Staates endlich zu erfüllen.

Die unter Lug und Trug damals bei den Siegermächten der Entente erreichte zwangsweise Miteinbeziehung von 3 1/2 Millionen Sudetendeutscher mit ihren Siedlungsgebieten – demnach von einem Drittel der Gesamtbevölkerung Böhmens, Mährens und Österreichisch Schlesiens – in ein »tschechoslowakisches Staatsgebiet« sollte nur dazu dienen, die Reichtümer dieser Gebiete zu kontrollieren, um sie dann später durch eine »ethnische Säuberung« in tschechische Hände gelangen zu lassen.

Daran arbeitete dann Prof. Masaryks Nachfolger, Dr. E. Beneš – wie er es selbst sagte – »hart«, weiter. 20 Jahre lang, systematisch und brutal, bis die Siegermächte 1938 gegen dieses Treiben einschritten und von den Tschechen die Abtretung der überwiegend deutschen Gebiete forderten und gemeinsam mit Italien und Deutschland die neuen Grenzen der ČSR im »Münchener Abkommen« festlegten. Diese »friedliche Lösung« wurde jedoch von Masaryks Nachfolger, von Dr. E. Beneš nicht akzeptiert. Er und seine Mithelfer sehnten einen Krieg herbei, **um nicht nur die deutschen Gebiete behalten, sondern auch die Deutschen vertreiben zu können.**

Der Zweite Weltkrieg

Am 1. September 1939 trat endlich das Ereignis ein, auf welches man im Ausland schon lange gewartet hatte und das Dr. E. Beneš mit seinem »Stab« zur Durchsetzung seiner »Säuberung« der böhmischen und mährischen Heimatgebiete von Deutschen innigst erhofft hatte. Wie bravourös ihm dies gelang, werden die grausamen Schlusskapitel dieses Buches aufzeigen.

Es begann der 2. Weltkrieg mit dem »Polenfeldzug«. Einige Wochen Krieg an der nördlichen Grenze des Protektorates brachten diesem Land keinen Schaden, ebenso nicht die weiteren Kriegsereignisse im Westen und Norden Europas. Selbst der Krieg mit der Union der sozialistischen Sowjetrepubliken brachte außer vermehrten Truppentransporten durch das Protektorat keine Störung des friedlichen Lebensalltages bis zum Jahre 1944 in Böhmen und Mähren. Soweit die militärische Situation.

Das Kriegsleben im Protektorat

Innenpolitisch sah es leider anders aus. Nicht in der Zivilverwaltung, aber in der politischen und polizeilichen Aufsicht, im Einfluss der deutschen Geheimen-Staatspolizei, der Gestapo. Politische Willkür brachte tausenden Menschen Todesurteile oder Einweisungen in Gefängnisse oder in Konzentrationslager.

Wer auch immer, **Deutsche oder Tschechen**, durch sein Verhalten gegen die diktatorischen Zivil- und Kriegsgesetze verstieß, wurde ohne Rücksicht auf Volkszugehörigkeit, auf Person oder Stand, von der Gestapo verfolgt. Alle anderen Menschen wurden in Ruhe gelassen.

Wir entnehmen dem Nachdruck der Zeitschrift »Informationen zur politischen Bildung« Nr. 132/1993, S 23, die folgende Passage:
»Die Lage der Tschechen auf dem nationalen Gebiet in den Jahren 1939 – 1945 war zusammenfassend gesehen dadurch gekennzeichnet, dass bei Befolgen der zahlreichen, oft freilich sehr weitgehenden Gebote der deutschen Besatzung und bei politischer Abstinenz nur geringe persönliche Gefahr für Leib und Leben bestand. Als Ausnahme ist vor allem die Zeit des Heydrich-Attentats hervorzuheben.«

Beneš und das Attentat auf Heydrich

Es war dies ein Attentat, das Parallelen zur Ermordung des österreichischen Thronfolgers Franz Ferdinand und dessen Gattin Sophie im Jahre 1914 erkennen lässt. Auch Heydrich fuhr im offenen Kraftwagen, da er sich nicht von tschechischen Bürgern bedroht fühlte, als er durch heimtückische Attentäter tödlich verwundet wurde.

Bemerkenswert dabei ist, dass diese **Mörder** in England **gedungen** wurden, jedoch nicht von Engländern sondern von **Dr. Edvard Beneš**.
Franz Ferdinand war wegen seiner – vielleicht den Bestand der Monarchie

gewährleistenden – Reformpläne von denjenigen Kräften gefürchtet und zur Zielscheibe erklärt worden, die auf jeden Fall die Monarchie durch Krieg zerstören wollten. Ähnlich sind, wenn auch nur auf regionaler Ebene, die Ursachen des Attentats auf Heydrich einzuschätzen. Heydrich begann durch soziale Reformen den tschechischen Arbeitern Erleichterungen zu schaffen, was zur allgemeinen Beruhigung der politischen Situation im Protektorat beitrug. Das jedoch störte Herrn Dr. Beneš im Exil, denn nach den ersten empörten Reaktionen der Siegermächte (von 1918) über die Errichtung des Protektorates entstand durch die Ruhe im Protektorat der Eindruck, dass sich die Tschechen mit ihrer Situation abgefunden hätten. Und dies nicht zuletzt aus der tiefen Enttäuschung und teilweisen Erbitterung über Dr. Beneš Verhalten 1938. Seine Ansehen im tschechischen Volk und sein Einfluss im englischen Exil schwanden.

Lidice und seine Folgen

Herbert Christ beschreibt die Situation in seinem Buch »Beneš und der Völkermord an den Sudetendeutschen« folgendermaßen:
»Um seinen Einfluss zu stärken und um sich durchsetzen zu können betrieb Beneš gegen die Warnung des tschechischen Untergrundes im Protektorat die Attentatspläne gegen den stellvertretenden Reichsprotektor Reinhard Heydrich. Die mittels Fallschirmen abgesetzten Attentäter waren am 27. Mai 1942 erfolgreich. Die Vergeltungsmaßnahmen – von Beneš eiskalt einkalkuliert – kosteten mehr als 5.000 tschechischen Bürgern das Leben. Die ganze Welt kennt seitdem die Namen Lidice und Lezaky.

Jan Masaryk, der Außenminister der tschechoslowakischen Exilregierung, äußerte später: »Ich war zur Zeit von Lidice in den USA und kam mit unserer Propaganda nicht weiter, nachdem ich alle gegebenen Möglichkeiten ausgeschöpft hatte. **Dann kam Lidice, und für mich begann ein neues Leben.** Die Tschechoslowakei wurde wieder auf die Landkarte gesetzt, und **von nun an hatten wir es leicht.**« Die von Beneš kalkulierten Folgen des Attentates waren eingetreten.

Deutschlands Nachkriegspläne für das tschechische Volk
Göring – Hitler – Bormann – Frank

Görings sensationeller Plan
Auszug:
Hermann Göring als designierter Nachfolger Hitlers, äußerte am 3. 10. 1939 zum US-Sonderbotschafter Davis:

»Neue tschechoslowakische Regierung möglich ... Sie können (dem US-Präsidenten) Herrn Roosevelt versichern, dass wenn er vermitteln *) will, Deutschland einer Anpassung zustimmen wird, wodurch ein neuer politischer Staat und eine neue unabhängige tschechoslowakische Regierung entstehen wird ...«

*Anm.: *) Gemeint ist eine Vermittlung im Zweiten Weltkrieg, der am 1. Sept. 1939 begonnen hatte.*
Quelle: Tansill, Charles C.: »Back Door to War« ; Chicago, 1952

Den »Informationen zur politischen Bildung« Heft 132 aus 1969 entnehmen wir folgende Texte:

Hitlers versöhnliche Töne

Aus Aufzeichnungen von Hitlers »Tischgesprächen« vom 13. 1. bis 4. 7. 1942 ist »fast eine Art von Respekt für die Tschechen herauszulesen. Er schätzte anscheinend ihren Arbeitswillen, ihre nationale Disziplin und ihr Organisationsvermögen....
Hitlers Achtung vor tschechischer Leistung und Haltung stand offensichtlich ahnungsvolle Sorge vor den möglichen Auswirkungen dieser Qualitäten im politischen Bereich gegenüber. Daraus ergab sich eine praktische Politik, die mit »Zuckerbrot und Peitsche« zu charakterisieren ist: Am 20. 5. 1942 formuliert er als »offensichtliche Reichspolitik« in der tschechischen Frage, »erstens den Raum von allen gefährlichen Elementen zu säubern und dann die Tschechen mit freundlichem Wohlwollen zu behandeln.«

Bormanns Beruhigung (nach Lidice 1942):

Bormann-Anweisung: »Im Auftrag des Führers weise ich darauf hin, dass jede Diskutierung der Tschechenfrage in Parteiversammlungen oder auch in der Öffentlichkeit zu unterbleiben hat. Ebenso unterbleibt jede Erörterung der Tschechenfrage in der Presse.«

Franks sensationelle Aussagen:
Keine Vertreibung der Tschechen!

Karl Hermann Frank hielt 1944 eine Rede, in der er klar aussprach:
»Die totale Aussiedlung von 7,2 Millionen Tschechen halte ich für undurchführbar,

– weil kein geeigneter Raum vorhanden ist, wo sie neu angesiedelt werden können,

– weil keine deutschen Menschen vorhanden sind, die den leergewordenen Raum in Kürze füllen können,

– weil das hochzivilisierte, wirtschaftlich und verkehrstechnisch hochempfindliche Herzland Europas keine Störung seiner Funktion und kein Vakuum verträgt,

– weil Menschen auf Jahrzehnte hinaus Reichskapital sind und wir im neuen Reich die Arbeitskraft von 7 Millionen Tschechen nicht entbehren können,

– weil die Schockwirkung einer solchen Evakuierung auf andere Völker politisch unerwünscht ist.«

Der Kampf der sudetendeutschen Sozialdemokraten im Exil um eine Nachkriegslösung ohne Vertreibung

Die billigste, allerdings auch die niedrigste und verwerflichste Methode von Tätern zur Beschönigung und zur Entschuldigung ihres Verbrechens ist, ihre Opfer öffentlich herabzuwürdigen. Es ist dies seit jeher ein probates Mittel und verspricht immer, auch bei geringem Einsatz von Intelligenz, einen – wenn auch schändlichen – Erfolg.

Dieses Mittel versuchen ewig gestrige – rassistisch radikale – tschechische Politiker und ihre Anhänger auch heute noch anzuwenden, um sich den Konsequenzen des Völkermordes an den Sudetendeutschen vollkommen zu entziehen, indem sie auch heute noch gegen ihr besseres Wissen behaupten, die 3,5 Millionen Deutschen seien sowieso »nur Nationalsozialisten« gewesen.

Solch eine perfide Verniedlichung des Massenmordes ist außerdem blanker Unsinn. Die Sudetendeutsche Partei kann nur aus Unkenntnis oder Böswilligkeit als nationalsozialistisch bezeichnet werden, indem man es verabsäumt, die **unterschiedlichen Parteiprogramme** zu vergleichen. Und das politische Bekenntnis der Sudetendeutschen nach 1938 hatte für Tschechien keinerlei Bedeutung mehr.

Diese Lüge kommt jedoch vielerorts sehr gut an und weckt in manchen Kreisen sogar eine gewisse Sympathie für die Mörder, Räuber und Vertreiber, was man leider immer wieder beobachten und erfahren muss.

Dass die größte sudetendeutsche politische Gruppe, die Sozialdemokraten, auch im Exil um eine humane Lösung des Nationalitätenproblems nach dem Kriege ernstlich und unermüdlich bemüht – aber durch tschechischen blinden Rassismus erfolglos – war, soll hier dokumentiert werden.

Denkschriften und Erklärungen sudetendeutscher Sozialdemokraten im Exil zwischen 1938 und 1943 Die Stellung der Sudetengebiete nach dem Krieg

Auszug:

Denkschrift vom 18.10.1938 aus dem Exil

»... Der Wille der Tschechen, einen unabhängigen Staat zu bilden ist evident; wir verstehen und billigen ihn.

Wir haben als ein Teil des sudetendeutschen Volkes vor allem aber die Interessen dieses Volkes zu vertreten, und wir müssen es deshalb auf Grund unserer zwanzigjährigen Erfahrungen ablehnen, unter gleichen oder ähnlichen Bedingungen, wie sie bis zum Münchener Übereinkommen bestanden, das sudetendeutsche Volk einem vorwiegend tschechischen Staat einzugliedern.

Die Entscheidung darüber, ob – und wenn ja, unter welchen Bedingungen und Sicherungen – die Sudetendeutschen mit den Tschechen einen gemeinsamen Staat bilden oder sich einem anderen Staat anschließen sollen, muss diesem Volk selbst vorbehalten bleiben. Sie ist durch ein Plebiszit unter internationaler Kontrolle (wie seinerzeit die Abstimmung im Saargebiet) einzuholen.

Da es zweckmäßig sein könnte, diese **Entscheidung** auf einen späteren Zeitpunkt zu vertagen, muss für die – **auf längstens fünf Jahre festzulegende** – **Zwischenzeit** die ... bürgerliche Ordnung im Sudetengebiet ... sichergestellt werden, ...

... Wir müssen – sollten wir überhaupt noch einen Versuch machen, mit den Tschechen einen gemeinsamen Staat zu bilden – darauf bestehen, dass dieser Staat:

a) in keiner offenen oder versteckten Form ein tschechischer Nationalstaat sein dürfe, ...

dass das sudetendeutsche Gebiet volle Selbstverwaltung mit eigener Regierung ... habe, ...

dass schließlich innerhalb einer Frist von fünf Jahren die im Punkt 3 vorgesehene Volksabstimmung durchzuführen sei ...«

Auszug:

Erklärung der sudetendeutschen Sozialdemokraten im Exil vom 10. 3. 1940

Die sogenannte »Holmhurst Declaration«:
Für Selbstbestimmungsrecht – gegen Bevölkerungsaustausch

I. – III.

»... Friede durch Gerechtigkeit.

... Wir begrüßen daher alle von autorisierter Seite abgegebenen Erklärungen, dass die demokratischen Westmächte den Krieg nicht gegen das deutsche Volk, sondern ausschließlich gegen das verbrecherische Nazi-Regime führen. ... Wir fordern für die drei Millionen Sudetendeutschen das Selbstbestimmungsrecht ...«

IV. Unsere Stellung zum tschechischen Freiheitskampfe

... Gegen den Willen fast eines Drittels der Bevölkerung wurde die Republik als ein tschechoslowakischer »Nationalstaat« deklariert. Die einseitig bestimmte Form eines zentralisierten Nationalstaates hat die aufopfernden Bemühungen unserer Verständigungspolitik zum Scheitern verurteilt.... **Will die tschechische Politik auf die Methode des einseitigen Diktates verzichten und eine Neuorganisierung des Staates in demokratischen Formen vorbereiten, dann ist es ihre Aufgabe, zur gegebenen Zeit die Vertreter der sudetendeutschen Bevölkerung einzuladen, alle Fragen, betreffend die Grenzen, den Aufbau und den Inhalt des Staates im Wege freier Vereinbarung zu klären....**

V. Das sudetendeutsche Lebensproblem.

Eine Lösung der deutsch-tschechischen Grenzfragen durch **zwangsweisen Bevölkerungsaustausch lehnen wir als undemokratisch und barbarisch ab.** In den dicht besiedelten Sudetengebieten lebt eine Bevölkerung, die mit dem Heimatboden durch Jahrhunderte friedlicher Arbeit eng verbunden ist. ...
Der beste Ausweg: Autonomie im Föderalstaat....

Auszug:

Entschließung der sudetendeutschen sozialdemokratischen Partei im Exil vom 7. Juni 1942

Aus historischer Verantwortung gegen Vertreibung:
Der Parteivorstand beauftragt die Parteileitung, den tschechischen Partnern ebenso freundschaftlich wie eindringlich klarzumachen, dass einseitige Machtlösungen der tschechisch-deutschen Frage nach diesem Kriege keinen Bestand haben können und daher auch nicht im Interesse des tschechischen Volkes und des europäischen Friedens liegen.

Wenzel Jaksch übermittelte diesen Beschluss am 23.6.1942 an Dr. Edvard Beneš und führte im Begleitschreiben u. a. aus: »Zu unserer politischen Resolution ... will ich mich nur auf die Mitteilung beschränken, dass in der Sitzung vom 7. Juni die tiefe Enttäuschung unserer Vertrauensmänner über die **negative Behandlung aller** bisher von unserer Seite erstatteten **Vorschläge** zum Ausdruck kam. Ich kann nicht verschweigen, dass insbesondere die Propaganda für einen Massentransfer der Sudetenbevölkerung in den Reihen unserer Menschen konsternierend gewirkt hat.«

Auszug:

Manifest der Sozialistischen Internationale-Sitzung in Stockholm vom 1. Mai 1943

Keine Umsiedlungen

»Das Nationalitätenprinzip kann bei der Festsetzung der neuen Staatsgrenzen in Mittel-, Ost- und Südeuropa nicht allein bestimmend sein. Wie immer auch die Grenzen gezogen werden, wird es weiterhin nationale Minderheiten geben. Föderative Ordnungen sind die einzige vernünftige Lösung dieses Problems.
... Das durch die nationale Aussiedelung und Umsiedelung von Bevölkerungsgruppen entstandene Unrecht muss wiedergutgemacht und es muss verhindert werden, dass neues Unrecht geschaffen wird.
... Neben den erforderlichen internationalen Kontrollmaßnahmen dürfen **Strafmaßnahmen gegen ganze Völker oder Bevölkerungsgruppen**.

Zu den Mitgliedern des Redaktionskomitees dieser Manifestation in Stockholm gehörten u.a. Willy Brandt und **Bruno Kreisky sowie tschechoslowakische Sozialdemokraten.**

Tschechische Kriegs- und Nachkriegspläne gegen die Sudetendeutschen – Ein »milder« Anfang Drtina – Beneš: Die administrativen Lösungen

Auszug:

Bericht von Edvard Beneš an die tschechische Untergrundbewegung vom 18. November 1940 In der ČSR nach Kriegsende »deutsche Gaue«

» ... Ich gebe die historischen Grenzen keineswegs auf, betrachte sie jedoch bloß als eine Opportunitäts- und keine Prinzipienfrage. Hauptsache ist und wird für uns sein, in Hinkunft ein größeres nationaltschechisches Gebiet zu schaffen und es für uns zu sichern. Hierfür wird es nötig sein, das tschechische Gebiet Mährens nach Norden und Süden möglichst auszuweiten. ...«

Dann beginnt Dr. Beneš alte und neue Grenzlinien anzuführen, die die »engen« Grenzen von »München« zugunsten eines neu zu schaffenden tschechischen Siedlungsgebietes hauptsächlich in Mähren ausweiten sollen...

Auszug:

»...Es werden daher **die Deutschen** aus Nord- und Südmähren inkl. Brünn und Iglau sowie aus Schlesien zwischen Jägerndorf und Ostrau **verschwinden müssen.** Außerhalb des nationaltschechischen Gebietes würde auf diese Art folgende Gaue verbleiben: Jägerndorf, Reichenberg und Karlsbad.

Die im Inland inkl. Prag wohnenden Deutschen müssten entweder **auswandern oder bedingungslos** das tschechische Regime sowohl in sprachlicher als auch in administrativer Hinsicht **ohne Minderheitenrechte** innerhalb dieser neuen ethnographischen tschechischen Grenze annehmen. Anderseits würde ich jedoch prinzipiell darauf bestehen, dass diese **Gaue** auch nach dieser neuen nationalen Abgrenzung weiterhin **im Rahmen unseres Staates verbleiben.** Es wäre eine Frage der weiteren Entwicklung und der kriegerischen Ereignisse, welchem Regime sie unterstehen würden.

...

Aus diesem Plan ergeben sich folgende weitere Konsequenzen: Wir dürfen uns keinen unmöglichen Hoffnungen hingeben, dass man 3 Millionen Deutsche ausmerzen oder ausweisen könnte, wie es so manche Leute bei uns Naiverweise glauben. (Anm.: **Ein typisches Beispiel zur Charakterisierung Dr. Beneš', denn er selbst ließ dies gerade planen und verkündete dieses Programm wenig später als sein politisches Ziel**) Man könnte jedoch mit dem Abgang oder der **Ausweisung** ganzer Hunderttausender kompromittierter Nazideutscher und einer **Zwangsübersiedlung** weiterer Hunderttausender Deutscher aus den oben genannten Kreisen in die drei deutschen Gaue, nach Österreich oder nach Deutschland rechnen. Diese Übersiedlung würde jedoch schwerlich die Gesamtzahl einer ganzen Million um vieles überschreiten. Und das wäre schon ein beispielloser Erfolg, ...

...

Dies bedeutet also, dass es unser Wunsch ist, wieder Deutsche in der Republik zu haben. Dementsprechend müssen wir also vorgehen. Sonst würde überall die Meinung laut werden, dass wir im vorhinein die historischen Grenzen aufgeben, und es gibt auch hier noch immer Leute – (und wird es namentlich in Frankreich und auch anderwärts solche geben) –, die wünschen, **wir sollten einfach zu München zurückkehren**, damit sie, wie sie unrichtigerweise schließen, für die weitere Zukunft vor den Deutschen in der ČSR Ruhe hätten. Die erste Frage jedes politisch einflussreichen Engländers, die an uns gestellt wird, lautet immer: »**Was beabsichtigen Sie mit Ihren Deutschen zu machen? Wenn später einmal die Amerikaner in die Sache eingreifen, wird es noch schwieriger werden!**« ...

...

Ich verspreche im Namen des Volkes nichts und werde auch nichts versprechen. Ich bereite sie (Anm.: die Deutschen) auf die Aussiedlung mindestens einer Million wie auch auf die Notwendigkeit eines tschechischen Lebensraumes vor. Prinzipiell habe ich ihnen die Teilnahme im Staatsrate zugesagt, jedoch erst dann, wenn die Sache gereift ist und bei uns zuhause tragbar sein wird«

Zu diesem Zeitpunkt **beschränkten sich die Wünsche** des Herrn Dr. Beneš auf Grenzverschiebungen zugunsten des tschechischen Sprachgebietes und auf Grenzkorrekturen zur Schaffung begradigter Grenzverläufe. **Nicht jedoch auf** eine Totalrevision von »München«. Dies geht aus den bisherigen Textstellen eindeutig hervor.

Auszug:

Rede des stellv. Außenministers der ČSR -(Exil-) Regierung vom 17. Mai 1941

Dr. Hubert Ripka (Nationalsozialist):
Bevölkerungstransfer notwendig
»... Wir hoffen, dass dieser Krieg die Möglichkeit dazu geben wird, die Frage der deutschen Minderheit in der Tschechoslowakei ein für alle-mal zu lösen ... Es wird notwendig werden, mit allen hierzu geeigne-ten Mitteln – einschließlich einer eventuellen organisierten Anwen-dung des Prinzips der Bevölkerungstransfers.... Man sollte in jedem Falle versuchen, ... dass die große Bedeutung der Minderheiten auf ein Minimum reduziert wird ...«

Aussage des Dr. Beneš im September 1941 vor den Ereignissen von Lidice (Auszug):

»Die Frage nationaler Minderheiten wird viel systematischer und radi-kaler durchdacht werden müssen, als dies nach dem letzten Krieg geschah. Ich bejahe das Prinzip des **Bevölkerungstransfers**«.

Memorandum an die tschechische Untergrundbewe-gung des ČSR -(Exil-) Staatspräsidenten Edvard Beneš vom Dez. 1943 (Auszug):

Richtlinien für den **Transfer der deutschen Bevölkerung** aus der wiedererrichteten Tschechoslowakei

»Der durch die Gesetze des Deutschen Reiches festgelegte Grundsatz, dass alle Deutschen in der ČSR Reichsbürger sind, wird angenom-men. Die tschechoslowakische Regierung behält sich das Recht vor, zu bestimmen, welche Deutschen die tschechoslowakische Staatsbürger-schaft bekommen oder behalten können.
Festgelegt wird der Grundsatz, dass **innerhalb längstens fünf Jahren** diejenigen (Personen) das tschechoslowakische Gebiet verlassen,

denen die ČSR dies vorschreibt. Es wird festgelegt werden, welche Menge und welche Art von Eigentum sie mitnehmen können. Für alles andere erhalten sie vom tschechoslowakischen Staat eine Bestätigung und die Tschechoslowakei wird dieses Vermögen **zur Bezahlung der Reparationen** von seiten Deutschlands für die in der ČSR verursachten Schäden benützen. Deutschland wird daher zum Ersatz an diese ehemaligen tschechoslowakischen Bürger verpflichtet sein und wird dies nach eigener Entscheidung und Gesetzgebung durchführen. Festgelegt wird der Grundsatz, dass es in der Tschechoslowakischen Republik keine Gemeinde geben darf, die nicht wenigstens 67% Bevölkerung tschechischer, slowakischer oder karpartorussischer (ukrainischer) Nationalität hätte. Die Regierung wird dementsprechende Vorkehrungen treffen, damit dies **innerhalb einer bestimmten Zeit von Jahren** verwirklicht wird.

Der Staat wird der tschechoslowakische Nationalstaat sein. ...

Es wird ein detaillierter Plan des Transfers in politischer, wirtschaftlicher, technischer und finanzieller Hinsicht ausgearbeitet werden. Es wird ein **umfangreicher Fünfjahresplan** im Rahmen der gesamtstaatlichen politischen, wirtschaftlichen und sozialen Fünfjahresplan sein, ... **Der Hauptteil des Transfers soll innerhalb von zwei Jahren** durchgeführt werden. Der wirtschaftliche Grundsatz des Transfers soll sein, dass das gesamte Inventar von Industrieunternehmen, Gewerbebetrieben und landwirtschaftlichen Besitzen an Ort und Stelle bleibt und dass die bisherigen Eigentümer und Verwalter für deren Zustand bis zur Übernahme haften. Wie angeführt, wird das übernommene Eigentum der ausgesiedelten Deutschen und Ungarn als Reparation angesehen und Deutschland und Ungarn gutgeschrieben...«

Auffällig ist, dass Dr. Beneš in ein und demselben Memorandum vorerst die für die Entgermanisierung benötigte Zeitdauer mit »fünf Jahren« bemisst, jedoch einige Zeilen später bereits von einer Zeitdauer für diese Schandtat von »zwei Jahren« spricht.

Grundsatzpapier der tschechoslowakischen (Exil-)Regierung Ende Mai 1944 für die Modalitäten des Abschubs der Sudetendeutschen: Auch »unschuldige« Sudetendeutsche dürfen ihr Land nicht behalten,

(Auszug):

»Es ist unerlässlich, die tschechoslowakischen Deutschen geographisch von den Reichsdeutschen zu trennen. Deshalb wird die Schaffung einer Grenzzone vorgeschlagen, in der nur Tschechen wohnen dürfen und aus der **alle Deutschen ausgesiedelt werden**, also auch die, die sich nichts gegen die Republik und das tschechische Volk zuschulden kommen ließen.

Landbesitz soll nirgends in der Republik in den Händen von Deutschen bleiben, auch wenn sie unschuldig sind. Bei seiner Enteignung soll ihnen jedoch, soweit sie ein Recht darauf haben, **volle Entschädigung** in tschechoslowakischer Währung zuteil werden. ...

Deutsche, bei denen eine gegen den Staat gerichtete Tätigkeit festgestellt wird, verlieren jedes Vermögen entschädigungslos durch Enteignung und werden ausnahmslos abgeschoben. Da sie reichsdeutsche Bürger geworden sind, muss sie das Reich übernehmen.

Deutsche, die Mitglieder der Henlein-Partei waren, sich aber gegen die Nazisten betätigt haben, sowie Deutsche, die nicht Mitglieder der Henlein-Partei waren, können auch weiterhin in der Tschechoslowakei bleiben und erhalten die Garantie der Gleichberechtigung mit Tschechen und Slowaken, allerdings mit der Einschränkung, dass sie keinen Landbesitz haben dürfen und ihre Kinder in Schulen mit tschechoslowakischer Staatssprache schicken müssen, an denen Deutsch unterrichtet wird. Sie werden auch die Möglichkeit erhalten, ihre Kinder in vom Staat bezahlte Sonderkurse zu schicken, in denen ihnen eine allseitige Bildung über die deutsche Kultur zuteil wird.«

Dieses Grundsatzpapier eröffnet eine zwei neue Dimension der Vertreibung:
- Die Umsiedlung innerhalb der Grenzen der ČSR in andere Gebiete zur Zersiedelung der rein deutschen Grenzgebiete!
- Ausnahmslos durfte kein Deutsche seinen Landbesitz behalten. Deutsche waren eben Deutsche.

Dr. Beneš' Weg von der brutalen und erfolgreichen Entgermanisierung zum gemeinen Völkermord Die Eskalation zu »blutigen« Lösungen

Dr. Eduard Beneš, der Meister bei der Schaffung »vollendeter« Tatsachen vor entscheidenden Verhandlungen – siehe vor den Friedensvertragsverhandlungen 1918/19 – mutiert in den Jahren 1939–1945 zum Wegbereiter eines Völkermordes an den Sudetendeutschen. Langsam, aber sicher!

Ob er ab Beginn dieses Weges bereits dieses Endziel verfolgt, ist nicht dokumentiert. **Ab dem Jahre 1942 steht dies allerdings fest.** Am 27. Oktober

1942 hält Dr. Beneš eine Rundfunkrede an das tschechische Volk in der Heimat, die hier auszugsweise wiedergegeben wird:

Dr. E. Beneš im Rundfunk
Sein erster Aufruf zum Mord – 1942! *(Auszug)*:

» ... In unserem Land wird das Ende des Krieges mit **Blut geschrieben werden**. Den Deutschen wird erbarmungslos und vielfach alles vergolten werden, was sie in unserem Land seit 1938 begangen haben. Die ganze Nation wird an diesem Kampf teilnehmen. **Es wird keinen Tschechen geben, der an dieser Aufgabe nicht teilhat** und es wird keinen Patrioten geben, der nicht gerechte Vergeltung üben wird, für alles was die Nation erdulden musste ...«

Dr. E. Beneš vor dem Staatsrat
Ein weiterer Aufruf zum Mord – 1944

Dr. Beneš' – man kann es leider nicht anders ausdrücken – blutrünstige Gedanken veranlassen ihn dazu – und dies ist sein zweiter Aufruf zur »Vernichtung« eines Teiles der Sudetendeutschen Volksgruppe – am 3. Feber 1944 vor dem Staatsrat zu erklären:
»Der Umsturz muss gewaltsam, muss eine gewaltige Volksabrechnung mit den Deutschen ... **ein blutiger, unbarmherziger Kampf sein.**«

Dr. Beneš' Sekretär Drtina – Ein Liquidator

Schon im Juli 1944 hatte der spätere Justizminister Prokop Drtina folgende Aufforderung in einem Vortrag von sich gegeben: »**Wer den Tod verdient habe, solle liquidiert werden, aber möglichst ohne Prozesse und Hinrichtungen!**«
Das heißt, ohne jegliches Aufsehen in Form der Lynchjustiz!

Dr. E. Beneš an die tschechoslowakische
Untergrundbewegung:
Erschlagt möglichst viele Sudetendeutsche! *(Auszug)*:

Am 16. Juli 1944 lässt Dr. Beneš durch seinen Sekretär Prokop Drtina der tschechoslowakischen Untergrundbewegung, eine Erklärung übermitteln:

»Die .... Frage, was mit unseren Deutschen zu geschehen hat, nimmt in der ganzen öffentlichen Weltmeinung immer mehr eine Wendung zum Besseren, und zwar so, wie unser Volk es braucht. ... **Es kann jedoch heute noch nicht definitiv gesagt werden, dass sämtliche über drei Millionen Deutsche auf Grundlage irgendeiner internationalen Regelung transferiert werden können.** Auf diesem Wege wird es vielleicht möglich sein, sie nur zum Teil loszuwerden, maximal vielleicht zwei Millionen, und wir können uns daher nicht auf eine internationale Lösung verlassen und können eine solche nicht abwarten. **Es ist notwendig, dass wir in den ersten Tagen nach der Befreiung vieles selbst erledigen, dass möglichst viele schuldige Nazisten vor uns fliehen, aus Angst vor einer Bürgerrevolte gegen sie in den ersten Tagen der Revolution, und dass möglichst viele derjenigen, die als Nazisten sich wehren und Widerstand leisten, in der Revolution erschlagen werden. Denken Sie immer daran, darauf muss die ganze Nation vorbereitet sein.** Der internationalen Lösung der deutschen Frage bei uns muss daher neben der revolutionären Befreiungsbewegung und später auch **neben den ordnungsmäßigen Operationen**, bis unser ganzes Land und das ganze Staatsgebiet militärisch befreit sein werden – hauptsächlich also auch die Grenzgebiete, die durch München von uns abgetrennt wurden – **die schnellstmögliche Besetzung und Säuberung ... vorangehen, ...**

... Die öffentlichen **Bekanntmachungen** des Präsidenten und der Regierung hier in London müssen in dieser Frage immer sehr zurückhaltend sein, und es ist notwendig, sie auch **bei uns danach zu beurteilen.** Natürlich werden wir uns bemühen, diese Frage so gründlich wie nur möglich zu lösen, und das wichtigste Wort werden die Heimat und diejenigen haben, die unter den Deutschen gelitten haben. Ohne die **Heimat** können wir dies allein nicht entscheiden.
..., eine wichtige Rolle in dieser Richtung fällt im Befreiungskrieg dem Volk in der Heimat selbst zu ...«

Dies ist der dritte, von Dr. Edvard Beneš persönlich zu verantwortende Aufruf zur Begehung des Verbrechens des Völkermordes.

Es werden weitere noch grausamere Mordaufrufe von Mitgliedern seines »Stabes« folgen: Zur wilden Vertreibung, zur Lynchjustiz der breiten tschechischen Bevölkerung an ihren deutschen Mitbürgern. Dr. E. Beneš wird dadurch zum »Schreibtischtäter« einer weiteren wesentlichen Komponente des Verbrechens des Völkermordes.

Denn seine Aufrufe **wurden befolgt** und in die **Tat umgesetzt.**
Machte sich Dr. Beneš wirklich um den tschechischen Staat verdient?
Etwa durch die Säuberung des Staatsgebietes von den Deutschen?
Etwa durch den dekretierten Raub allen privaten Eigentums der deutschen
Mitbürger zugunsten des tschechischen Volkes?

**Nur wenn man diese Verbrechen akzeptiert, könnten sie als Verdienst um
das tschechische Volk anerkannt werden.**

| Kapitel 17

List, Intrigen und Verbrechen auf dem Weg zum Völkermord

Dr. E. Beneš
der Regisseur eines »Bilderbuch-Völkermordes«

Zu Ende des Ersten Weltkrieges gelang es Herrn Dr. Beneš psychologisch geschickt, die Zustimmung der Siegermächte für seine Pläne zur Zwangseingliederung von 3,5 Millionen Deutscher mit ihren Heimatgebieten in Böhmen, Mähren und Sudeten-Schlesien in das Konstrukt einer »Tschechoslowakischen Republik« zu erreichen. Dies durch Memoranden, die ein Sammelsurium von Fakten und Halbwahrheiten, von Lügen und Täuschungen, aber auch von nie eingehaltenen Versprechungen waren.

Als dieser Wunsch zur Zustimmung seiner Pläne in Erfüllung ging, wurde sofort ein weiteres Ziel verfolgt. Nicht ein humanes, etwa die Basis für ein Zusammenleben von Tschechen und Deutschen zu schaffen und somit eine friedliche Lösung für das entstandene Nationalitätenproblem, welches sich Prof. T. G. Masaryk und Dr. E. Beneš bewusst selbst im Jahre 1918 aufgebürdet hatten, herbeizuführen.
Nein, im Gegenteil, ein rassistisches, demnach verbrecherisches Ziel der »Säuberung« jener Gebiete von den Deutschen, die in »slawische Hände zurückgegeben« werden sollten, hat die kommenden Wege bestimmt. Das Ziel, das Dr. Beneš nicht nur unbeirrt verfolgte, sondern auch bis zur vollkommenen Entgermanisierung verfolgen wird.

Dr. J. Smutny, der Langzeitkanzler des Dr. Beneš im Exil behandelt in einer Debatte im Feber 1953 in London die Änderungen der Standpunkte des Dr. Beneš im Laufe des Krieges und äußert, dass »sich der Standpunkt des Dr. Beneš entwickelte, wie die Situation es erlaubt hatte, aber er änderte sich nie in seinem Wesen, **denn Dr. Beneš war von Anfang an überzeugt, dass es keine andere Lösung der Beziehungen zwischen Tschechen und Deutschen in der Republik gibt, als die Trennung....«**

Ob dieses »von Anfang an« vor dem Jahre 1937 oder nach 1938 liegt, bleibt zwar ungewiss, sicher ist jedoch, dass eine politische Verständigung über eine demokratische Problemlösung für ein Zusammenleben von Tschechen und

Deutschen im gemeinsamen Staate von Dr. Beneš ausgeschlossen wurde. Dabei war aber, und so schreibt Helmut Gordon in seinem Werk »Die Beneš-Memoranden«, **»weder das Münchener Abkommen von 1938 noch der deutsche Einmarsch in Böhmen und Mähren im März 1939 ... unvermeidbar.«**

Noch in seinem Londoner Exil erklärte der Außenminister der ČSR, **Jan Masaryk**, Sohn des Hauptgründers der Tschechoslowakei, T. G. Masaryk, dass sich noch zwei Jahre vorher, demnach im Jahre 1936, das tschechisch-deutsche Problem hätte bereinigen lassen:
»Ich hätte alles mit Göring arrangieren können, Beneš aber konnte es nicht sehen, er wollte es nicht.«

Was Beneš bisher wollte und tat, wurde bereits ausführlich – und hinreichend belegt – aufgezeigt. Jetzt, zu Ende des Jahres 1944 und zu Beginn des Schicksalsjahres 1945 setzte er das ganze Instrumentarium seiner Raffinesse, seiner Schläue und Durchtriebenheit ein, um wiederum unter Schaffung vollendeter Tatsachen und diplomatischer »Ränkespiele« den Völkermord an den Sudetendeutschen »erfolgreich« einem Ende zuführen zu können.

Das letzte »Lügen« – Memorandum
der Tschechoslowakischen (Exil-)Regierung
vom 23. 11. 1944 an die Regierungen der
Alliierten Mächte (Auszug):

»Zum Problem der deutschen Minderheit in der Tschechoslowakei

I.

1. Es gilt jetzt als allgemein anerkannt, dass nationale Minderheiten, d.h. Minderheiten, die sich selbst als nicht zugehörig zu der Nation, auf deren Gebiet sie leben, betrachten und von anderen ebenso als nicht zugehörig angesehen werden, eine ernste Ursache für Spannungen und Konflikte zwischen den Nationen darstellen ...
   Dies gilt im besonderen für deutsche Minderheiten ...

2. Offensichtlich kann das Problem nicht durch territoriale Regelungen gelöst werden. ... Die bloße Tatsache, dass **eine Minderheitengruppe in einem bestimmten Bezirk zahlenmäßig überlegen ist**, berechtigt sie an sich nicht, dort nationale Souveränität zu beanspruchen, ... **Die Nation, die diese Grenze seit dem Beginn**

ihrer Geschichte gehalten hat und für die sie zur Erhaltung ihrer Unabhängigkeit unentbehrlich ist, kann sie nicht allein deswegen aufgeben, weil die Agitation eines aggressiven Nachbarn in der Bevölkerung der Grenzgebiete den Wunsch nach der Vereinigung mit einem fremden Staat entflammt hat. ...

(Anm: Sodann werden unterstützende Argumente dargestellt. Diese werden durch einen gesonderten, historischen Anhang zum Memorandum mit dem Titel »Der Pan-Germanismus der Deutschen in der Tschechoslowakei ergänzt.)

5. Unter diesen Umständen und in Anerkennung der Tatsache, **dass keine deutschen Methoden** benutzt werden sollen, um die 3 Millionen Deutschen, die auf tschechoslowakischem Gebiet leben, gewaltsam zu assimilieren **oder gar auszurotten**, stellt die Überführung eines größeren Teiles der deutschen Bevölkerung, ... eindeutig eine primäre Notwendigkeit dar. ...

(Anm.: In einem weiteren Anhang »Diskussion der vorherrschenden Argumente gegen zwangsweise Überführungen« wird dann darauf hingewiesen, dass diese Argumente nicht überzeugen könnten.) ...

II.

(Anm.: Detaillierte Durchführungsvorschriften für die Überführung folgen. Dazu gehören auch:)

18. **Es gibt keine Absicht, das Privatvermögen der zu überführenden Personen zu konfiszieren**, es sei denn auf der Basis einer gesetzlichen Strafe. Den Überführten wird regelmäßig erlaubt werden, **ihr bewegliches Vermögen mitzunehmen** mit Ausnahme von Gütern, deren Ausfuhr allgemein verboten wird (z.B. Nutztiere, Maschinen, verschiedene Devisen, Gold usw.)

19. **Als Ausgleich für zurückgelassenes Vermögen**, dessen Preis nach einem festzusetzenden Standard festgestellt werden wird, werden die Überführten entweder **Anweisungen zur Zahlung** aus tschechoslowakischen Forderungen gegen den deutschen Staat, die Reichsbank oder deutsche Staatsangehörige erhalten oder mit deutschem Geld bezahlt, das auf tschechoslowakischen Territorium gefunden wird«.

Fast alle Textstellen der Punkte 1, 2, 15, 18 und 19, die nicht der Wahrheit entsprechen, sind hervorgehoben. **All diese Versprechen wurden später nicht eingehalten.**

Die vielen Gesichter des Dr. Beneš

Es hatte immer wieder den Anschein, als gäbe es mehr als einen Dr. Beneš. Einerseits gab es den »chauvinistischen« Innenpolitiker mit seinen Mordaufrufen. Zu dieser Beurteilung muss man kommen, beachtet man die Texte und Datierungen des Rundfunkaufrufes vom 27. 12. 1942 mit der Forderung nach »blutiger« Vergeltung zu Kriegsende, seinen Aufruf am 3. 2. 1944 vor dem Staatsrat zum »blutigen, unbarmherzigen Kampf als Volksabrechnung« und seinen »aufwiegelnden« Text vom 16. 7. 1944, mit dem die Mitglieder der Untergrundbewegung motiviert werden, noch vor einer »internationalen Lösung« den »Transfer« selbst zu erledigen und dass Widerstand leistende »Nazisten« »in der Revolution erschlagen werden sollen«.

Andererseits den »lediglich rassistischen Slawen« und Außenpolitiker, der »seinem Volk« im bewusst geschaffenen Vielvölkerstaat einen ethnisch von den Deutschen und Ungarn gesäuberten Nationalstaat schaffen wollte.

Oder den »Humanisten«, den manchmal Skrupel zu befallen schienen und der, wenn es opportun erschien, sogar nette Worte für die Deutschen fand.

Auch bei bestem Willen kann die Beurteilung der Person Dr. Beneš seitens der Opfer – im Hinblick auf die zwei erstgenannten Charaktereigenschaften – nicht positiv ausfallen, da nur diese Eigenschaften das Schicksal der Deutschen und Ungarn in der ČSR betrafen. Das soeben zitierte Memorandum vom 23. 11. 1944 wurde nach Beneš`s Mordaufrufen verfasst, so als ob es diese Mordaufrufe niemals gegeben hätte!

Waren die erstgenannten Eigenschaften des Herrn Dr. Beneš den Engländern und den Amerikanern unbekannt? Oder lässt sich die erkennbare Zurückhaltung dieser beiden Länder zu den »Transfer«-Plänen des Herrn Dr. Beneš gegen Ende des Krieges durch die Kenntnis der wirklichen und aus Erfahrung durchschaubaren Pläne des Dr. Beneš erklären?

Denn sowohl die britische Antwort vom 17. 1. 1945 als auch die US-amerikanische Antwort vom 31. 1. 1945 auf dieses Memorandum war eine ebenso höfliche, wie **deutliche Ablehnung:** Man müsse sich über das gesamte Problem noch unterhalten. In diesem Lichte der Beurteilung des Dr. Beneš ist auch bemerkenswert, dass weder die USA noch England jetzt im Jahr 1944 darauf

Bezug nahmen, dass sie im Jahre 1943 grundsätzlich und verbal einem Transfer zugestimmt hatten, worauf Beneš oft hinwies. Beide Verhandlungspartner wollten jetzt, zu Kriegsende, dieses Thema von sich aus nicht behandeln. Dies zeigt auch ganz deutlich das folgende Dokument.

Eine bedeutende Lüge aufgedeckt: *Keine Zustimmung der Alliierten zu einer* *Vertreibung der Sudetendeutschen*

Note des britischen Botschafters Sir Philip Nichols vom 9. März 1945 an den Außenminister der tschechoslowakischen (Exil-) Regierung Jan Masaryk: *(Auszug, Anm.: Hervorhebungen vom Autor)*

»... Im Auftrage meiner Regierung habe ich die Ehre, mich auf Unterredungen zu beziehen, die Seine Exzellenz, der Präsident der Republik (Dr. Beneš) mit dem Außenminister (Masaryk) und mir am 23. Feber (1945) und bei früheren Gelegenheiten hatte. Im Verlauf dieser Unterredungen **hatte Dr. Beneš das Programm bezüglich des Transfers der deutschen Bevölkerung skizziert**, das er seinem Volke bei seiner Rückkehr auf das Staatsgebiet bekannt geben wollte. Die drei Hauptpunkte jeder derartigen Bekanntmachung, die Seine Exzellenz feststellte, machen zu wollen, waren:

Erstens, dass die drei Großmächte prinzipiell Transfers zustimmten; **zweitens,** dass allen Personen deutscher Abstammung durch ein zu erlassendes Gesetz die tschechoslowakische Staatsbürgerschaft entzogen und nur jenen (Personen), welche die tschechoslowakische Regierung behalten wolle, die Staatsbürgerschaft zurückgegeben werden würde;

drittens, dass sofort ein Verwaltungsablauf geschaffen werden würde, um die organisierte und ordentliche Abwicklung des Transfers sicherzustellen....

... In diesem Zusammenhang bin ich beauftragt, die tschechoslowakische Regierung an **die Auffassung der Regierung Seiner Majestät zu erinnern**, wie sie in meiner Note Nr. 3 vom 17. Januar (1945) Euer Exzellenz dargelegt wurde. In dieser Note bestätigte Seiner Majestät Regierung den Empfang eines Memorandums über die Auffassungen der tschechoslowakischen Regierung zur Frage der deutschen Minderheit in der Tschechoslowakei (vom 23. 11. 1944) und stellte fest, dass die Vorschläge des Memorandums mit Sorgfalt und Sympathie geprüft würden. Seiner Majestät Regierung fügte jedoch hinzu, dass sie **erst in der Lage sein würde, Stellung zu nehmen, wenn diese Fragen mit ihren Hauptverbündeten besprochen worden seien,** da das Memorandum sehr wichtige Fragen im Zusammenhang mit der deutschen Gesamtlösung aufwerfe. **Deswegen müsse sich Seiner Majestät Regierung derzeit ihren Standpunkt zu den Vorschlägen des Memorandums der tschechoslowakischen Regierung vorbehalten.**

Nunmehr habe ich die Ehre hinzuzufügen, dass Seiner Majestät Regierung zwar volles **Verständnis für den Wunsch des Präsidenten** der Republik habe, seinem Volke eine baldige Bekanntmachung zu dieser Frage zu machen und die ihn dazu treibenden Gründe verstehe. **Sie wünscht jedoch klarzustellen, dass mit den Hauptverbündeten noch keine Übereinstimmung über die Methode gefunden wurde, wie dieser Fragenkomplex zu behandeln sei,** der wichtige Probleme in Zusammenhang mit der Zukunft Deutschlands und Europas nach dem Krieg aufwerfe. Unter diesen Umständen hält es Seiner Majestät Regierung für notwenig, **dass Seine Exzellenz, der Präsident** (Anm.: Beneš) **bei jeder Bekanntmachung zu den vorgeschlagenen Themen ganz deutlich mache, es handle sich um einen Überblick des von ihm verfochtenen Programmes und der von ihm** (Anm.: Beneš) **vorgesehenen Ziele. Dieses Programm habe er den Hauptalliierten übermittelt, aber bis jetzt deren Zustimmung zu seinen Vorschlägen noch nicht erhalten.«**

Quelle: Vaclav Kral: »Die Deutschen in der Tschechoslowakei 1933-1947«, Prag 1964

Diese eindeutige Stellungnahme ist unbedingt zu beachten, falls fälschlicherweise behauptet wird, dass ein »Transfer« vor dem 5. 5. 1945 von den Alliierten bewilligt wurde, geschweige denn eine Vertreibung und Enteignung. **Eine Zustimmung zur Vertreibung erfolgte nie!**

Beneš' »Inszenierungen« vor Potsdam

Je mehr es Herrn Dr. E. Beneš schwer fiel, noch vor dem rasch herannahenden Kriegsende eine Zustimmung zum »Transfer« der Sudetendeutschen zu erhalten, desto mehr setzte er auf die bisher immer schon bewährte Methode der Schaffung vollendeter Tatsachen. Denn, als er den tschechischen Bürgern im Juli 1944 mitteilte, sich »nicht auf eine internationale Lösung« verlassen oder eine solche abwarten zu können, nahm er sein Volk in die Pflicht »in den ersten Tagen nach der Befeiung vieles selbst« zu erledigen. Dazu gehörte, dass möglichst »viele schuldige Nazisten vor uns fliehen, aus Angst vor einer Bürgerrevolte« und »möglichst viele ... **in der Revolution erschlagen werden«.**

Und zur Verstärkung dieser seiner Aufrufe ließ Dr. Beneš seinen Generalstabschef, General S. Ingr zu Wort kommen.

Der Befehlshaber der tschechischen Streitkräfte im Exil, General S. Ingr, rief am 3. 11. 1944 im britischen Rundfunk seine Landsleute offen zu entsetzlichen Mordorgien mit folgenden Worten auf. (Auszug):

»Wenn unser Tag kommt, wird die ganze Nation dem hussitischen Schlachtruf folgen: Schlagt sie, tötet sie, lasst keinen am Leben! Jeder sollte sich nach der geeigneten Waffe umsehen, um **die Deutschen** zu treffen. Wenn keine Feuerwaffen zur Hand sind, dann jede Art von Waffe, die schneidet, sticht oder trifft ...«

Quelle: News Chronicle vom 4.11.1944

Alle diese »Waffen« waren **rechtzeitig zur Hand, als die »spontane Reaktion** auf die Kriegsgräuel der Deutschen« genau nach Plan ablief!
Das war einer der letzten dokumentierten Mordaufrufe vor dem im Mai 1945 beginnenden Pogrom.

Beneš' Hinwendung zu Moskau

Während des Krieges war Beneš in England und Amerika ein gerne gesehener Gast. War er doch ein »altgedienter« und prominenter Feind Deutschlands und verfügte er auch über einen tadellos funktionierenden Geheimdienst, der für die alliierte Kriegsführung wertvolle Informationen lieferte. Wann auch immer Dr. Beneš seine Anliegen wegen der »Aussiedlung« von ethnischen Minderheiten »die den demokratischen Frieden innerhalb der ČSR bisher gefährdeten«, vorbrachte, war man geneigt, seinen Vorschlägen – wenn auch nur gesprächsweise – zuzustimmen.

Als sich herausstellte, dass der Krieg nur zu gewinnen war, wenn Russland durch Amerika gigantische Materialhilfe erhielt, gewann Russland eine Position der Stärke, die paradoxerweise England und Amerika zunehmend beunruhigte. Die Probleme des Herrn Dr. Beneš traten in den Hintergrund gegenüber der Absteckung der Einfluss-Sphären der Kriegsverbündeten, die nach dem Krieg zu ernsten Konkurrenten werden und wurden. England und Amerika haben es abgelehnt, den Zwang zur Aufnahme von »transferierten« Deutschen aus der ČSR, in die Waffenstillstandsbedingungen für Deutschland aufzunehmen, und somit einer tschechischen Forderung nachzukommen. **Eine schnelle Zustimmung der Westmächte nach dem 9. März 1945 zum »Transfer« der Sudetendeutschen war demnach nicht zu erwarten.** Also setzte Dr. Beneš – wie auch schon früher – seine Hoffnung, Hilfe zur Entgermanisierung der ČSR zu erhalten, in die Führung der UdSSR.

Emil Franzel, ein exzellenter Kenner der tschechischen Politik und Geschichte berichtet: »In Wahrheit erwogen Beneš und seine Mitverschworenen, vor allem Hubert Ripka, von Anfang an die Austreibung oder Vernichtung der gesamten sudetendeutschen Volksgruppe, den totalen Raub deutschen Eigentums und der sudetendeutschen Gebiete. Beneš wusste sehr gut, dass dies nur mit sowjetischer Hilfe erreicht werden konnte und nur um den Preis des Übergangs der Tschechen in das kommunistische Lager. Als er sich im Herbst 1944 nach Moskau begab, war er entschlossen, den Sprung aus der westlichen in die kommunistische Welt zu wagen. Im Tross der Roten Armee, selbst schon ein Gefangener der Kommunisten, betrat er mit seiner »Regierung« das frühere tschechische Herrschaftsgebiet von Osten her. In Kaschau erließ er jene Proklamation, **mit der die Geschichte der tschechischen Volksdemokratie beginnt.**«

Einen Beweis für die Akkordierung der Rest-Exil-Regierung in England und der damaligen Exil-Regierung in Russland liefert die folgende Mitteilung der Zeitschrift »Einheit« vom **10. 3. 1945.** An diesem Tage sandten der Londoner und Moskauer Rundfunk gleichzeitig einen Aufruf der tschechischen »Nationalen Front«, in dem es unter anderem heißt: »**Greift die verfluchten Deutschen an und erschlagt die Okkupanten, bestraft die Verräter, bringt die Feiglinge und die Schädlinge des nationalen Kampfes zum Schweigen!**« So geartete Aufrufe zur Begehung des Völkermordes an den »verfluchten Deutschen« führten zwangsweise zur Verfolgung der Deutschen durch einen breiten Teil der tschechischen Bevölkerung.

Wie erwähnt betraten kurz vor Kriegsende Teile der »Tschechoslowakischen Exil-Regierung« im Gefolge der russischen Truppen das Gebiet der Slowakei. Die Bekanntgabe des »Ersten Programms« dieser Regierung erfolgte am 5. 4. 1945 durch das so genannte »Kaschauer Statut«, in dem die vorgesehene Behandlung der Sudeten- und Karpatendeutschen angesprochen wird.

Das »Kaschauer Statut« *(Auszug)*   *(Hervorhebungen vom Autor)*

Kapitel VIII

»Die schrecklichen Erfahrungen, welche die Tschechen und Slowaken mit der deutschen und ungarischen Minderheit erlebten, welche größtenteils zu nachgiebigen Instrumenten einer Eroberungspolitik gegenüber der Republik von außen wurden und von denen besonders die tschechoslowakischen Deutschen ihre Kräfte geradezu zu einem Vernichtungszug gegen das tschechische und slowakische Volk geliehen haben, zwingt die erneuerte Tschechoslowakei zu einem tiefen und dauerhaften Eingriff. **Die Republik will und wird ihre loyalen deutschen und ungarischen Staatsbürger nicht strafen**, besonders nicht diejenigen, die in den schwersten Zeiten ihre Treue zu ihr bewahrten, mit den Schuldigen wird sie aber streng und unerbittlich umgehen, wie das das Gewissen unserer Völker, **das heilige Andenken unserer unzähligen Märtyrer**, die Ruhe und Sicherheit der zukünftigen Generation verlangt.

Die Regierung wird sich demzufolge nach diesen Regeln richten:
Hinsichtlich der Staatsbürger der Tschechoslowakei deutscher und ungarischer Nationalität, die die tschechische Staatsbürgerschaft vor München 1938 besaßen, wird die Staatsbürgerschaft bestätigt und eine eventuelle Rückkehr in die Republik gesichert: bei Antinazisten und Antifaschisten, bei denen, die schon vor München einen aktiven Kampf gegen Henlein und gegen die ungarischen irredentistischen Bestrebungen und für die Tschechoslowakei führten, die nach München und nach dem 15. März wegen ihres Widerstandes und Kampfes gegen das dortige Regime und für ihre Treue zur Tschechoslowakei verfolgt und in die Gefängnisse und KZ`s eingesperrt wurden, oder die vor dem deutschen und ungarischen Terror ins Ausland flüchten mussten und sich dort aktiv am Kampf für die Erneuerung der Tschechoslowakei beteiligt haben.« (Anm. des Autors.: Das betraf maximal 50.000 Deutsche)

»Bei den übrigen tschechoslowakischen Staatsbürgern deutscher und ungarischer Nationalität wird die tschechoslowakische Staatsbürgerschaft aberkannt. Diese Staatsbürger können erneut für die Tschechoslowakei optieren, wobei sich die Ämter der Republik das Recht der individuellen Entscheidungen über jedes Gesuch vorbehalten. **Diejenigen Deutschen und Ungarn, die wegen Verbrechen gegen die Republik und gegen das tschechische und slowakische Volk beurteilt** und verurteilt werden, werden der tschechoslowakischen Staatsbürgerschaft für verlustig erklärt und werden für immer aus der Republik ausgewiesen, sofern sie keine Todesstrafe erhalten.

Deutsche und Ungarn, die in das Gebiet der Tschechoslowakei nach München 1938 einwanderten, werden, insofern sie nicht einem Strafverfahren unterliegen, gleich aus der Republik ausgewiesen. Eine Ausnahme bilden diejenigen Personen, die zugunsten der Tschechoslowakei gearbeitet haben. ...«

Der Text dieses Programmes war scheinbar für das Ausland bestimmt, denn bereits nach 30 Tagen hatte dieser Text keine Bedeutung mehr für das weitere Geschehen. Von solch einer Regelung, die an sich schon unmenschlich gewesen wäre, war ein Teil erst wieder in den Dekreten des Dr. E. Beneš zu finden. Die darauf folgende Realität der »Wilden Vertreibung«, der völkerrechtswidrigen Enteignungen und Beraubungen hat alle vorstellbaren Drangsale einer Verfolgung bei weitem übertroffen.

| Kapitel 18

Pogrome der geplanten »Wilden Vertreibung« - Ein entscheidendes Kapitel des Völkermordes

Aufrufe zu Mord und Vertreibung:

Die seit Jahren erfolgten Aufrufe von Mitgliedern der tschechoslowakischen Exilregierung in London zur Vertreibung und Ermordung vorerst der »Nazisten«, später dann »der Deutschen« des Protektorates sowie der deutschen Bewohner der seit 1938 nicht mehr gemeinsam mit Tschechen bewohnten und an Deutschland abgetretenen Gebiete, zeigten ihre beabsichtigte Wirkung.

Am 5. Mai 1945 setzte eines der letzten Kapitel der – seit der Gründung der ČSR von T. G. Masaryk und Dr. Beneš angekündigten – **»Entgermanisierung«** ein. Diese seit damals deklarierte Aggression begann mit blutiger Okkupation historisch deutscher Siedlungsgebiete Böhmens, Mährens und Österreichisch-Schlesiens, die fast so groß waren wie die Fläche Belgiens. Wurde diese »ethnische Säuberung« zuerst mit Zwangsmaßnahmen aller Art zur »Slawisierung« der Bevölkerung und deren Siedlungsgebieten konsequent über 20 Jahre vorangetrieben, so gipfelte sie jetzt – zu Ende des 2. Weltkrieges mit allen Kriterien bzw. Erscheinungsbildern eines Genozides – **in einem Völkermord.**

Am 5. Mai 1945 erwies sich auch, dass der beginnende Volksaufstand gegen alles Deutsche, gegen die Menschen, gegen ihre Kultur– und Bildungseinrichtungen, gegen ihr Land und ihren Besitz sicher keine »spontane Reaktion« auf Ereignisse des Zweiten Weltkrieges war, sondern der schlagartig im ganzen Land einsetzende Auftakt für ein den Umständen entsprechend bestvorbereitetes und planmäßig ablaufendes Völkerrechtsverbrechen. Eine Freveltat, der man zur Pseudo-Rechtfertigung versucht hat, mit politischen Ränken einen Mantel von Legitimität umzuhängen.

Die inszenierte und organisierte »Revolution«

Spätestens seit Herbst 1944 waren genaue Organisationspläne für die Stunde »Null« eines Aufstandes vorbereitet:

Die tschechische Armee mobilisierte ehemalige Offiziere, die ab 5. Mai. 1945 uniformiert für Sicherungs- und andere organisatorische Maßnahmen zur Verfügung standen.

In allen – auch den kleinsten – Orten fanden schon vorher getarnte Versammlungen wehrfähiger Männer zur Instruktion und Einsatzschulung als Partisanen und zu anderer paramilitärischer Unterstützung der ebenfalls bereits vorsorglich gegründeten »Nationalausschüsse« statt.

Evidenzlisten all jener Deutschen, die ursprünglich verfolgt werden sollten, standen für Verhaftungen, Hausdurchsuchungen, für andere Terrormaßnahmen und auch für Mordtaten zur Verfügung. Man hatte darin bereits Praxis. Denn schon im Jahre 1938 wurden z. B. in Budweis für den Fall des Falles alle Mitglieder der Sudetendeutschen Partei mit komplettem Namen und Adresse in einer tschechischen Zeitung veröffentlicht. Die Listen v on 1945 wurden jedoch später von den Einsatzleitern missachtet und die vorerwähnten Maßnahmen rigoros auf alle Deutschen ausgeweitet.

Eine weitere Phase des Völkermordes
Der Pogrom an den Deutschen

Ab 9 Uhr Früh des 5. Mai 1945 **war im ganzen Land** – allerdings je nach Anwesenheit deutscher Militäreinheiten stärker oder vorsichtiger – der Beginn des Aufstandes schlagartig feststellbar!

Ab diesem Zeitpunkt geschahen die ersten Verfolgungen, um die Deutschen programmgemäß in die Flucht zu schlagen. Durch Hausdurchsuchungen mit Beschlagnahme vorerst nur der Radioapparate und Zivilwaffen, durch Roheiten, Schikanen, Drohungen, Misshandlungen und auch schon durch Morde.

Unmittelbar darauf folgten Fahndungen und Verhaftungen. Straßensperren wurden errichtet, Verkehrswege von Partisanen kontrolliert, einzelne deutsche Soldaten wurden entwaffnet und bei Widerstand erschossen.

Es kam aber auch zu regelrechten Scharmützeln und einzelnen Kampfhandlungen, sowie zu Plünderungen deutscher Einrichtungen und Vorratslager.

Von der Vertreibung zur Enteignung
Aufruf zur Enteignung und Zwangsarbeit

Während im »Kaschauer Statut« vom 5. April 1945 »nur« zwei Gruppen von Deutschen zur Ausweisung aus dem Gebiet der ČSR benannt wurden – es waren dies die als »Verbrecher gegen die Republik beurteilten und verurteilten« Deutschen, sowie die »nach München 1938« eingewanderten Deutschen – wird man am 13. Mai 1945 etwas deutlicher und besinnt sich der Raubsicherung deutscher Vermögenswerte.

Der Zeitung »Rude pravo« vom 13. Mai 1945 entnehmen wir:

> **»Aufruf der Kommunistischen Partei vom 13. Mai 1945** *(Auszug)*:
> **Tschechoslowakei (KPTs.) an das tschechische Volk**
> **»Richtet für die verhafteten Deutschen Arbeitslager ein!«**
>
> » ... Gewährleistet die Sicherheit des befreiten Gebietes von offenen und geheimen Agenten. Errichtet an jedem Ort eine Nationalgarde, die in Zusammenarbeit mit den zentralen Sicherheitsorganen über Ordnung und Sicherheit von Personen und Eigentum wachen soll! **Verhaftet sogleich alle Deutschen**, welche zu uns nach dem Abschluss des Münchener Vertrages als Okkupanten kamen. Ähnlich geht vor gegen jene »einheimischen« Deutschen, welche Henlein und Frank aktiv unterstützt und sich an dem **Ausrottungsfeldzug gegen unser Volk** beteiligt haben. Richtet für die verhafteten Deutschen Arbeitslager ein und zwingt sie für den Wiederaufbau dessen zu arbeiten, was sie selbst zerstört haben!
>
> ... Stellt das **zusammengestohlene Eigentum der Deutschen**, der Verräter und Kollaboranten für Nation und Staat sicher! Für alle Eigentumswerte – Fabriksbetriebe, Geldinstitute, landwirtschaftliche Unternehmungen, Gewerbebetriebe, Geschäfte, Hausbesitz usw. – für alles was sich im Eigentum oder in der Verwaltung von Deutschen, von Verrätern und Kollaboranten befand, oder was zurückgelassen wurde, ... **Bereitet die endgültige Wiedergutmachung der Folgen des Weißen Berges**, die Rückgabe tschechischen Bodens an das tschechische Volk vor! Der fremde deutsche Adel, **die Nachkommenschaft der Räuber aus der Zeit nach der Katastrophe** am Weißen Berg, wird diesmal vollständig und endgültig ausgerottet werden! Dem fremden Adel wird ersatzlos sein gesamtes Besitztum und insbesondere der ganze Grund und Boden konfisziert! Dasselbe geschieht mit dem Grundbesitz und dem übrigen Eigentum der Reichsdeutschen, die sich schwer versündigt haben an unserem Volk und an der Republik. Der Konfiskation verfällt auch der Grund und Boden, der im Besitz von Verrätern ist. Der konfiszierte Grund und Boden wird unter unserem kleinen Landvolk aufgeteilt, unter Häuslern, kleinen und mittleren Bauern, Deputanten und anderen landwirtschaftlichen Arbeitern ...«

Dieser Aufruf ist in mehrfacher Hinsicht bemerkenswert. Hier deklarieren sich die Kommunisten als Träger der von Dr. Beneš angesagten »sozialen Revolution, die mit der nationalen Revolution« Hand in Hand ablaufen soll. Besonders dem »fremden Adel«, der »Nachkommenschaft der Räuber aus der Zeit der Katastrophe am Weißen Berg« *(Anm. anno 1620!)* – soll der Boden konfisziert und unter »Kleinem Landvolk« aufgeteilt werden. (siehe Bodenreform 1918 – 1925). Und bemerkenswert ist auch, dass das »zusammengestohlene Eigentum« der Deutschen sichergestellt werden soll!

Welch »edle« Motive,
– die Rückholung von tschechischem Boden aus Räuberhand und
– die Sicherung von »Zusammengestohlenem Diebsgut« der Deutschen, bemänteln die Untaten der Handlanger des Herrn Dr. Beneš.

Der o. a. Aufruf der KPTs vom 13. Mai 1945 war eine logische Fortsetzung aller früheren Aufrufe zur Vertreibung, jetzt allerdings »bereichert« um den Aspekt der Enteignungen. Welch haarsträubende und für einen anständigen Menschenverstand unfassbare Gründe werden hier zur inneren und äußeren Rechtfertigung der Beraubung der eigenen Mitbürger herangezogen. Und welche Gründe wird man erst konstruieren müssen um die begonnene Vertreibung in Potsdam sanktionieren zu lassen. Am Falle »Aussig« werden wir dies erkennen.

Die Ernte der Gewalt-Saat

In den Tagen und Monaten nach dem 5. Mai 1945 entluden sich die aufgestauten und immer wieder wach gehaltenen Hassgefühle. Da geschah einfach das, wozu, wie bereits früher berichtet, im Jahre 1919 die Prager Zeitung »Zlata Praha« schreibt: »... die tschechischen Legionäre mögen die Deutschen über die Grenzen peitschen«. Und auch jenes geschah tatsächlich, wozu im Jahre 1920 im »Večerní české slovo« aufgerufen wurde: »Man sollte sie – die Deutschen – **lieber an Galgen und Kandelabern aufhängen, als ihnen die Gleichberechtigung zu geben.**« (!)

Solchen Aufrufen muss man immense Bedeutung zumessen, weil sie publiziert wurden und unwidersprochen blieben, ja sogar beifällig aufgenommen wurden, und weil sie tatsächlich wortgetreu befolgt wurden. Sie waren und sind der Ausdruck einer fortdauernden erschreckenden Mentalität, die zu einem tschechischen Spezifikum wurde und bis heute geblieben ist. (Siehe Ministerpräsident Zemans Aussprüche gegenüber der israelischen Regierung). Und Dr. Beneš persönlich stellte sich zu Ende des Krieges als wohl einziger Staatsmann Europas in die Reihe der denkbar primitivsten und blutrünstigen

Mordhetzer, wie z. B. Ilja Ehrenburg auf sowjetischer Seite. Als Beweis für diese Behauptung erinnern wir nochmals an seine Aufrufe:

– ... »in unserem Lande wird das Ende des Krieges mit Blut geschrieben werden. Den Deutschen wird erbarmungslos und vielfach alles vergolten werden«.
– Oder dass zu Kriegsende: »Eine gewaltige Volksabrechnung mit den Deutschen, ein blutiger unbarmherziger Kampf« sein muss,
– dass möglichst viele schuldige Nazisten vor uns fliehen ... und möglichst viele »in der Revolution erschlagen werden ... darauf muss die ganze Nation vorbereitet sein.«
  (Quelle: Central European Observer, Jg. XX, Nr. 22, 12.11.1943, S. 353)

Das sind die Worte eines **tschechischen Staatsoberhauptes**, das sich – und das ist die **Meinung heutiger tschechischer Politiker** und EU-Mitbürger – um den tschechischen Staat **verdient gemacht** hat, und dafür heute noch hochgeehrt wird. An dieser Stelle der Schilderungen über den Völkermord an den Sudetendeutschen sei dies rückblickend angeführt, um auf den **Gegenwartsbezug dieser schrecklichen Nachkriegsereignisse** hinzuweisen.

Die seit dem 5. Mai begonnenen Unmenschlichkeiten nahmen ihren gewünschten Verlauf. Männer, Frauen und Kinder wurden erschlagen und erschossen, und was noch alles den Mordbanden und Funktionären an Grässlichkeiten anzulasten ist, entnehmen wir folgenden Berichten:

Ungeheuerlichkeiten im Völkermord Berichte bedeutender Autoren

In vielen Publikationen werden die Schwerpunkte des Pogroms an den Sudetendeutschen ausführlich beschrieben.

Tschechische Gräuel und Theresienstadt:

Emil Franzel berichtet in seinem Buch »Sudetendeutsche Geschichte«: »Wenn es vielleicht zu verstehen war, dass die Tschechen im Protektorat, wo sie zwar wirtschaftlich nicht schlecht, aber in steter Furcht gelebt hatten und Zeugen mancher Willkür geworden waren, blutige und grausame Rache nahmen, so hätten sie eigentlich im Sudetenland, auch wenn sie Vergeltung für 1938 üben wollten, weder Ursache noch Anlass gehabt, den Deutschen die Menschenrechte abzuerkennen. Um die, nach ihren Angaben etwa 70.000, bei einigermaßen objektiver Schätzung vielleicht 10.000 Tschechen zu rächen, die Opfer des nationalsozialistischen Regimes geworden waren, mordeten sie im Laufe einiger Monate ungefähr eine Viertelmillion Deutsche auf meist bestialische Weise hin; um sich für die Einkerkerung von etwa 70.000 Tschechen zu rächen, sperrten sie ein ganzes Volk von drei Millionen Menschen in ihre Ghettos und Konzentrationslager.

Es ist nicht möglich, hier und in diesem Rahmen die Geschichte der tschechischen Gräuel und der Austreibung auch nur annähernd und in den wichtigsten Einzelheiten zu schildern. Das würde ein vielbändiges Werk füllen. Auch die bisher erschienenen Bände der »Dokumentation der Austreibung« und das »Sudetendeutsche Weißbuch« brachten nur Ausschnitte aus der ungeheuren Tragödie des sudetendeutschen Volkstums. In wenigen Monaten wurde mehr Blut vergossen als hier in zweitausend Jahren geflossen war, und mehr zerstört, als Kriege, Feuer und selbst die Zeit in einem Jahrtausend vernichtet hatten. Man trieb die Deutschen aus ihren Häusern und Wohnungen, pferchte sie in Lagern oder in überfüllten Ghettos zusammen, entzog ihnen die Lebensmittelzuteilungen, ließ sie schwerste, meist sinnlose Arbeiten verrichten und behandelte sie wie völlig rechtlose Sklaven.

Man hat den Deutschen jahrelang die Entführung der Kinder von Lidice als unmenschliche Barbarei vorgeworfen. Von tschechischen Kamarillen wurden Kinder jeden Alters erschlagen, zu Tode gequält, in die Elbe geworfen, dem Hungertode und den Lagerseuchen preisgegeben.

Im Protektorat, vor allem in Prag, wütete monatelang blinder Terror. Nach tschechischen Berichten wurden am 9. Mai Deutsche auf offener Straße als lebende Fackeln verbrannt. 27.000 »Selbstmorde« von Deutschen in 14 Tagen wurden amtlich gemeldet. Tausende deutscher Verwundeter wurden aus den Krankenhäusern auf die Straße geworfen und wie tolle Hunde erschlagen. Hunderte wurden in ihren Betten erschossen. Krankenschwestern wurden ermordet, tausende deutsche Frauen Abend für Abend von Russen und Tschechen geschändet. Das Masaryk-Stadion, in dem viele tausende Deutsche zwei Monate lang unter freiem Himmel gefangen gehalten wurden, war der Schauplatz unbeschreiblicher Untaten. Deutsche Knaben, die man als Hitlerjungen hier eingesperrt hatte, wurden am hellen Tage und öffentlich zu Tode gemartert, Frauen vor den Augen von Kindern vergewaltigt, zahllose Menschen jeden Alters von den Wachen niedergeschossen, und die Leichen schwammen tagelang in den Latrinen. Die Ruhr brach aus. Und nur die Gefahr, von diesem Lager aus die ganze Stadt zu verseuchen, veranlasste das Volk Masaryks endlich, diese seinen Namen tragende Schinderhütte aufzulassen. Gegenüber dieser Hölle verblassen die Leiden der Gefangenen in den berüchtigten Prager Gefängnissen, in Pankrac, auf dem Karlsplatz, in der Bartholomäusgasse und in Ruzyn. Wenn es aber etwas gab, das noch entsetzlicher war als das Masaryk-Stadion, dann war es die »Kleine Festung« in Theresienstadt, in der eine nicht abzuschätzende Zahl von Deutschen auf die raffinierteste Weise gequält und planmäßig, aber in Monate lang sich hinziehenden Schlächtereien, hingemordet wurde.« *(Quelle: E. Franzel, »Sudetendeutsche Geschichte«, S. 411-412)*

Der Prager Aufstand, Lager und Gefängnisse

Heinz Nawaratil fasst seine Schilderung des »Prager Aufstandes« wie folgt zusammen: »Bemerkenswert an diesem Ereignis ist letztlich nur die Grausamkeit gegenüber der deutschen Zivilbevölkerung. An Todesarten für Deutsche werden überliefert:

Erschlagen, erdrosseln, ertränken, erstechen, entmannen, Tottrampeln durch Menschen, Tottrampeln durch Pferde, Verbrennen bei lebendigem Leib, verstümmeln auf verschiedenste Weise, ferner Vollpumpen mit Jauche, zu Tode-Rollen in Fässern.

Einzelheiten von der Ermordung schwangerer Frauen sollen hier nicht wiedergegeben werden.«

Er verweist weiters darauf, dass nicht nur bei den allgemein publizierten Massakern, sondern auch an vielen Orten der Tschechoslowakei tausende Todesopfer durch Gräueltaten zu beklagen waren: »Mit Sicherheit sind im tschechischen Machtbereich die meisten Todesfälle in den diversen Lagern und Gefängnissen vorgekommen. Nicht unerwähnt bleiben dürfen aber die sog. »Wilden Austreibungen« des Jahres 1945. Dabei wurden vor allem die Einwohner grenznaher Gemeinden bei unzureichender Verpflegung von prügelnden und schießenden Wachmannschaften zu Fuß aus der Heimat gejagt. In der Tschechoslowakei bestanden 1.215 Internierungslager, 846 Arbeits- und Straflager sowie 215 Gefängnisse, in denen insgesamt 350.000 Deutsche festgehalten wurden. Allein im Hanke-Lager im Kreis Mährisch-Ostrau wurden bereits bis Anfang Juli 1945 350 Insassen zu Tode gefoltert. Die Methoden reichten vom simplen Totprügeln bis zur chinesischen Methode, nach der sich eine Ratte langsam in den Bauch des Gefolterten frisst. Vieles, was sich in den Lagern abspielte, war so unbeschreiblich, dass man die europäische Geschichte um Jahrhunderte zurückverfolgen muss, um auf vergleichbare Zeugnisse menschlicher Grausamkeit zu stoßen. Es ist nicht verwunderlich, dass einige KZ-Häftlinge über Nacht weiße Haare bekamen und andere geisteskrank wurden.«

Der Todesmarsch von Brünn nach Österreich

Heinrich Giegold, beschreibt in seinem Buch »Tschechen und Deutsche« dieses Drama:

»Die Vertreibung der Deutschen aus der mährischen Hauptstadt Brünn, am 30. Mai 1945, war eine der furchtbarsten Schandtaten in jener schreckliche Zeit, schreibt Ernst Paul in seinem Aufsatz »Es gibt nicht nur ein Lidice.« Ernst Paul war ein Mitglied des Vorstandes der Deutschen Sozialdemokratischen Arbeiterpartei in der Tschechoslowakei, neun Jahre Vorsitzender des Ausschusses für Flüchtlingsfragen in der Beratenden Versammlung des Europarates.

Mit dieser Kompetenz ausgestattet, versteht man, weshalb Ernst Paul den Titel »Es gibt nicht nur ein Lidice« für den Todesmarsch von Brünn nach Österreich gewählt hat. »Auf die Dauer ist es nicht möglich, mit dem deutschen Verbrechen, das in Lidice geschah, ein politisches Geschäft zu machen. Es ist auch nicht möglich, die Vertreibung der Sudetendeutschen mit Lidice zu rechtfertigen. Sie war längst beschlossen, ehe es zum Attentat auf Heydrich und zur Ausrottung dieses Dorfes kam.«

»Am 30. Mai 1945«, zitiert Ernst Paul seinen Freund Leopold Kreutz aus Brünn, »werden etwa 30.000 Menschen, vor allem Frauen und Kinder, die Männer meist Kranke und Greise, von bewaffneten tschechischen Zivilisten vor die Polizeidirektion in Brünn mehr getrieben als geführt. Dort sammeln so genannte Partisanen Ohrringe, Fingerringe, Uhren und andere Wertgegenstände ein, auch Sparkassenbücher und Geld. Im Morgengrauen lässt der Zug der Dreißigtausend die letzten Häuser der Heimatstadt hinter sich.

Während des immer schwieriger werdenden Marsches werden die Kolonnen ständig nach Männern abgesucht, die noch einigermaßen arbeitsfähig scheinen; sie kommen an das Ende des Zuges. Den Frauen, die ihre Habseligkeiten schleppen, schlagen tschechische Bewacher so lange auf die Finger, bis sie ihre Lasten fallen lassen. Rasch wird das auf diese Weise gestohlene Gepäck auf Autos geworfen und verschwindet. Hunderte an Ruhr und Typhus Erkrankte und der Erschöpften bleiben an der Straße liegen. Niemand darf ihnen helfen. Die am Ende des Zuges nachgeführten Männer müssen die Todesopfer in Massengräbern verscharren.
Von den rund 30.000 Deutschen, die am 30. Mai 1945 aus Brünn vertrieben worden sind, haben« – berichtet Ernst Paul – »nur etwa 20.000 überlebt. **Zehntausend Tote in drei, vier Tagen.** Grausames trug sich während des Todesmarsches zu. Die Menschen wurden mit Prügeln und Peitschenhieben traktiert, zu Tode geprügelt, Kranke und Erschöpfte erschossen.« Soweit der Bericht des Heinrich Gigold, der seinerseits wieder Ernst Paul zitiert.
(Quelle: H. Gigold, »Tschechen und Deutsche«, S. 73)

Welches Ausmaß an Menschenopfern durch die tschechische Mordhysterie zu beklagen ist, ergibt sich aus der Tatsache, dass nicht nur die sudetendeutschen

Verluste zu berücksichtigen sind, sondern auch eine nicht feststellbare Anzahl von durch das tschechische Gebiet durchziehenden deutschen Zivilisten, Soldaten und volksdeutschen Umsiedlern sowie Flüchtlingen, die das Los aller Deutschen in Böhmen, Mähren, Schlesien und der Slowakei teilen mussten!

Der spätere **Justizminister** Prokop Drtina meinte bereits im Juli 1944, »wer den Tod verdient habe, solle liquidiert (Anm. russische Terminologie!) werden, aber möglichst ohne Prozesse und Hinrichtungen.« Also still, ohne Aufsehen. Auch dies geschah vieltausendfach. In allen Orten, auf allen Straßen, in allen Lagern, in allen Gefängnissen und in den eigenen Wohnungen.

Doch neben dem – wie in den Aufrufen geforderten – Abschlachten, Vertreiben und Enteignen der Deutschen liefen die Bemühungen tschechischer Diplomaten zur baldigen internationalen Genehmigung des »Transfers« möglichst aller Deutschen unvermindert weiter. Davon zeugt das Dokument vom 28. Juni 1945, in welchem wiederholt noch von »Überführung« gesprochen wird, obzwar seit Wochen bereits die ärgste Vertreibung wütete.

Mitteilung des US-Geschäftsträgers in der Tschechoslowakei Alfred W. Klieforth an sein Außenministerium

Vertreibung der Sudetendeutschen für politisches Prestige Beneš erforderlich (Auszug):

»Abgesehen von **Wichtigkeit und Bedeutung der Beziehungen zwischen der Tschechei und den Russen** ist das herausragende Problem für den Wiederaufbau der Tschechei die **Lösung der Minderheitenfrage**. Diese umfasst **die Überführung** nach Deutschland und Ungarn von ungefähr drei Millionen tschechischer Bürger, die etwa 20% der Bevölkerung des Landes darstellen, von denen 90% entwurzelt und überführt werden müssen. Die zweite und damit verbundene Phase des Problems stellt der Ersatz der Minderheitenbevölkerung durch die annähernd gleiche Zahl von Tschechoslowaken dar. Überführung und Ersatz der Minderheiten wird 40% der Bevölkerung der Tschechei berühren.
Die Regierung der Tschechei ist sich klar darüber, dass die Überführungen in Übereinstimmung mit den Alliierten Regierungen erfolgen müssen. Es ist jedoch unerlässlich, dass so bald wie möglich in dieser Angelegenheit ein Abkommen erzielt wird. Jeder Wiederauf-

bau ist so lange Stückwerk, bis das Überführungsproblem geklärt ist. Das Volk der Tschechei verlangt **eine baldige Lösung** oder wenigstens ein Abkommen über **die vorgesehene Abfolge der Überführung** und vor allem **die voraussichtliche Zeitdauer** des Vorganges. Dieses ungelöste Problem stellt für Dr. Beneš' Ansehen die größte Gefahr dar. Es ist nicht ausgeschlossen, dass die Lage **einem dramatischen Führer mit radikaler Unterstützung Gelegenheit bietet, das Volk aufzurütteln und mit Gewalt eine Lösung zu suchen ...«**

Anm: Hervorhebungen nicht im Originaltext
Quelle: »Foreign Relations of the United Staates – The Conference of Berlin 1945«, Band 1;
Washington, 1960

Diese Gefahr bestand tatsächlich! Allerdings war sie bereits seit Wochen eingetreten. Die Amerikaner waren dem Herrn Dr. Beneš viel zu unkritisch zugetan, um zu bemerken, dass dieser »dramatische Führer« seit geraumer Zeit Herr Dr. Beneš selbst war, dem sich »mit radikaler Unterstützung« der Kommunisten unter Klement Gottwald – dem späteren Präsidenten der ČSSR – Gelegenheit bot – »das Volk aufzurütteln und mit Gewalt eine Lösung zu suchen ...«

Das hektische Drängen des Dr. Beneš zur Genehmigung eines Transfers

Offizieller Antrag, auf der Potsdamer Konferenz, die Überführung zur »Entfernung der Deutschen« zu beschließen. Übermittelt durch den Unterstaatssekretär für auswärtige Angelegenheiten, Vladimir Clementis (KPTs):

Note der tschechoslowakischen Regierung an die US-Regierung vom 3. Juli 1945 *(Auszug):*

»...Vor Beendigung der Feindseligkeiten übergaben der Präsident der Tschechoslowakei und die tschechoslowakische Regierung den Alliierten Regierungen ein ausführliches Memorandum über die politische Notwendigkeit, **den überwiegenden Teil der deutschen und ungarischen Bevölkerung aus dem Land zu entfernen.**

.... Die letzte Phase des Befreiungskampfes verstärkte im tschechoslowakischen Volk die Überzeugung, dass **ohne die Überführung einer** großen Mehrheit der Deutschen und Ungarn keine sichere und friedliche Entwicklung unseres Staates sowie **kein dauernder Friede und keine Stabilität in Mitteleuropa** gesichert werden können.

Die Vorschläge des obigen Memorandums trafen auf Einverständnis, d.h. es wurden keine besonderen Einwände erhoben. Es wurde lediglich von allen unseren Alliierten darauf hingewiesen, dass die Überführung planmäßig, in organisierter Form und in Übereinstimmung mit den zuständigen alliierten Behörden durchzuführen ist. ... Die tschechoslowakische Regierung bereitet einen Plan und eine angemessene Organisation der Überführung vor.

Bezüglich der Überführung der Deutschen aus der Tschechoslowakei würde die tschechoslowakische Regierung vorschlagen, dass die Großmächte, die die Kontrolle über Deutschland ausüben, in Abstimmung mit der tschechoslowakischen Regierung die Anzahl der Menschen festlegen, die in die jeweiligen **Besatzungszonen innerhalb bestimmter Zeiträume** zu überführen sind. ...

Die tschechische und slowakische Nation betrachten, wie oben erklärt, die Überführung der Deutschen und Ungarn einmütig als unerlässliche Voraussetzung der Zukunft .... **Jede Verzögerung dieser Lösung muss die tschechische und slowakische Bevölkerung stark beunruhigen.**

Solange dieses Grundsatzproblem nicht gelöst ist, wird jeder verwaltungsmäßige, wirtschaftliche und soziale Wiederaufbau und die Konsolidierung des Staates behindert und verzögert. Deshalb wäre ich Ihnen, Herr Geschäftsträger, sehr dankbar, wenn **Sie diesen Standpunkt des Präsidenten** der tschechoslowakischen Republik und der tschechoslowakischen Regierung Präsident Truman übermitteln würden, so dass diese Frage bei der nächsten Konferenz der Drei erörtert und entschieden wird.

Eine ähnliche Note wird gleichzeitig an die Regierungsvertreter Großbritanniens und der UdSSR gerichtet.«

Der Text dieser Note lässt erkennen, dass die tschechische Seite damit rechneten, dass auch noch zu diesem Zeitpunkt, drei Wochen vor der Potsdamer Konferenz, die in vollem Gang befindliche Schaffung vollendeter genozider Tatsachen durch Soldaten, Zivilisten, »Partisanen« und andere Verbrecher den Amerikanern nicht bekannt war oder zumindest ignoriert wurde.

Der Unwille der Westalliierten zu einer überstürzten Vertreibung

Den tschechischen Politikern standen zur Erfüllung ihrer Wünsche drei Gesprächspartner zur Verfügung:
- Die Engländer, die äußerst misstrauisch waren, wollten erst in Ruhe über Transferbedingungen verhandeln, über den benötigten Zeitraum gegebenenfalls von einigen Jahren, über die Sicherung in den Aufnahmeländern und über Transportkontingente. Das hieße: Entscheidung bald, Transfer in geraumer Zeit. Gemeinsame Beschlüsse vor dem Beginn der »Transfers« mit den Alliierten herbeiführen.
- Der amerikanische Geschäftsträger in der ČSR signalisiert seiner Regierung den Wunsch des Dr. Beneš – angepasst an die US–Mentalität – zumindest für ein Abkommen über Abfolge und Zeitdauer einer »Überführung« ... sonst drohe Gefahr. Auch hier ist der Tenor: Baldige Entscheidung, Transfer schnell, allerdings innerhalb bestimmter Zeiträume. Ein früherer tschechischer Vorschlag hingegen sah einen Zeitraum zwei – fünf Jahre vor.
- Die Russen mit dem tschechischen Vertrauensmann K. Gottwald waren gesprächs- und handlungsbereit. Es entsprach doch die Vertreibung der Deutschen aus Polen, aus der Tschechoslowakei und aus Ungarn genau ihrem Konzept der Erweiterung der russischen Einflusssphäre und dem Bestreben der Kommunisten nach der Destabilisierung Deutschlands durch die Schaffung eines Proletariats der Flüchtlinge und Vertriebenen. Hier, bei den Russen, fand Herr Dr. Beneš jene rege Unterstützung und Schützenhilfe gegenüber den West-Alliierten, die er für seine Pläne dringendst benötigte. **Auch wenn dies der Preis für die Auslieferung der ČSR in die Hände und Abhängigkeit der Russen war.**

Genehmigung eines »Transfers« in Potsdam Eine tschechische Fehlspekulation?

Die für die Zeit nach dem Kriege von den Alliierten geplante Konferenz war für die letzte Juliwoche des Jahres 1945 festgesetzt. Die Chancen des Herrn Dr. Beneš, auf dieser Konferenz doch noch die Genehmigung seiner bereits begonnenen Vertreibung zu erhalten, waren keinesfalls gesichert.

Tschechische Vorarbeit zur Potsdamer Konferenz

Waren doch andere, weltumspannende oder gesamteuropäische Themen der Hauptgegenstand der langen Tagung, die die Grundlage einer Nachkriegsregelung festlegen sollte. Das Problem der Sudetendeutschen war nicht von den Alliierten an die Tschechen herangetragen worden sondern umgekehrt. Seit Jahren befasste sich die tschechische Exildiplomatie mit der Überzeugungsarbeit, dass das »Minderheitenproblem« aller mitteleuropäischen Staaten nur durch Zwangsmigration, d.h. durch »ethnische Säuberung« zu lösen sei und machte sich zum unaufgeforderten Wortführer und Befürworter »ethnischer Säuberungen« auch in anderen Ländern Europas, um mit seinen unmenschlichen Forderungen nicht alleine dazustehen.

Es galt also, quasi im letzten Moment, die Aufmerksamkeit der Konferenz zu wecken und die Einsicht und Bereitschaft der Mächte zum Transfer von Millionen Deutschen aus Polen, der Tschechoslowakei und Ungarn herbeizuführen.

Das Fanal von Aussig
Die Explosion im Munitionsdepot
Das Massaker

Am Dienstag, dem 31. Juli 1945 kam es nachmittags um 15.00 Uhr zur »größten Nachkriegskatastrophe« in der Tschechoslowakei. Zur Zeit der Potsdamer Konferenz. Augenzeugen berichten zum Teil übereinstimmend, zum Teil ähnlich und zum Teil – hauptsächlich je nach Herkunft – unterschiedlich.

In einer aufgelassenen Fabrik in Schönpriesen bei Aussig bestand ein großes Waffen- und Munitionsdepot, in dem zu diesem Zeitpunkt eine riesige Detonation und weitere kleine Detonationen erfolgten. Während am Explosionsort Feuerwehren versuchten, den großflächigen Folgebrand zu bekämpfen, kam es in der Stadt Aussig zu Ereignissen, die als »Aussiger Massaker«, »Jagd auf Deutsche« oder als »Sudetendeutsches Lidice« bekannt wurden.

Tschechische Arbeiter und Wachmannschaften bildeten die Mehrzahl der Opfer des Explosionsunglückes. Deutsche Zwangsarbeiter, die in diesem Depot beschäftigt waren, wurden an diesem Tage früher als üblich und eine Viertelstunde vor der Explosion aus der Arbeit abgezogen. Kurze Zeit nach der Explosion, fast wie auf Kommando, begann an einigen von einander unabhängigen Stellen der Stadt eine mörderische Verfolgungswelle gegen alle Deutschen. Man gab den Deutschen bereits einige Minuten nach diesem Vorfall – ebenfalls fast wie vereinbart – die Schuld an dem Unglück und stürzte sich auf sie, wo man sie gerade antraf. Die Deutschen waren mit ihren Armbinden ja leicht zu erkennen.

Die Täter waren bewaffnete Soldaten und Mitglieder paramilitärischer Einheiten, sowie Partisanen und tschechische einheimische und fremde Zivilisten. Sehr viele Zivilisten, denn ausgerechnet an diesem Tage kamen mit einem Eisenbahnzug aus Prag am Vormittag aus unbekannten Gründen bis zu 300 jüngere Personen, die nach tschechischer Beschreibung »wie eine Horde von aus dem Gefängnis Entsprungener« aussahen. Diese Individuen »bewaffneten« sich mit Zaunlatten, Gummischläuchen und Schlagstöcken und hieben auf alle Deutschen ein, bis diese tot oder reglos liegen blieben. Andere Deutsche wurden in einen Löschteich geprügelt und ertränkt. Jedoch der Schwerpunkt der Mordorgie war die **Elbe-Brücke, die auch derzeit noch stolz den Namen »Beneš-Brücke** trägt, an und auf der Menschen sofort erschossen, erschlagen, geschlagen und in die Elbe geworfen wurden, wo sie ertranken oder, falls sie das Ufer erreichten, ebenfalls erschossen wurden. Diese Opfer waren sowohl Männer, als auch Frauen und sogar ein Kind im Kinderwagen.

Es gibt Schilderungen über diese Unmenschlichkeiten, die Bücher füllen. Bücher, die man kaum lesen kann, ohne dass einen Übelkeit befällt: aus Zorn über die Anstifter und Täter und aus Ekel vor den bestialischen Schandtaten, die alle extremen Fantasien übertreffen. Diese deutschen Bürger von Aussig wurden Opfer der eiskalten Politik von Verbrechern, die mit diesem Massenmord unter satanischer Umkehr der Verschuldensfrage den Alliierten in Potsdam beweisen sollte, dass man »diese bösen Deutschen« des Landes verweisen müsse.

Die Suche nach den Schuldigen
Die Schuldumkehr

»Eingeweihte« tschechische Funktionäre wussten bereits vor der Explosion, dass eine Aktion gegen die Deutschen bevorsteht. Nicht nur durch die Ankunft von Schlägerbanden. Anständige tschechische Bürger haben deutsche Mitbürger bereits davor gewarnt, ihre Wohnungen am 31. Juli zu verlassen und ein Offizier, der zur Zeit der Explosion bei einem Arzt war, sprang bei der Detonation auf und eilte mit den Worten: »Jetzt machen wir eine Revolution« aus der Ordination. Man wusste demnach, was geschehen werde.

Offiziell untersuchte man natürlich das Ereignis. Knapp eineinhalb Stunden nach er ersten Explosion, gegen 17 Uhr, konstituierte sich der Krisenstab unter direkter Mitwirkung des »Militärischen Nachrichtendienstes«, von Sonderbeamten des Innenmisteriums und des Ministeriums für nationale Verteidigung. Man rätselte über Ursachen der Explosion, über unsachgemäßes Hantieren mit Munition, über Schlamperei betrunkener Wachmannschaften oder Selbstentzündung von Sprengstoffen. Denn die unmittelbar Anwesenden waren bei der Explosion zu Tode gekommen.

Man meldete Teilergebnisse der Untersuchung nach Prag, jedoch »plötzlich« war in der Mitteilung um 0,00 Uhr (24 Uhr) mit einem Mal ausdrücklich die Rede von einer Tat deutscher »Werwölfe«, berichtet Radranovsky in seinem Werk »Konec soužití« (Das Ende des Zusammenlebens).

Wenn auch Radio Prag in seiner deutschsprachigen Sendung vom **1. 8. 2000** meldete: »Archivar aus Usti n. L. (Aussig): **Explosion vom 31. 7. 1945** wurde von einem Tschechen organisiert,« wurde 1945 das herausgefunden, was beabsichtigt war: **Die »Werwölfe«, die »5. Kolonne der Deutschen« war schuld!** Am Folgetag, dem 1. August trafen in Aussig, eilends aus Prag angereist, der General Svoboda, der Innenminister Nosek und der Stabskapitän Pokorny aus dem Ministerium des Inneren ein, um auf höchster Ebene die Untersuchungen zu leiten, zu lenken und abzuschließen. Diese Staatsfunktionäre lassen sich berichten, kombinieren, unterstellen, urteilen, verurteilen ebenfalls einheitlich. Geheimdienste »untersuchen« und finden die Feinde, dort, wo man sie zweckmäßigerweise benötigt.

Bereits jetzt steht die Schuld fest:

Es ist der Werwolf. Allgegenwärtig, hyperaktiv, die Nation bedrohend, **getarnt im unendlichen Becken der Sudetendeutschen.** Diese müssen der furchtgeplagten Bürger wegen unbedingt verschwinden. Die tschechoslowakische Regierung konnte demnach am 1. August 1945 die klare Schuldzuweisung aussprechen: »Deutsche Werwölfe waren am Werk.«

Die Geheimdienste der ČSR und Russlands berichten das gerade noch zur rechten Zeit dem Herrn Stalin, sodass noch am letzten Tag der Konferenz er und seine »Kollegen« Truman und Attlee – von der Unausweichlichkeit eines Transfers überzeugt – **einem humanen und geordneten Transfer, der erst – nach noch näher zu definierenden Bedingungen** – anlaufen soll, **zustimmen.** Über das Wirken der Untersuchungskommission, ihre erschütternden Beiträge zur Wahrheitsfindung und ihre Stellungnahmen sowie über die konstruierten Schlussfolgerungen wird noch berichtet werden.

| Kapitel 19

Das Massaker von Aussig und die Konferenz in Potsdam Tschechische Vertreibungsinitiative

Zusammenhänge

Das Massaker von Aussig war ein so exorbitantes Ereignis, dass es nötig ist, alle Gesichtspunkte der Entstehung, aber vor allem der Konsequenzen dieser Schandtat zu betrachten.

Kaum waren also am Nachmittag des 31. Juli 1945 in Aussig an der Elbe die Rauchschwaden der spektakulären Riesenexplosion verzogen, wurde ein Massaker als »spontane« Reaktion des Volkszornes auf die »schuldigen« deutschen Bewohner Aussigs inszeniert. Zumindest an vier verschiedenen Stellen der Stadt setzte ein Pogrom gegen alle Deutschen, deren man habhaft werden konnte, ein. Eindeutige Schlüsse lassen sich auch aus den Umständen ziehen, dass »zufällig« am gleichen Tag 200 – 300 Männer mit einem Zug aus Prag ankamen, die dann plötzlich mit Zaunlatten etc. »bewaffnet« waren. Auch Soldaten waren rechtzeitig und »spontan« außer mit Gewehren, mit Gummischläuchen und Knüppeln ausgerüstet.

Bereits zwei Stunden später begann – wie schon erwähnt – die Suche nach Ursache und Verursachern des Unglückes. Am Folgetag reisten der Innenminister Nosek, der Armeegeneral Svoboda und ein ebenfalls vom Brünner Todesmarsch sattsam bekannter Stabskapitän Pokorny in Begleitung von Mitgliedern des tschechischen und russischen Geheimdienstes aus Prag an, um die Ermittlungen in die »richtigen« Wege zu leiten.

Es wurden Zeugen einvernommen und Protokolle geschrieben. Die Besonderheit dabei war jedoch, dass alle, auch frühere Aufzeichnungen – einschließlich der Kopien sofort konfisziert wurden. Nicht einmal die Stenotypistinnen durften das Kohlepapier ihrer Durchschläge selbst entsorgen. Es wurde ebenfalls konfisziert. Vielsagend ist dabei, dass diese Protokolle bis heute nicht greifbar sind.

215

Eine staatlich inszenierte Tat
Entlarvende Assoziationen

Svoboda und das Beispiel der Wolga-Deutschen in Aussig

Unter diesem Titel schreibt Pustejovsky und zitiert Staněk:
»Ansatzpunkt für diese geradezu abenteuerlich anmutende These (Anm.: die gewollte Herbeiführung des Massakers als Motivation der Teilnehmer an der Potsdamer Konferenz zur Bewilligung eines Transfers) ist die konkrete Aussage des Ministers für Nationale Verteidigung, des Armeegenerals Ludvik Svoboda, anlässlich der ministeriellen Pressekonferenz am Mittwochnachmittag, dem 1. August 1945 in Aussig. Hier äußerte er sich dezidiert und andere Gründe kategorisch ausschließend zur Schuldfrage an der Explosion und zu den sich daraus ergebenen zwangsläufigen politischen und praktischen Konsequenzen für die Deutschen, wobei ihm das Massaker nur eher nebenbei erwähnenswert erschien. Mit dem Hinweis, dass die **UdSSR innerhalb kürzester Frist mit dem Problem von »Spionen und Diversanten« fertiggeworden sei**, zog er eine unmittelbare Parallele zu Aussig: Die bereits eingeleitete, im Gange befindliche großräumige Entfernung der Deutschen aus dem Lande sei offenkundig – nach der Explosion von Schönpriesen – bei weitem unzureichend; sie müsse demnach beschleunigt weiter – und zu Ende geführt werden Hierbei konnte sich der altgediente Frontkämpfer in und mit der Roten Armee nicht nur der Unterstützung der Sowjetischen Militäradministration für Deutschland (SMAD) gewiss sein, sondern auch Stalins auf der Potsdamer Konferenz, deren Schlusssitzung und abschließende Erklärung ja in Vorbereitung waren.
Da Svoboda am 1. August 1945 in Aussig weder unkonzentriert, unvorbereitet noch besonders überrascht wirkte, ist der Zufall auszuschließen. Da er bezüglich der Wolga-Deutschen nicht nur das logistische Problem ansprach – die in kurzer Frist gelöste Deportation großer Bevölkerungsteile – sondern auch **die definitive politische Lösung einer Liquidierung deutscher Gruppenstrukturen in der UdSSR**, zielte er somit auf eine vergleichbare definitive **Beseitigung der Deutschen aus der Tschechoslowakei** ab. Hatte die UdSSR im Jahre 1941, fern aller internationaler Beobachtungsmöglichkeiten, keinen unmittelbaren äußeren Anlass benötigt, um einen kollektiven Vorwurf zu erheben, so war dies nunmehr, 1945, auf Grund der internationalen Umstände erforderlich, (mit der Explosion in Aussig) ein unübersehbares Zeichen zu setzen: das von der weiterwirkenden

deutschen Gefahr, von der sudetendeutschen Irredenta, der staatsbedrohenden Werwolftätigkeit, der unmittelbaren Gefahr für die tschechische Bevölkerung, ja der **existenzbedrohenden** Staatsgefährdung.

Mit seiner gedanklichen Zusammenlegung zweier Ereignisse, – dem Schicksal der Sudetendeutschen und dem Schicksal der Wolgadeutschen – verrät General Swoboda eindeutig den Zweck des Aussiger Massakers wenn er sagt: »Wir werden hier keine fünfte Kolonne dulden, und wir können hier die **Sowjetunion als Modelfall** heranziehen.

Dort (Anm. an der Wolga) wurden deutsche Fallschirmspringer abgesetzt, welche daselbst verborgen wurden. Die UdSSR verlangte ihre Auslieferung. Als dies innerhalb der gesetzlichen Frist nicht geschah, existierte binnen eines Zeitraums von 24 Stunden die deutsche Wolga-Republik überhaupt nicht mehr.«
(Anm.: Tomáš Staněk bemerkt dazu: ... »es handelt sich hierbei um eine Provokation seitens sowjetischer Sicherheitseinheiten«)

Swobodas Hinweis auf der Pressekonferenz am 1. 8. 1945 auf die »Wolga-Republik« der Sowjetdeutschen war demnach kein zufälliger Ausrutscher, sondern eine Aussage mit gewichtigem Hintergrund. Es war eine ideologisch motivierte Kollektivschuldthese, aus der die Forderung nach kollektiver Bestrafung ohne Rücksicht auf individuelle Unschuld und Opfer unmittelbar abgeleitet wurde.

Aussagen zum Massaker in Aussig

General Svoboda:
»Wir sind hierher gekommen, um einen Schuldigen auszumachen. Für das, was geschehen ist, sind wir alle verantwortlich. Wir sind deshalb dafür verantwortlich, weil wir bisher unfähig waren, **die größten Verbrecher loszuwerden – die Deutschen.**
Die Frage, wer Verbrecher ist, ist klar: Die Verbrecher sind die Deutschen. Weisen wir doch alle Deutschen mit Ausnahme derjeniger aus, welche aktiv am Kampf gegen die Nazis teilgenommen haben. ...
Falls es irgendwelche Leute gibt, welche durch eine Freundschaft zu Deutschen oder durch Sentimentalität über deren Schicksal bestimmt werden, sollten sie dies besser bleiben lassen.« (Quelle: AMV ČR-Ka Foud A 14 Karton 5...)

Dazu schreibt Tomáš Staněk (Verfolgung 1945, Seite 184): »Dabei wurde noch an manchen Orten unter Androhung einer Geldbuße (beispielsweise bis zu 5.000 Kčs) oder einer Gefängnisstrafe (bis zu 14 Tagen) untersagt, zu Gunsten der deutschen Bevölkerung zu intervenieren.«

Innenminister Nosek:
In seinem Beitrag in Aussig knüpft er zuerst an die Erfahrungen, die die tschechische Armee mit deutschen Soldaten im Kampf am »Dukla Pass« gemacht habe, an und sagt: »... Dies alles hat die Soldaten dieser Armee zu dem Grundsatz geführt, **dass der allerbeste Deutsche ein toter Deutscher ist.**«

Was dies mit Aussig zu tun hatte? Vordergründig scheinbar nichts. Hintergründig zeigt seine Aussage jedoch klar, den unvorstellbaren Vernichtungswillen gegen das Leben der Deutschen!

Dann befasst sich Nosek mit den Geschehnissen in Aussig: »In erster Linie hat uns interessiert, wie dies hatte geschehen können, ob es sich um ein Unglück oder um eine organisierte Aktion gehandelt hat, welche bereits von allem Anfang her die Organisation unseres Staates untergraben will. Wenn wir dem, was in Schönpriesen geschehen ist, noch das hinzufügen, was sich andernorts in unserem Grenzgebiet ereignet, gelangen wir zu der Ansicht, dass es sich um eine organisierte Sabotage handelt, eine zielbewusste Störung unseres politischen und wirtschaftlichen Lebens. .... Selbst wenn man bei der Aussiger Katastrophe **nicht genau beweisen kann, dass ihre Verursacher Deutsche sind,** weisen alle Indizien darauf hin, dass es sich um eine Sabotage handelt. ... Es ist weiterhin bezeichnend, dass es zur Katastrophe an einem Ort kam, wo überwiegend tschechische Bevölkerung wohnt, gerade dort, wo tschechische werktätige Menschen zusammengeführt wurden. Nicht allein der Aussiger Vorfall, sondern auch andere Sabotageakte werden schärfere Maßnahmen gegen die Deutschen nach sich ziehen. **Wir erwarten, dass in Potsdam auch bezüglich der tschechoslowakischen Forderung entschieden wird,** damit wir den Transfer der Deutschen schneller, als dies bisher erfolgt ist, durchführen können. Die Regierung hat dazu zwar bereits eine mündliche Zustimmung der drei alliierten Regierungen erhalten, doch will sie, dass diese Regierungen sich diesbezüglich offiziell entscheiden.«

Die Rolle des Herrn Stabskapitäns Pokorny

Herr Pokorny aus dem Ministerium des Inneren erläuterte eine ganze Reihe von Sabotageakten, angefangen mit **Sabotageaktionen in Brünn** und endend mit dem **Vorfall in Schönpriesen** – Aussig.

Dazu ist anzumerken: Dieser Herr Pokorny trat erstmals in Brünn als Organisator des »Brünner Todesmarsches« in Erscheinung und verbindet hier

Brünn und Aussig, indem er **beide Massaker** anführt und mit »Sabotageak-ten« verknüpft. Für seine Verdienste am Brünner Verbrechen wurde er als Offizier in das Innenministerium berufen. Von dort aus unterzeichnete er als Nachrichtenoffizier »für den Minister« Anweisungen über die Zusammen-arbeit der Geheimdienste der ČSR. Daraus erklärt sich seine Anwesenheit bei der Ministerbesprechung in Aussig, da alle Nachrichten über die Vorgänge in Aussig bei ihm zusammen liefen und so Ergebnisse nach politischen Absich-ten erzielt werden konnten.

In diesem Zusammenhang ergriff ein Herr Major aus der Begleitung des Herrn Ministers General Svoboda das Wort:

»... Zu allererst müssen wir die Werwölfe liquidieren und ihnen die Massen-basis nehmen, **das bedeutet die Ausweisung von 2 Millionen Deutschen.** Dies ist eine große Reserve, welche uns noch sehr oft schaden könnte. Wenn wir sie ausweisen, werden tschechische Menschen sich nicht mehr fürchten, zur Arbeit ins Grenzgebiet zu gehen. Daraus leite ich auch für die Zentralbe-hörden die Lehre ab und rate nur eines – **die Ausweisung der Deutschen zu beschleunigen.**«

Aussig: Eine Inszenierung für Potsdam

Internationale Beurteilung

Der weltbekannte schweiz-amerikanische Völkerrechtler Prof. Dr. Alfred M. de Zayas bemerkt zur Aussiger Tragödie:

»Geradezu makaber klingt es, dass dieser Pogrom gegen die deutsche Bevöl-kerung von der tschechoslowakischen Regierung als Argument angeführt wurde, um die westlichen Alliierten zu einem beschleunigten Tempo der »Umsiedlung« zu veranlassen.«

Beweise für die Existenz
der genoziden Vertreibungspläne

Liest man die später angeführte Bilanz des Herrn Ministers Dr. Dr. Ripka über den Erfolg bzw. »Misserfolg« der Vertreibungspläne des Herrn Dr. Beneš, so muss man sich den Wortlaut des Aufrufes des Dr. Beneš zu einem Akt des Völkermordes an die tschechoslowakische Untergrundbewegung in Erinne-rung rufen:

Auszug:

»Einer internationalen Lösung ... muss eine Säuberung vorangehen ... und wir können uns daher nicht auf eine internationale Lösung verlassen und können eine solche nicht abwarten.«

Am 16. Juli 1944 lässt Dr. Beneš durch seinen Sekretär Prokop Drtina der tschechoslowakischen Untergrundbewegung die diesbezügliche Erklärung übermitteln, die einen **klaren Mordaufruf** beinhaltet:
(Auszug – Hervorhebungen durch den Autor)

»Die .... Frage, was mit unseren Deutschen zu geschehen hat, nimmt in der ganzen öffentlichen Weltmeinung immer mehr **eine Wendung zum Besseren**, und zwar so, wie unser Volk es braucht. ... Es kann jedoch heute noch nicht definitiv gesagt werden, dass sämtliche über drei Millionen Deutsche auf Grundlage irgendeiner internationalen Regelung transferiert werden können. **Auf diesem Wege wird es vielleicht möglich sein, sie nur zum Teil loszuwerden, maximal vielleicht zwei Millionen, und wir können uns daher nicht auf eine internationale Lösung verlassen und können eine solche nicht abwarten.** Es ist notwendig, dass wir **in den ersten Tagen nach der Befreiung** vieles selbst erledigen, dass möglichst viele schuldige Nazisten vor uns fliehen, aus Angst vor einer Bürgerrevolte gegen sie in den ersten Tagen der Revolution, und dass möglichst viele derjenigen die als Nazisten sich wehren und Widerstand leisten, **in der Revolution erschlagen werden.** Denken Sie immer daran, darauf muss die ganze Nation vorbereitet sein. Der **internationalen Lösung** der deutschen Frage bei uns muss daher neben der revolutionären Befreiungsbewegung und später auch **neben den ordnungsmäßigen Operationen**, bis unser ganzes Land und das ganze Staatsgebiet militärisch befreit sein werden – hauptsächlich also auch die Grenzgebiete, die durch München von uns abgetrennt wurden – **die schnellstmögliche Besetzung und Säuberung ... vorangehen, ...**
... Die **öffentlichen Bekanntmachungen** des Präsidenten und der Regierung hier in London müssen in dieser Frage immer sehr **zurückhaltend** sein, und es ist notwendig, sie auch **bei uns danach zu beurteilen**. Natürlich werden **wir uns bemühen, diese Frage so gründlich wie nur möglich zu lösen**, und das wichtigste Wort werden die Heimat und diejenigen haben, die unter den Deutschen gelitten haben. Ohne die Heimat können wir dies allein nicht entscheiden.
..., eine wichtige Rolle in dieser Richtung fällt im Befreiungskrieg dem Volk in der Heimat selbst zu ...«

Die Ergebnisse solcher Aufrufe:

– aus der Sicht der Vertreibungsopfer
war die Folge solcher Anweisungen und weiterer direkter Mordaufrufe gegen **alle Deutschen**: die Herbeiführung bisher unvorstellbarer Marty-

rien, die über 700.000 Sudetendeutsche zur Flucht zwang und die zehntausenden Mitbürgern das Leben kostete.

– aus der Sicht der Vertreiber
wird vom Herrn Dr. Ripka eine negative Bilanz gezogen.
Einerseits bezeugt Ripka die Planmäßigkeit der Terrormaßnahmen gegen die Deutschen, die vor den Potsdamer Beschlüssen (2. 8. 1945) vollendete Tatsachen in weitestmöglichem Maß schaffen sollten, andererseits ist er mit den bisherigen Mord- und Vertreibungsergebnissen nicht zufrieden: **»... Wir waren zu langsam und zu nachsichtig mit den Deutschen ... Die Bevölkerung führte in den ersten zwei Monaten nach der Befreiung den Plan der Regierung nicht durch, und die ganze Operation der Vertreibung der Deutschen ist daher verlangsamt worden.«** Dieses eindeutige Bekenntnis zum Völkermord äußerte Dr. H. Ripka am 20. 7. 1945 zu Jon Kimche, dem diplomatischen Korrespondenten der Reuter Agentur.

Darüber hinaus ergänzt Verteidigungsminister Nosek diese Bilanz:
»Ich bin der Meinung, dass wir einen Mangel haben. Wir haben es nicht geschafft, bereits in der Zeit der Revolution die Sache mit den Deutschen gründlicher zu erledigen. ...«

Die tschechische Seite war demnach mit der bisherigen Opferbilanz unzufrieden und man setzte alles daran, noch vor einer bevorstehenden internationalen Regelung, die genoziden Untaten weiter zu betreiben.

Tschechische Beharrlichkeit

Das Massaker von Aussig lag nun zurück und die daraus für die Potsdamer Konferenz bestimmten Schlüsse dieses Verbrechens waren »an den Haaren herbei« – gezogen. Es musste etwas geschehen: Die Entgermanisierung musste zu Ende gebracht werden. Selbstverständlich uneigennützig. »Zum Wohle des europäischen Friedens!«

Die aufgehetzten Tschechen fuhren fort, ohne weitere Verzögerung die Deutschen auszutreiben und viele Hunderttausende hatten die Heimat demnach vor dem August 1945 verlassen müssen. Vor »Potsdam« hat die polnische Regierung inoffiziell wissen lassen, dass sie die Deutschen aus dem Gebiet, das ihrer Verwaltung übergeben wurde, vertreiben würde und Millionen wurden vor Potsdam vertrieben. Diese tschechischen Vertreiber arbeiteten diskreter und verzichteten selbst auf eine inoffizielle Ankündigung.

Der Ausweisungsbeschluss der Regierung bezüglich der Deutschen vom 15. Juli 1945.

Dieser von der Regierung herausgegebener Beschluss, beweißt die böse Absicht einer Vertreibung und wurde im Grenzgebiet fleißigst befolgt. Die Vertreibung sollte sogar beschleunigt werden. Der Generalstabschef im Ministerium für Nationale Vereidigung hatte am 24./25. Juli 1945 den Befehlshaber der Ersten Ukrainischen Front, Marschall Konjew besucht, bei dem er ein erhöhtes Aussiedlungstempo der Deutschen in die sowjetische Besatzungszone Deutschlands forderte. Denn die ČSR-Regierung »möchte .... keine überflüssige Zeit verlieren und ist **gewillt, die Großmächte vor eine fertige Angelegenheit zu stellen**« soweit die Ausführungen des Herrn Ministers, die in einem Geheimpapier des Militärhistorischen Institutes der ČSR dokumentiert sind. Dies ist gelungen und diese immer bewährte tschechische Taktik der Schaffung vollendeter Tatsachen wurde auch nach »Potsdam« beharrlich fortgesetzt.

Wiederum ein Beispiel für den
»humanen Transfer«

| Kapitel 20

Die Konferenz von Potsdam
Alliierte vor vollendeten Tatsachen

Der Beginn des »Kalten Krieges«
Machtkampf der Sieger

Spricht man von der »Potsdamer Konferenz«, so geschieht dies seltener im Zusammenhang mit den zum Teil kriegsbedingten Vertreibungen der Deutschen aus Polen, Ostpreußen oder jener aus Ungarn, sondern häufiger mit dem Schlusskapitel der »Entgermanisierung« Böhmens, Mährens und Österreichisch-Schlesiens, mit der genoziden Vertreibung der Sudetendeutschen aus ihrer historischen Heimat.

Diese Konferenz der »drei Großen« tagte in zwei Phasen, der ersten vom 17. – 25. Juli und der zweiten vom 28. 7. bis 2. 8. 1945. Die »drei Großen« waren jedoch nicht immer dieselben Personen. Waren es in Jalta noch die Herren Roosevelt, Churchill und Stalin, die über Nachkriegsprobleme konferierten, so verhandelten in der ersten Phase in Potsdam die Herren Truman, Churchill und Stalin, jedoch in der zweiten Phase die Herren Truman, Attlee und Stalin über die Programmpunkte. Denn am 26./27. Juli wurde W. Churchill als Premierminister abgewählt, sein Nachfolger wurde Clement R. Attlee.

Generalissimus Josef Stalin, der an dieser Konferenz Meistinteressierte, da es galt, einerseits im Hinblick auf den bevorstehenden »Kalten Krieg« die ČSR als Brückenkopf des Kommunismus gegen den Westen wiederzuerrichten und andererseits die russischen Gebietsansprüche in Polen durchzusetzen und dafür als Kompensation die polnische Westgrenze auf deutsches Gebiet zu verschieben, dominierte diese Konferenz aufgrund seiner Erfahrungen aus den Konferenzen von Teheran und Jalta. Präsident H. Truman hatte beiweitem nicht das politische Gewicht eines Präsi-

Präsident Roosevelt

denten Roosevelt und Clement Attlee war bei Abschluss der Konferenz erst seit zwei Tagen im Amt. Die USA und England wurden dadurch eigentlich zu zustimmenden Partnern der russischen Pläne in Europa deklassiert.

Vertriebenentransport

Potsdamer Konferenz
(v.l.n.r.: Churchill, Truman und Stalin)

Für die Politik der ČSR, als auf der Konferenz ČSR nicht anwesendem »Sie-
gerstaat«, der in der Liste der Siegerstaaten an 32. Stelle rangierte, war von
Bedeutung, von dieser Konferenz endlich eine bisher unerreichte schriftliche
Sanktionierung des Planes zum »Bevölkerungstransfer« der deutschen Bevölkerung aus deren Heimatgebieten in den Sudetenländern zu erlangen, um
diese »Erlaubnis« sodann skrupellos als Freibrief für die laufende genozide
Vertreibung zu missbrauchen. Beneš schaffte auch hier wieder vollendete Tatsachen.

Die Bedeutung einer solchen Sanktionierung lag in dem Umstand, dass sie
den diplomatischen Schlusspunkt des 25 Jahre dauernden Prozesses der Entgermanisierung der sudetendeutschen Heimatgebiete setzen sollte.

Die Konferenzthemen

Bereits bei der Wahl der Konferenzthemen erlebte Dr. Beneš arge Enttäu-
schungen. Waren doch andere, weltumspannende und gesamteuropäische
Themen der Hauptgegenstand der langen Tagung, die die Grundlage einer
Nachkriegsregelung festlegen sollte. Das Problem der Sudetendeutschen war
ja nicht von den Alliierten an die Tschechen herangetragen worden, sondern
umgekehrt. Seit Jahren befasste sich Dr. E. Beneš im Exil mit der Überzeugungsarbeit, dass das »Minderheitenproblem« aller mitteleuropäischen Staaten nur durch Zwangsmigration, d. h. durch »ethnische Säuberung« zu lösen
sei und machte sich zum unaufgeforderten Wortführer und Befürworter »ethnischer Säuberungen« auch in anderen Ländern Europas, um mit seinen
unmenschlichen Forderungen nicht alleine dazustehen.

Die »Transfers« der Minderheiten rangierten in Potsdam zum Teil außer Pro-
gramm und nach Urgenz des Dr. Beneš an letzter Stelle der Besprechungen.
Es galt demnach jetzt, quasi im letzten Moment, die Aufmerksamkeit der
Konferenz zu wecken und die Einsicht und Bereitschaft der Mächte zum
Transfer von Millionen Deutscher aus Polen, der Tschechoslowakei und
Ungarn herbeizuführen.

Otfried Pustejovsky berichtet dazu: »Unter 7 europäischen Programmpunkten
befanden sich 6, die sich mit rein sowjetischen Interessen wie der Verschie-
bung der Westgrenze Polens, der Installierung sowjetischer politischer Syste-
me in den Staaten Mitteleuropas von der Ostsee bis zur Adria befassten und
lediglich einer, der die **stillschweigende Akzeptanz** der bis zum Zeitpunkt
der Potsdamer Konferenz **bereits erfolgten Vertreibung** deutscher Bevölkerungsteile aus verschiedenen Staaten, ... insbesondere aber aus der Tschechoslowakei in die sowjetische Besatzungszone Deutschlands« behandelte.

Stalin selbst ist die Hauptinformationsquelle dafür, dass Austreibungen im großen Stil schon lange vor Potsdam stattfanden. ... In Potsdam erklärte er in der Sitzung vom 25. 7. 1945, dass Polen bereits Millionen Deutscher vertrieben habe und dass die anderthalb Million, die noch dort sei, nur bis zur Einbringung der Ernte zurückbehalten würde. Er bemerkte, dass die Tschechen den Deutschen zwei Stunden Zeit gäben, in der sie ihren Besitz verlassen müssten. Stalin unterstrich, dass man nichts tun könne, um diese Vertreibungen aufzuhalten. Er war der Ansicht, dass nicht nur die großen Drei, sondern auch die polnische und tschechische Regierung selbst machtlos seien, einen Prozess zu verhindern, der auf Grund der tiefsitzenden bitteren Gefühle dieser Völker gegen die Deutschen vor sich ginge.« *(Dokumente, SD-Rat 1992)*

Diese »bitteren Gefühle« wurden durch die geschilderten Mord- und Vertreibungsaufrufe zu zügellosem Hass gegen alles Deutsche gesteigert!

Das Niveau der Konferenzgespräche

Die Seichtheiten und Oberflächlichkeiten der Verhandlungsführung bei den Potsdamer Gesprächen ist wohl einerseits auf sprachliche Barrieren zurückzuführen, andererseits lassen sie auf einen unverantwortlichen Mangel an Sachkenntnissen der Verhandler schließen.

Debattenauszüge vom 19. 7. 1945
Im Rahmen der Debatte über die Definition des Istzustandes Deutschlands wirft Stalin – wohl im Zusammenhang mit einer Lösung für Ostpreußen – ein:
»Würde man beispielsweise daran denken, eine deutsche Verwaltung der Tschechoslowakei zu errichten? **Das ist das Gebiet, aus dem die Deutschen die Tschechen vertrieben haben.**« Darauf antwortet Truman: »Vielleicht wollen wir doch von Deutschland sprechen ...« Über diese Desinformiertheit Stalins berichtet Pustejovsky in seinem Werk »Die Konferenz von Potsdam und das Massaker von Aussig«.

Aus diesem Wortwechsel kann man gleich zweierlei erkennen: Präsident Truman wollte von sich aus nicht über »Transfers« reden, sondern über Regelungen für Deutschland. Und Stalin verhandelte über die Tschechoslowakei, ohne ausreichende geschichtliche Vorkenntnisse zu besitzen.

Über weitere Skurrilitäten der Gespräche berichtet O. Pustejovsky:
»Es war Churchill, der das Problem der Vertreibung beharrlich nochmals ansprach: »Es gibt noch eine Frage, die zwar **nicht auf der Tagesordnung steht**, die man aber erörtern sollte und zwar die Überführung der Bevölke-

rung. Es gibt eine große Zahl von Deutschen, die aus der Tschechoslowakei nach Deutschland zu überführen sind.«

Darauf Stalin: »Die tschechoslowakischen Behörden haben diese Deutschen evakuiert, und sie befinden sich gegenwärtig in Dresden, in Leipzig und in Chemnitz«.

Dies lässt darauf schließen, dass Stalin über die bereits voll angelaufenen tschechischen Vertreibungsaktionen informiert war.

Churchill fuhr fort: »Wir schätzen, dass es 2,5 Millionen Sudetendeutsche gibt, die zu überführen sind. ... Dass ist ein großes Unternehmen, 2,5 Millionen Menschen zu überführen. Aber wohin soll man sie überführen? In die russische Zone?«

Auch Churchill war im Prinzip das Konzept bekannt, jedoch der gegenwärtige Stand der Dinge scheinbar nicht.

Stalin: »Der Großteil von ihnen geht in die russische Zone.«
Churchill: »Wir wollen sie nicht in unserer Zone haben.« (!)
Stalin: »Wir schlagen das auch gar nicht vor.« (**Heiterkeit**).
Churchill: »Wenn sie kommen, so wollen sie auch essen. Mir scheint, dass die Überführung noch gar nicht richtig begonnen hat.«
Stalin: »Aus der Tschechoslowakei?«
Churchill: »Ja aus der Tschechoslowakei. Vorläufig erfolgt die Überführung nur in geringem Umfang.«
Stalin: »Ich verfüge über Informationen, dass die Tschechen die Deutschen in Kenntnis setzen, bevor sie sie aussiedeln.«

Damit war dieses Dreiergespräch vorläufig beendet. Das Thema der Vertreibung drohte im Sande zu verlaufen. Darauf reagierte Dr. Beneš sofort mit einer neuen Demarche: Der Verlegung der Entscheidung auf die Ebene der Außenminister.

Denn kurze Zeit später meldete sich der auch anwesende Außenminister Eden mit einer Nachricht zu Wort: »**Wir haben eine Mitteilung von Dr. Beneš erhalten, in der er den Wunsch äußert, dass wir hier die Frage der Überführung der Deutschen aus der Tschechoslowakei erörtern. Können die Außenminister sich mit dieser Frage befassen?**«
Stalin: »Mir scheint, dass die Überführung bereits durchgeführt ist.«
Churchill: »Wir meinen nicht, dass eine große Zahl von Deutschen bereits von da **weggefahren ist, und vor uns steht nach wie vor das Problem, wie diese Frage zu lösen ist.**«
Stalin: »Bitte schön.« *(Anm.: Anmerkungen vom Autor)*

In diesem Sinne wurde, als Ergebnis des Drängens des Dr. Beneš, in einem Protokoll dieser Sitzung die »Bildung der Kommission zur Prüfung der Frage der Aussiedlung der Deutschen aus der Tschechoslowakei, aus Polen und Ungarn« als Beschluss festgehalten. Zwei Tage später am 27. 7. 1945 schlug tatsächlich Außenminister Byrnes die Behandlung von diesbezüglichen Vorschläge der englischen Delegation vor. Diese Vorschläge wurden dann am 31. 7. in der Plenarsitzung nachmittags »sozusagen zwischen Ruhrgebiets- und Kriegsflottendiskussion« behandelt.

Dabei entwickelte sich ein weiterer Trialog zwischen Truman, Stalin und Byrnes der es ebenfalls wert ist, wörtlich wiedergeben zu werden.
Truman: »Die nächste Frage betrifft die Überführung der deutschen Bevölkerung aus Polen und der Tschechoslowakei.«
Byrnes: »Der Bericht der Kommission, die sich mit dieser Frage beschäftigte, ist vollständig angenommen worden...«

Stalin: »... Es handelt sich nicht darum, dass man die Deutschen direkt nimmt und aus diesen Ländern hinausjagt. So einfach ist die Sache nicht. **Aber man versetzt sie in eine Lage, in der es für sie besser ist, diese Gebiete zu verlassen.** Formal können die Tschechen und die Polen sagen, es bestehe kein Verbot für die Deutschen, dort zu leben, **doch in Wirklichkeit werden die Deutschen in eine Lage versetzt, in der es für sie unmöglich wird, dort zu leben ...«**
Byrnes: »In diesem Punkt heißt es, **dass an die Regierungen die Bitte ergeht, zeitweilig die Aussiedlung der deutschen Bevölkerung einzustellen,** bis die Frage im Kontrollrat erörtert wird...«
Stalin: »Die Polen und die Tschechen werden Ihnen sagen, es gebe bei ihnen keinen Befehl zur Aussiedlung der Deutschen....«
Truman: »Wenn Sie zustimmen, werden wir dankbar sein...«
Stalin: »Gut, ich habe keine Einwände.«

Diesen – sich selbst qualifizierenden – Gesprächen über das Schicksal von 3,5 Millionen Menschen muss in unseren Betrachtungen über den Völkermord an den Sudendeutschen breiter Raum gegeben werden, um deren Unzulänglichkeit für eine Rechtfertigung, – wenn es dafür überhaupt eine geben sollte, – eines Massenverbrechens, wie es tatsächlich verübt wurde, abzuleiten.

Das Potsdamer Protokoll
Eines der schändlichst missbrauchten Dokumente

In den zehn Arbeitstagen der Konferenz wurden Nachkriegsprobleme unterschiedlichster Art, teils von den Staatsoberhäuptern teils von den Außenministern der USA, Großbritanniens und der UdSSR oder von allen gemeinsam behandelt.

Zum Abschluss der Konferenzgespräche wurde jenes Protokoll XII. verfasst, das durch gezielte Klitterung der Übersetzung zu einem anrüchigst missbrauchtem Dokument umgedeutet wurde.

Das Protokoll weist 12 Verhandlungspunkte auf. Das Thema der Umsiedlungen wurde im Punkt XII des Protokolls alias Punkt XIII des Reports festgehalten. Da die deutsche Übersetzung, verlautbart im Amtsblatt des Kontrollrates in Deutschland nicht ganz der tschechischen Übersetzung des englischen Originaltextes entspricht und wir uns im Folgenden auch mit der Behandlung des Themas in Beratungen der tschechoslowakischen Regierung befassen werden, halten wir uns vorerst an den englischen Originaltext.

XII.
Orderly Transfer of German Populations

The three Governments, having considered the question in all its aspects, recognise that the transfers to Germany of German populations or elements thereof, remaining in Poland, Czechoslovakia, and Hungary, will have to be undertaken. They agree that any transfers that take place should be effected in an orderly and human manner. Since the influx of a large number of Germans into Germany would increase the burden already resting on the occupying authorities, they consider that the Allied Control Council in Germany should, in the first instance, examine the problem, with special regard to the question of the equitable distribution of these Germans among the several zones of occupation. They are accordingly instructing their respective representatives on the Control Council to report to their Governments as soon as possible the extent to which such persons have already entered Germany from Poland, Czechoslovakia, and Hungary, and to submit an estimate of the time and rate at which further transfers could be carried out having regard to the present situation in Germany.

The Czechoslovak Government, the Polish Provisional Government, and the Control Council in Hungary are at the same time being informed of the above and are being requested meanwhile to suspend further expulsions pending the examination by the Governments concerned of the report from their representatives on the Control Council.

Documents on British Policy Overseas, Series I, The Conference at Potsdam 1945.
London 1984, S 1274 (Protocol of the proceedings of the Berlin Conference).

Die korrekte deutsche Übersetzung des vorangeführten Textes lautet: (Übersetzung durch den Autor laut Langenscheidt Wörterbuch englisch-deutsch)

XII.
Ordentliche Überführung der deutschen Bevölkerung

Die drei Regierungen haben die Frage in allen ihren Aspekten beraten und erkennen an, dass die Überführungen nach Deutschland der deutsche Bevölkerungen oder Bestandteile derselben, die in Polen, der Tschechoslowakei und Ungarn verweilen, zu unternehmen sein werden. Sie sind übereingekommen, dass jegliche Überführungen, die stattfinden werden, in ordnungsgemäßer und humaner Weise durchgeführt werden sollten.

Da der Zustrom einer großen Zahl Deutscher nach Deutschland die Lasten vergrößern würde, die bereits auf den Besatzungsbehörden ruhen, glauben sie, dass der Alliierte Kontrollrat in Deutschland zunächst das Problem unter besonderer Berücksichtigung der Frage einer gerechten Verteilung dieser Deutschen auf die einzelnen Besatzungszonen prüfen soll. Sie beauftragen demgemäß ihre jeweiligen Vertreter beim Kontrollrat, ihren Regierungen so bald wie möglich über den Umfang zu berichten, in dem derartige Personen schon aus Polen, der Tschechoslowakei und Ungarn nach Deutschland gekommen sind, und eine Schätzung über Zeitpunkt und Ausmaß vorzulegen, **zu dem die weiteren Überführungen durchgeführt werden können,** (*Hervorhebungen durch den Autor*) wobei die gegenwärtige Lage in Deutschland zu berücksichtigen ist.

Die Tschechoslowakische Regierung, die Polnische Provisorische Regierung und der Alliierte Kontrollrat in Ungarn werden gleichzeitig vom Obigen in Kenntnis gesetzt und ersucht werden, **inzwischen weitere Vertreibungen der deutschen Bevölkerung einzustellen,** bis die betroffenen Regierungen die Berichte ihrer Vertreter an den Kontrollausschuss geprüft haben.

Der hier wiedergegebene Text des Protokollpunktes XII. ist so klar gehalten, dass eine willkürliche Interpretation ausschließlich aus Unkenntnis des Textes oder als gezielte Desinformation erfolgen kann.

Die genaue Beachtung dieser Texte ist von großer Bedeutung, denn diese wenigen Zeilen lapidarer Worte werden bewusst oder unbewusst über das Schicksal von mehr als 10 Millionen unbescholtener Bürger deutscher Nationalität bestimmen. Jedoch über welches Schicksal? Diese Menschen sollten transferiert, das heißt verlegt werden. Dass die Opfer dieser Entscheidungen nicht »verlegt«, sondern unmenschlich vertrieben wurden, dass sie vor der Vertreibung durch staatliche Enteignung auch noch ihr ganzes Hab und Gut verlieren werden, davon steht in diesen Zeilen nichts! Dass sie wie Vieh geschunden, gequält und umgebracht würden, ist auch nicht angeführt.

Aber das waren Tatsachen, das war die Realität als Folge dieses – durch bewusste Missdeutung – Unheil bringenden Dokumentes von Potsdam, das verbrecherischen Staatsführungen Tür und Tor für Verbrechen eines Völkermordes öffnete bzw. ihnen als Rechtfertigung ihrer Untaten diente. Dr. Beneš sprach wenige Monate vorher noch von einer angestrebten »Umsiedlung« eines Großteiles der Sudetendeutschen, die voraussichtlich 5 Jahre in Anspruch nehmen würde. Weiters gab er in seinem »Kaschauer-Programm« der Welt bekannt, dass die »Umgesiedelten« für ihr beschlagnahmtes Vermögen eine Bestätigung erhalten würden, die als Grundlage zu einer Ersatzleistung dienen sollte.

Wie »jeder Weg zur Hölle«, war auch dieser »mit guten Vorsätzen« gepflastert.

Unterschiedliche Textauslegungen

Zur Analyse wird der Wortlaut des ersten Absatzes aus der deutschen Übersetzungsvariante des Protokolls verfasst vom »Alliierten Kontrollrat für Deutschland« noch einmal in Auszügen wiedergegeben:

XII. – Ordnungsgemäße Überführung deutscher Bevölkerungsanteile
»Die drei Regierungen .... erkennen an, dass die **Überführung** der **deutschen Bevölkerung** oder Bestandteile derselben, die in Polen, in der Tschechoslowakei und Ungarn zurückgeblieben sind, nach Deutschland durchgeführt **werden muß**. Sie stimmen darin überein, dass jede derartige **Überführung**, die stattfinden wird, in ordnungsgemäßer und humaner Weise erfolgen soll.« Dieser im Amtsblatt des Kontrollrats in Deutschland, EB Nr. 1. veröffentlichte, wohl bewusst unsensible Text, wird den Intentionen der Verfasser, die von einer ordentlichen, ruhigen und sittsamen Überführung deutscher Bevölkerungsteile sprechen, nicht gerecht. Das plumpe »muß« erweckt unter anderem bei vielen Tschechen den Eindruck, dass sie durch diesen Artikel XII. quasi angehalten werden, den – wie sie die »Überführung« umbenennen – »Abschub« der Deutschen, durchführen zu müssen.

Anders jedoch liest sich der Text der tschechischen Übersetzung. *(Auszüge):*
XII. – Ordentlicher **Abschub** der deutschen Bevölkerung
»Die drei Regierungen, die die Frage aus allen Gesichtspunkten beraten

haben, anerkannten, dass es nötig sein wird, die deutsche Bevölkerung oder deren Teile, die in Polen, in der Tschechoslowakei und Ungarn verbleiben, nach Deutschland abzuschieben. Sie sind sich darüber einig, dass ein wie auch immer gearteter Abschub ordentlich und menschlich durchgeführt werden muß.«
Die amtliche Originalübersetzung des Artikels XII. aus dem Englischen in die tschechische Sprache wurde in Archiven nicht gefunden, die Übersetzung wurde in der Fassung angeführt, die in »Die Internationale Konferenz 1943-1945« als Dokument publiziert wurde. (Quelle: Ed. Robert Kvaček, Prag 1985)

Wenn auch die Qualität dieser Übersetzung sinngemäßer und auch wortgetreuer als die deutsche ist, übersetzen die Tschechen zielgerichtet die englischen Worte »Transfer« in der Überschrift und »abschieben« im Text falsch! Denn das Wort »Transfer« könnte auch tschechisch als »Transfer«, oder noch besser mit dem Wort »převod«, zu deutsch »Überführung« verwendet werden. Hätte die Konferenz das Wort »odsun«, zu deutsch »Abschub« verwenden wollen, hätten sie das Wort »deport« verwendet, welches für den Abschub z.B. »lästiger Ausländer« gebraucht wird, (Langenscheidt).

Die Richtigkeit der Übersetzung weiterer Textstellen geht aus dem Protokoll der 43. Regierungssitzung in Prag vom 3. August 1945 hervor, die sich mit der Entscheidung der Potsdamer Konferenz über den Transfer der deutschen Bevölkerung als erstem Verhandlungspunkt befasste. Minister J. Masaryk teilte mit, dass er »heute übereinstimmende Noten des britischen und amerikanischen Botschafters erhielt, die den Transfer betrafen und in denen von der Tschechoslowakei gefordert wird, dass vorerst **der Transfer nicht fortgesetzt werden solle**, wobei man allerdings auf der Potsdamer Konferenz anerkannt hat, dass der Transfer der Deutschen aus Polen, der Tschechoslowakei und Ungarn **nötig ist.**«

Diese Aussage ist eine eindeutige Bestätigung dafür, dass die den Transfer betreffende Textstelle in der tschechischen Übersetzung, in der angeführt ist, **»das es nötig sein wird«**, einen ordentlichen Transfer vorzunehmen, eindeutig richtig ist. Ein bewilligter »Transfer« ist jedoch kein bewilligter »Abschub«. Und ein ordentlicher beziehungsweise sittsamer Transfer fand bei fast drei Millionen Sudetendeutschen **nie** statt. Darauf muß man immer wieder hinweisen.

Analyse des letzten Absatzes der Erklärung.
Die wörtliche deutsche Übersetzung lautet: »Die tschechoslowakische Regierung, die Polnische Provisorische Regierung und der Alliierte Kontrollrat in Ungarn werden gleichzeitig von obigem in Kenntnis gesetzt und ersucht wer-

den, inzwischen **weitere Vertreibungen** der deutschen Bevölkerung **einzustellen**, bis die betroffenen Regierungen die Berichte ihrer Vertreter an den Kontrollausschuss geprüft haben.«

Dieser ausdrücklichen einmalig dastehenden Bestätigung, dass kein »transfer« sondern eine Vertreibung, also bereits ein Völkermord-Equivalent stattfindet, ist nichts hinzuzufügen.

Aus den zur Verfügung stehenden Übersetzungen hätte die Regierung der ČSR folgende Schlüsse ziehen müssen:

1. Dass keine Vertreibung der Deutschen, sondern ein Transfer, also eine Verlegung der Deutschen **nötig sein wird.**
2. Dass jede Verlegung in **ordentlicher und humaner** Weise durchgeführt werden sollte.
3. Dass **weitere Vertreibungen solange einzustellen** sind, bis Nachrichten aus dem Kontrollrat zur Prüfung vorliegen.

Die Analyse des Begriffes »German Population« ergibt Unterschiede in der Definition der Deutschen. Ein Teil der Deutschen war durchgehend seit Generationen »German Population« in Westpreußen, Polen, Pommern und Ostpreußen.

Die Sudetendeutschen waren seit Menschengedenken »Austrian Population«, seit 1919 »Czech Population« und seit 1939, demnach nur sechs Jahre »Germans« als Ergebnis der Münchener Konferenz, die jedoch seit 1942 für ungültig erklärt wurde. Dies galt für die Deutschen der Sudetenländer.

Die Deutschen des Protektorates setzten sich wiederum aus zwei Kategorien zusammen: Den sozusagen »eingeborenen« Altösterreichern mit vorwiegend tschechischer und teilweise österreichischer Staatsbürgerschaft sowie deren Nachkommen und den seit 1939 in das Protektorat zugewanderten »Reichsdeutschen«.

Auch der tschechischen Regierung dürfte dieser Passus als zu zweideutig erschienen sein, denn die ca. 2,7 Mill. betragende bodenständige deutsche Bevölkerung, die sich nach »Potsdam« noch in ihren Heimatgebieten aufhielt, konnte man ja nicht als »remaining« oder »Übrig gebliebene« bezeichnen.

Es ist daher nicht als Zufall zu werten, dass die tschechoslowakische Regierung am 10. August 1945 das Verfassungsdekret Nr. 33 veröffentlicht hat, das den Titel trägt »Verfassungsdekret des Präsidenten der Republik vom 2. August 1945 über die Regelung der tschechoslowakischen Staatsbürgerschaft der Personen deutscher und madjarischer Nationalität«. Dieses Dekret wurde zwar am 10. August veröffentlicht, jedoch mit rückwirkender Gültigkeit vom 2. August 1945.

Im Absatz (1) spricht dieses Dekret allen ehemaligen tschechoslowakischen Staatsbürgern deutscher und ungarischer Nationalität die tschechoslowakische Staatsbürgerschaft ab, die die deutsche oder madjarische Staatsbürgerschaft seitens der »Besatzungsmacht« erhalten haben.

Da jedoch zu diesem Zeitpunkt die Aberkennung der tschechoslowakischen Staatsbürgerschaft durch Zuerkennung der deutschen Staatsbürgerschaft im Münchener Abkommen geschah, dieses jedoch später (1942) wieder außer Kraft gesetzt wurde und somit die Staatsbürgerschaft der Sudetendeutschen im August 1945 nicht klar definiert war, wurde mit Abs. (2) sicherheitshalber kurz und eindeutig festgelegt: »Die tschechoslowakischen Staatsbürger deutscher oder madjarischer Nationalität verlieren die tschechoslowakische Staatsbürgerschaft mit dem Tage, an dem dieses Dekret in Kraft tritt«. Dieser Tag war – **rückdatiert** – der 2. August 1945 (00.00 Uhr). Erst Stunden später begann die Behandlung des Themas »Transfers of German Population«.
Es konnte daher ab 2. August 1945 für die Tschechen nichts mehr »schief gehen«. Denn somit waren alle Deutschen zu diesem Zeitpunkt bereits »German Population«.

Die Reaktionen in der tschechoslowakischen Regierung auf die Potsdamer Erklärung

Die erste Reaktion der tschechoslowakischen Regierung vom 3.8.1945 entnehmen wir auszugsweise aus dem Protokoll der 43. Sitzung der Regierung in Prag.

Der Standpunkt des Ministeriums für auswärtige Angelegenheiten zur Entscheidung der Potsdamer Konferenz über den Transfer der deutschen Bevölkerung (Punkt 1 der Tagesordnung) war folgender:

»Ministerpräsident Z. Fierlinger eröffnet die Sitzung, begrüßt die Anwesenden und gibt bekannt, dass die Regierung zuerst über einen wichtigen, die Außenpolitik betreffenden Punkt außerhalb der Tagesordnung berät.

Minister J. Masaryk teilt mit, er habe heute vom britischen und amerikanischen Botschafter gleichlautende, den Transfer betreffende Noten erhalten, in denen die Tschechoslowakei aufgefordert werde, **den Transfer einstweilen nicht fortzusetzen**, wobei allerdings bei der Potsdamer Konferenz anerkannt worden sei, dass der Transfer der Deutschen aus Polen, der Tschechoslowakei und Ungarn notwendig ist. Von den Magyaren sei nicht die Rede gewesen. Der Minister hat den Entwurf einer Note vorbereitet, mit der er auf die Noten der beiden Botschafter reagieren möchte. Er fügt hinzu, dass von dem sowjetischen Botschafter bisher keine entsprechende Note eingetroffen sei, man jedoch damit rechnen müsse, dass sie in allernächster Zeit eintreffe. Der Minister verliest danach ein ausführliches Exposé über die Bedeutung der Entscheidung der Potsdamer Konferenz und über die entsprechenden Schlussfolgerungen, die sich aus dieser Entscheidung für die Tschechoslowakei ergäben. .... Zum Schluss seines Berichtes über diese Angelegenheit legt der Minister den Regierungsmitgliedern den vorbereiteten Plan zur Durchführung des Transfers vor. *(Quelle: Karel Jech: »Die Deutschen und Madjaren ...«, S. 567 ff)*

Ministerpräsident Z. Fierlinger ergänzt den Bericht des Ministers mit der Schilderung seiner eigenen Verhandlungen über diese Sache mit Botschafter Sorin. Der britische und amerikanische Botschafter hätten ihn gebeten, gemeinsam mit ihnen beim tschechoslowakischen Minister für auswärtige Angelegenheiten zu intervenieren, aber Sorin habe das bisher abgelehnt, weil er keine Instruktionen habe. Er habe ihm, dem Ministerpräsidenten, geraten, die Tschechoslowakei möge jetzt beschleunigt den Plan zur Durchführung des Transfers vorlegen. Er, der Ministerpräsident, habe ihm geantwortet, dass dies in kürzester Zeit geschehen könne und **es an den alliierten Großmächten liege, schnell eine Entscheidung zu treffen, welche die Durchführung des Transfers ermöglichen würde.** *(Hervorhebungen durch den Autor)* Er, der Ministerpräsident, sei selbst der Ansicht, **dass man den Transfer nicht aussetzen sollte, solange das die sowjetischen Autoritäten nicht forderten.** Minister V. Nosek stimmt damit grundsätzlich überein, empfiehlt jedoch ein **vorsichtiges Vorgehen.** Die Regierungsmitglieder sind sich darin einig, die **Abschiebung der deutschen Bevölkerung fortzusetzen,** falls das ohne Schwierigkeiten zu bewerkstelligen sei, und diese Fortsetzung gegebenenfalls damit zu begründen, dass das Vorhaben **bereits längere Zeit vorbereitet** gewesen sei und die entsprechenden Maßnahmen **nicht rückgängig gemacht werden könnten,** und auch darin, dass vor allem eine beschleunigte Vorlage des Transferplanes erforderlich sei.

Minister Dr. H. Ripka empfiehlt noch, in der Antwortnote des Ministers für auswärtige Angelegenheiten auszudrücken, **dass man die eingeleitete Umsiedlung nicht sofort anhalten könne** und dass, falls es nicht in kürzester Zeit zu einer Entscheidung der Großmächte komme, die eine reibungslose Durchführung des Transfers ermöglicht, die **Tschechoslowakei jegliche Verantwortung ablehnen** müsse. Das sei jedoch ein Thema, das präzise formuliert werden müsse. .... Minister J. Masaryk macht noch darauf aufmerksam, dass er das Informationsministerium gebeten habe, in den Nachrichten über die Ereignisse der Potsdamer Konferenz den Umstand hervorzuheben, **dass die alliierten Großmächte grundsätzlich die Notwendigkeit einer Abschiebung** der Deutschen aus unserem Land **anerkennen**. Nach und nach werde es allerdings auch nötig sein, die Öffentlichkeit auf die nachteiligen Seiten der Entscheidung der drei Mächte aufmerksam zu machen. ....«

Der Bericht des Ministers Jan Masaryk
»Billigung des Abschubplanes erzwingen«!?

Die Aussagen und Formulierungen höchster Staatsrepräsentanten der ČSR 1945 in dieser Regierungssitzung geben einen tiefen Einblick in die Mentalität dieser Herren. Man hört, dass die Briten und Amerikaner die Tschechoslowakei <u>auffordern</u>, die Transfers einstweilen <u>nicht fortzusetzen</u>. Jedoch der Herr Ministerpräsident hält nichts von dieser Forderung und ist der Ansicht, dass man den **Transfer fortsetzen** sollte !?

Was die Amerikaner und Engländer fordern, beeindruckt ihn nicht. Ja, wenn es die »**sowjetischen Autoritäten**« fordern würden, wäre das etwas anderes. Minister Nosek ist damit einverstanden: **Aber Vorsicht bitte!**
Die Regierung ist einig: die Vertreibung wird fortgesetzt.

Hat Ministerpräsident Fierlinger bereits Textteile der Rede des Außenministers Jan Masaryks zitiert, so ist es zur Beurteilung der Mentalität der Regierung in der Sitzung vom 3. August 1945 unerlässlich, einen größeren Auszug aus dieser Rede Jan Masaryks zu beachten.

Auf der 43. Plenarsitzung der Tschechoslowakischen Regierung am 3. August 1945 erstattet Außenminister Jan Masaryk einen Bericht über die Ergebnisse der Potsdamer Konferenz und schlägt eine 8-Punkte-Antwortnote vor (Auszug):

»Durch entsprechende Noten vom 2. August 1945 wurde uns durch die hiesigen Botschaften der an der Potsdamer Konferenz vertretenen Großmächte der Beschluss über die Frage der Ausweisung der Deutschen aus der ČSR übermittelt.
Die Konferenz hat in ihrem Beschluss zuvorderst grundsätzlich anerkannt, dass der Abschub der deutschen Bevölkerung aus der ČSR, aus Polen und Ungarn nach Deutschland durchgeführt werden muss« (Anm d. A.: das Wort »muss« wird jedoch gleich korrigiert!). »Er solle auf geordnete Weise und menschlich durchgeführt werden. Der

Beschluss **formuliert wörtlich**, dass der Abschub >der deutschen Bevölkerung, welche in Polen, der ČSR und Ungarn übrig geblieben sei oder ihrer Bestandteile< (>transfer of German populations .... or elements thereof<) **notwendigerweise durchzuführen sei ...**

... Der Potsdamer Beschluss bestimmt weiterhin, dass die alliierten Behörden in Deutschland **zuerst die Gesamtproblematik** des Abschubs der Deutschen ... **überprüfen** müssen. Die in Potsdam vertretenen Regierungen erteilen ihren Vertretern im Kontrollrat in Berlin entsprechende Weisungen zur Ausarbeitung eines Plans, nach dem der Abschub durchgeführt werden soll.

Dieser Beschluss **birgt in sich die Gefahr einer Verzögerung. Um dieser zuvorzukommen,** legen wir den Großmächten einen Rahmenplan zum Abschub der Deutschen und Magyaren vor, der auf unserem innerstaatlichen Standpunkt basiert.

Schließlich legt der Potsdamer Beschluss fest, **dass bis zu den durch die Regierungen der alliierten Großmächte gebilligten Abschubsplänen der Abschub der Deutschen nicht fortgesetzt werden solle.** Diese Bestimmung stellt für uns eine Belastung dar. Es droht eine Steigerung der Spannungen im Grenzgebiet, sollte es nicht möglich sein, dass wir uns der unzuverlässigen und unruhigen Elemente mittels eines **schnellen Abschubs** über die Grenze definitiv entledigen. Daher wird es unser Bestreben sein, durch entsprechende Hinweise auf terroristische Umtriebe der Deutschen (Feuer in Aussig an der Elbe, Umtriebe von Werwölfen usw.) die schnellstmögliche Erarbeitung eines Abschubsplans und **dessen Billigung durch die Großmächte zu erzwingen.«**

Jan Masaryk berichtet über die nötige Antwort der tschechischen Regierung an Russland, Amerika und England weiter:

»Unter diesen Umständen schlage ich vor, den Großmächten eine Antwortnote zukommen zu lassen, welche an die Sowjetische, die Amerikanische und an die Britische Botschaft gerichtet sein soll und folgende Punkte enthalten sollte:

1. Wir begrüßen es, dass die Großmächte die Notwendigkeit des Abschubs der Deutschen aus der ČSR gebilligt und im **Grundsatz angenommen** haben;
2. **wir setzen** hierbei voraus, dass sie bei grundsätzlicher Billigung des Abschubs bei den Deutschen auch **den Grundsatz des Bevölkerungsaustausches bei unseren Madjaren billigen**, denn für diese sprechen die gleichen Gründe wie für die Deutschen;

3. wir begrüßen es, dass bereits ein bestimmtes interalliiertes Organ mit der Erarbeitung eines Regulativs für den Abschub der Deutschen aus der ČSR betraut wurde;

4. wir setzen voraus, dass bei Austausch der Madjaren ähnlich vorgegangen wird, und dass zum nächstmöglichen Zeitpunkt ein alliiertes Organ bestimmt wird, welches den Plan dieses Austausches vorbereiten wird;

5. **der Abschub der Deutschen** bzw. der Austausch der **Madjaren** wird unsererseits mit entsprechender **Ordnung und Menschlichkeit** durchgeführt; wir haben unseren Plan bereits dahingehend ausgearbeitet, den wir übersenden;

6. die Gründe für eine beschleunigte Lösung der Angelegenheit sind dringlich; eine unzureichende Lösung hat bereits die desperate Tätigkeit der Deutschen zur Folge; diese äußert sich in Attentaten, Feuersbrünsten und in Werwolftätigkeiten,

8. **manche Dinge können nicht mehr zum Stillstand** gebracht werden, und sollte ggf. die Verzögerung von langer Dauer sein, so kann die Regierung der Tschechoslowakischen **Regierung dafür keinerlei Verantwortung übernehmen.**«

(Quelle: Karel Jech: »Die Deutschen und Madjaren ...«)

Diese Note ist ein Musterbeispiel probater tschechischer politischer Verhandlungsführung. Man düpiert seine Partner, indem man »das voraussetzt«, was mit Sicherheit bewusst nicht ausgedrückt werden sollte: die Billigung des »Bevölkerungsaustausches« als verkappte Vertreibung von ca. 500.000 Ungarn aus der Slowakei. Man lügt unverfroren, indem man auch hier »Ordnung und Menschlichkeit« verspricht, obzwar die halbe Welt zu dieser Zeit bereits über Schreckensnachrichten der Vertreibung entsetzt aufhorcht. Die pauschalen Beschuldigungen gegen die Deutschen bezüglich der Terror-Taten und – Organisationen werden trotz Mangels an Beweismaterial als »Begründung« herangezogen. Man drängt zur Eile wie ein unseriöser Verkäufer, der die Mängel seiner Ware kennt. Und man übt Druck aus und droht mit der Übertragung einer Verantwortung auf den Partner. Als letztes Mittel zum erhofften Erfolg: dem Genozid.

Und so geschah es auch. Die Vertreibung ging weiter und um eine »geordnete Abschiebung« durchführen zu können, wurden die Deutschen im Zuge der Enteignung und der sofortigen Vertreibung aus ihren Wohnstätten in Gefängnissen und Konzentrationslagern verwahrt, wo sie ermordet, geschändet, gequält und entrechtet wurden.
Die Überlebenden wurden zur Zwangsarbeit solange herangezogen, bis auch sie mit oder ohne Handgepäck, entweder zu Fuß getrieben oder »human« ste-

hend und gedrängt und zum Teil der letzten Habe beraubt, in Viehwaggons nach Wochen oder Monaten über die Grenze verfrachtet wurden.

Die Bewertungen des Potsdamer Protokolls:

– im Allgemeinen

Der Publikation des SD-Rates »Dokumente zur Vertreibung der Sudetendeutschen entnehmen wir folgende Texte:

»Man muss vor dem Hintergrund der vollendeten Tatsachen umfassender Vertreibungen und der sowjetischen Weigerung, etwas dagegen zu unternehmen, die Befürwortung des Artikel XIII durch die Vereinigten Staaten sehen. Unter der Annahme, dass nichts getan werden könne, um die Vertreibungen völlig einzustellen, bemühten sich die Vereinigten Staaten alles in ihrer Macht stehende zu tun, um die Lage zu verbessern. Man befürwortete den Artikel XIII des Potsdamer Abkommens, weil es das Beste war, das damals geschehen konnte, um weitere Unmenschlichkeiten und Unordnung bei den »transfers« zu verhindern. Als der Artikel XIII am 31. Juli 1945 auf der Potsdamer Konferenz beraten wurde, sprach sich Stalin mit der Begründung dagegen aus, **dass er nutzlos wäre – die polnische und tschechische Regierung würden mit den Deutschenvertreibungen fortfahren, gleichgültig was das Potsdamer Abkommen sagen würde.** *(Hervorhebung vom Autor)* Die Vereinigten Staaten hingegen drängten weiter auf Annahme des Artikel XIII. Außenminister Byrnes sagte, dass der Artikel XIII das deutsche Vertreibungsproblem nicht völlig lösen könne, dass er aber wenigstens die damals im Gang befindliche Totalaustreibung der Deutschen verlangsamen würde. Stalin stimmte dann widerwillig zu, den Artikel XIII in das Potsdamer Abkommen aufzunehmen."

Es ist daher von tschechischer Seite mehr als vermessen, auch nach Bekanntwerden aller geschilderter Tatsachen und vorliegender Dokumente die »Potsdamer Konferenz" mit der seit Jahren vorbereiteten »ethnischen Säuberung" der ehemaligen Sudetengebiete von den Deutschen in Zusammenhang zu bringen. Lediglich der Zusammenhang mit dem Zweiten Weltkrieg, dessen Ende erst die Gelegenheit zur vorbereiteten Entgermanisierung bot, ist erwiesen. Wenn jemand heute die Potsdamer Konferenz zur Verteidigung des tschechischen Völkermordes an den Sudetendeutschen heranzieht, so begeht er selbst eine unmoralische bewusste Irreführung.

– in den USA:

Präsident **Harry S. Truman** schreibt in seinem Brief an Außenminister Byrnes vom 15.1.1946 (Auszug):
»In Potsdam wurden wir vor eine vollendete Tatsache gestellt und **durch die Umstände gezwungen ... zuzustimmen.** Es war ein will-

kürlicher Gewaltakt«. *(Harry S. Truman: Memoires. New York 1955, Bd. I. S 492)*
Außenminister **James F. Byrnes** führt aus: »Wir sahen ein, dass gewisse Aussiedlungen unvermeidlich waren, **aber wir beabsichtigen in Potsdam nicht, zu Aussiedlungen anzuregen** oder in Fällen, wo andere Regelungen praktikabel waren, Verpflichtungen einzugehen."
(Foreign Relations of the United States 1945. Washington 1967, Bd. II, S 1294)

Geoffrey Harrison, amerikanisches Mitglied eines Unterausschusses der Potsdamer Konferenz formuliert seinen Brief an den Leiter der Deutschlandabteilung des britischen Foreign Office vom 1.8.1945 folgendermaßen: »**Wir erklärten, dass wir für den Gedanken an Massenausweisungen ohnehin nichts übrig hätten.** Da wir sie aber nicht verhindern könnten, möchten wir dafür sorgen, dass sie in einer möglichst geordneten und humanen Weise durchgeführt würden, aber auch auf eine Art, die den Besatzungsmächten in Deutschland keine untragbare Belastung auferlegt.« *(Public Record Office, London FO 371/46 811 Dok. Nr. C 4415)*

Der Kongress setzte im Jahre 1949 im 81. Kongress der Vereinigten Staaten einen besonderen Ausschuss ein, um die Frage der »Expellees and Refugees of German ethnic origin« zu untersuchen. Der Bericht, der am 24. März 1950 vorgelegt wurde und nach dem Ausschussvorsitzenden, Francis E. Walter, Walter-Report genannt wird, nimmt zur amerikanischen Verantwortlichkeit für Artikel XIII der Potsdamer Erklärung wie folgt Stellung: »Durch sorgfältige Nachprüfung verfügbarer Protokolle hat dieser Sonderausschuss sich vergewissert, dass die Delegation der USA in Potsdam den oben erwähnten Artikel 13 betreffend deutsche Vertriebene **nicht unterstützte, um Massenausweisungen zu fördern.** Die USA-Delegation unter Führung des Präsidenten der USA stimmte dem Wortlaut des Artikels 13 nur deshalb zu,

1. um die unvermeidliche Vertreibung der noch in Osteuropa verbliebenen Deutschen in geordneter und humanerer Weise verlaufen zu lassen,

2. um das besetzte Deutschland denen zu öffnen, die mit Deportationen nach den fernen subarktischen Gebieten Sowjetrusslands bedroht waren, **was ihrer Vernichtung gleichgekommen wäre.«**

81. (US-)Kongress, 2. Sitzungsperiode: »Vertriebene und Flüchtlinge volksdeutschen Ursprungs«, Bericht (Nr. 1841) eines Sonderausschusses des Rechtausschusses des Abgeordnetenhauses in Ausführung von H. Res. 238. Washington, 24.3.1950)«

Diese Ausschussaussage wurde überdies im Jahre 1952 vom stv. US-Außenminister Jack Mc Fall wörtlich bestätigt.

– in England

11.8.45: Der britische »**Economist**« prüfte in einem Leitartikel »Die deutsche Vereinbarung« die **Potsdamer Erklärung** und meinte unter Erwähnung noch zu befriedigender tschechischer Gebietsansprüche an Deutschland zusammenfassend: »Am Ende eines machtvollen Krieges, der geführt wurde, um den Hitlerismus zu besiegen, machen die Alliierten einen **Hitlerischen Frieden.** Dies ist die tatsächliche Bezeichnung ihres Versagens.«

11.8.45: Im britischen »**New Statesman and Nation**« berichtete »ein Korrespondent, der kürzlich in der Tschechoslowakei« war, unter der Überschrift »Tschechen und Deutsche« vorrangig aus Marienbad über die Vertreibung der ansässigen Sudetendeutschen u.a.: »Die Mehrheit der Menschen auf den Straßen tragen ein weißes oder gelbes Armband, was bedeutet, dass sie Deutsche sind und irgendwann der Ausweisung unterliegen werden ... Die **tschechische Begründung** ist, in Kürze, **dass der Deutsche in der Tschechoslowakei sich weigerte, assimiliert zu werden ...**«
Das gleiche Problem hatten die Tschechen jedoch auch mit den Ungarn.

14.9.45.: Die Londoner Tageszeitung »**News Chronicle**« meldete, eine Delegation von 21 Bischöfen aller britischen Kirchen unter Führung des Erzbischofs von York habe beim britischen Premierminister vorgesprochen. Sie habe hingewiesen »auf die bejammernswerte Lage deutscher Flüchtlinge, die aus Polen, an Polen abgetretenen Gebieten und **aus dem Sudetenland** ausgewiesen wurden.« Premierminister Attlee, der in Gegenwart des Staatsministers Noel-Baker die Abordnung empfing, erklärte ihr, dass für »das besondere Problem der deutschen Flüchtlinge aus Osteuropa die (britische) Regierung in keiner Weise verantwortlich sei. Auf der **Berliner Konferenz seien bereits Schritte unternommen worden, weitere Austreibungen vorläufig einzustellen,** während diese Angelegenheit von der Kontrollkommission in Deutschland und von den betreffenden Regierungen geprüft würde. Die britische Regierung hoffe, dass auf Grund des Berliner Beschlusses vorläufig keine weiteren Austreibungen erfolgen würden.«

15.9.45.: Der britische »**Economist**« meinte unter dem Titel »Massenvertreibungen in Osteuropa« u.a.: Obwohl die Potsdamer »**Erklärungen**« das **Einstellen** von ungeordneten und unmenschlichen Massenvertreibungen der Deutschen verlangen, geht die **gewaltsame Abschiebung** aus den Provinzen Ostpreußen, Pommern, Schlesien und Teilen von Brandenburg – die 1939 eine Bevölkerung von gut neun Millionen hatten – **weiter. Auch die Vertreibung der dreieinhalb Millionen Sudetendeutschen aus der Tschechoslowa-**

kei wird fortgesetzt ... Die Zahl der Alten und Kinder, die am Straßenrand sterben, muss sehr groß sein .... **Der Rat der Außenminister muss dieser erschütternden Tragödie ein Ende machen. ...**
Selbstverständlich haben die Deutschen Strafe verdient, aber keine Folterung dieser Art. **Wenn die Polen und Tschechen für zivilisierter als die Nazis gelten möchten, werden sie die Vertreibung sofort unterlassen.**«

2.10.45.: Die US-Tageszeitung »**Washington Post**« meldete: Die »Tschechen führen die Massenenteignung und Massendeportation von 3,5 Millionen Sudeten(deutschen) durch.«

30.1.46.: Im britischen Oberhaus protestierte der **Lordbischof von Chicester, Georg Bell,** zunächst gegen die Vertreibung an sich: »Um etwas zu den derzeitigen Bevölkerungstransfers Vergleichbares zu finden, muss man in die asiatische Urgeschichte zurückgehen ....« Dann wies er auf die Mitverantwortung der alliierten Hauptmächte **für den von u.a. der ČSR mit »Rücksichtslosigkeit und ungesteuertem Rassismus« eingerichteten Nationalstaat** sowie die Bedeutung des Präzedenzcharakters für andere Staaten hin. Schließlich führte er zahlreiche Beispiele, auch aus dem ersten sogenannten ordentlichen Transport vom 26.1.1946 dafür auf, dass die Vertreibungen in der Methode **weder ordentlich noch human** seien.

In der »**New York Times**« informierte Ann O`Hare Mc Cornick aus Deutschland u.a.: »In Potsdam war man auch übereingekommen, dass die erzwungene Auswanderung in »**humaner und geregelter Weise**« durchgeführt werden sollte. Aber wie jedermann weiß, der den schrecklichen Anblick der Empfangsstellen in Berlin und München erlebt hat, vollzieht sich der Exodus unter **alptraumhaften Zuständen**, ohne internationale Beaufsichtigung oder auch nur **vorgespielte humane Behandlung. Wir sind mitverantwortlich für Gräuel, die nur den Grausamkeiten der Nazis zu vergleichen sind.**«

– in Tschechien
K. Lisicky war während des zweiten Weltkrieges tschechoslowakischer Gesandter in London. Er war von Beneš beauftragt, mit den Alliierten zu verhandeln, um das **Transferprinzip in die deutschen Waffenstillstandsbedingungen aufzunehmen.** Die nachstehenden Ausführungen machte der Gesandte Lisicky im Frühjahr 1953 vor dem Edvard-Beneš-Institut in London:
»... Es wurde daher von unserer Seite bei dem Organ der Großmächte, das mit der Ausarbeitung der Kapitulationsartikel betraut war, offiziell darauf gedrungen, dass die Akzeptierung des Transfers durch die deutsche Regierung und die Verpflichtung zur Durchführung der damit zusammenhängenden Konse-

quenzen (neben der deutschen Anerkennung der Ungültigkeit Münchens und noch einigen anderen speziell tschechoslowakischen Forderungen) in die vorbereitenden Kapitulationsartikel aufgenommen wird. **Die damalige Position war wie folgt: Was auch immer Deutschland von den Großmächten zur Annahme vorgelegt wird, das muss die deutsche Regierung bedingungslos annehmen.** *(Hervorhebungen vom Autor)* Im Mai 1945 unterschrieb Deutschland die Kapitulationsartikel, die ihm vorgelegt wurden; **unsere speziellen Forderungen befanden sich nicht darunter.**

... Diese (Anm. d. Autors – die Westalliierten) **haben den Transfer sicherlich sanktioniert und uns (genau wie Polen) in unserem Transfer-Eifer unterstützt, ...** Das, was in Berlin als kollektiver Standpunkt der drei Regierungen eingetragen wurde, ist keine ausdrückliche Genehmigung des Transfers, sondern nach allseitiger Erwägung der Frage die Feststellung, dass es notwendig sein wird, die verbleibende deutsche Bevölkerung in der Tschechoslowakei, in Polen und Ungarn nach Deutschland auszusiedeln. **Es heißt dort nicht, dass die Regierungen der drei Großmächte genehmigten** (approve), sondern nur anerkannten (recognize), **dass es notwendig sein wird**, die Aussiedlung durchzuführen.«

Reaktion der Ungarn auf die Potsdamer Erklärung im Punkt Abschiebung der Deutschen

Dem Werk »Dokumente zur Sudetenfrage« von F.P.Habel (S 549) entnehmen wir folgenden Text:
»Im Gegensatz zur ČSR -Regierung, welche die Deutschenvertreibung bei den Alliierten verlangte und aktiv betrieb, sollte die ungarische Regierung insgesamt nur zögerlich dem Druck der sowjetischen Besatzungsmacht folgen, Deutschvertreibungen durchzuführen« ...
»Die ungarische moralische Position wird auch durch Vorgänge charakterisiert, welche auf tschechischer und polnischer Seite keine Parallele fanden:
Am 8.1.1946 protestierte der katholische Bischof von Szekesfehervar (Stuhlweißenburg), Lajos Shvoj, bei der ungarischen und der US-Regierung gegen die gewaltsame Aussiedlung von Deutschen aus seiner Diözese.
In seiner Antwort vom 24.1.1946 zeigte sich der US-Delegierte bei der Alliierten Kontrollkommission in Ungarn »überrascht, zu erfahren, dass Sie annehmen, die amerikanischen Behörden seien für die Aussiedlung verantwortlich. Ich beeile mich darauf hinzuweisen, dass unsere einzige Verantwortung in dieser Angelegenheit ist, die humane Durchführung der Aussiedlung und die ordnungsgemäße Aufnahme und Betreuung in der amerikanischen Besatzungszone in Deutschland sicherzustellen.«

0Die tschechische Regierung hatten ja ein großes Interesse daran, dass die Deutschen aus Ungarn vertrieben werden. Denn, erstens wurde somit auch Ungarn zu einem weiteren Vertreiberland und zweitens wurde – so hofften sie – durch die Vertreibung der Deutschen genügend Platz in Ungarn, um die aus der ČSR vertriebene ungarischen Bevölkerung aufzunehmen. Diese Rechnung ging jedoch nicht auf, denn England und Amerika vertraten andere Standpunkte und Ungarn verstand sich zu wehren.

Trotz alldem blieb der ungarischen Bevölkerung der Slowakei nicht erspart, tschechische Brutalität kennen zu lernen.

S. Balogh schreibt dazu in Külpolitikaja (1988) S 123: »Mangels Unterstützung der Großmächte griff die Tschechoslowakische Regierung daraufhin wieder zur Erpressung. Ab Ende September und Anfang Oktober 1946 wurde mit den Deportation zehntausender Ungarn nach Tschechien in die früher von Deutschen bewohnten Orte begonnen.«

Agnes Toth berichtet in ihrem Werk »Migrationen in Ungarn 1945 - 1948: Auszug: »Die ungarische Regierung wurde auch von den verschiedenen Organisationen der ungarischen Minderheit in der Slowakei um ein entschlosseneres Auftreten bestürmt. So hat Rezsö Szalatnai in seinem Schreiben an Arpad Szakasits nicht die konkreten Ereignisse beschrieben, sondern auf die dahinter verborgenen Tendenzen hingewiesen: ‚Ich muss sagen, dass sich **unsere Lage** seit zwei Jahren zusehends verschlechtert und sie **ist heute bis zur Unerträglichkeit schlecht und unmenschlich**. ... Die heutige tschechoslowakische Regierung hat sich die vollständige Beseitigung der Ungarn aus der Tschechoslowakei zum Ziel gesetzt, sie möchte weder mit den Ungarn zusammenarbeiten noch ein gutes Verhältnis zum ungarischen Staat aufbauen. ... Die **Ungarn aus der Slowakei werden seit Wochen zu Zehntausenden bei Frost und Sturm wie Vieh nach Tschechien abtransportiert**. Die tschechoslowakische Politik möchte in einigen Wochen vollendete Tatsachen schaffen und möchte die gesamte Zone entlang der ungarischen Grenze slowakisieren, um dann die innerhalb dieses Streifens **noch verbliebenen Ungarn in aller Heimlichkeit, mit allen Mitteln, national zu vernichten.'**
Deshalb bat er die ungarische Regierung, unverzüglich diplomatische Schritte zu unternehmen und um internationale Hilfe zu bitten. Er wies darauf hin, dass wegen seiner politischen, wirtschaftlichen und psychologischen Natur das Verhältnis zwischen den beiden Ländern, **auch dann nicht automatisch gelöst werden könnte, falls »Ungarn der einseitigen Vernichtung der ungarischen Minderheit in der Tschechoslowakei zustimmen würde'.«**

In seinem sehr scharf formulierten Schreiben machte Szalatnai für die unveränderte Lage nicht nur die Unnachgiebigkeit der tschechoslowakischen Regierung, sondern auch die Unentschlossenheit der Großmächte verantwortlich. (Ebenda, Protokoll der Sitzung vom 17. Dezember 1946).

Schlussbetrachtungen zu Potsdam

Fasst man die Ereignisse vor, während und nach der Potsdamer Konferenz im Überblick zusammen, ergibt sich folgendes Bild:

Welche kaltblütige Unverfrorenheit in diesem Handeln steckt wird deutlich, wenn man die effektiven Sachverhalte kennt. Denn niemand anderer als die tschechische Regierung selbst wusste es besser, dass sie weder vor noch auf der Konferenz in Potsdam eine »Genehmigung zur Vertreibung« erhielt. Wäre es denn sonst nötig gewesen, dass sich der Außenminister Jan Masaryk in der Regierungssitzung am Folgetag des Konferenzabschlusses zu einer Drohung hinreißen ließ?

Solch eine Drohung, eine »Billigung« in Zukunft erzwingen zu wollen, schließt dezidiert aus, diese »Billigung« bereits erhalten zu haben. Aber gerade diese »Billigung« wäre die unabdingbare Voraussetzung auch für die »Billigung« der Vertreibung.

Nachdem die hier behandelten Protokolltexte allgemein zugänglich sind, ist es vollkommen unverständlich, dass auch heutige Wissenschaftler diese nicht entsprechend zu Kenntnis nehmen. Auf der tschechischen Seite ist dies kein Wunder, denn wie wäre es sonst möglich, die Verantwortung für dieses genozide Völkerrechtsverbrechen den Alliierten zuzuschieben und sich mit der Schuld an diesem Völkermord sozusagen hinter den Alliierten zu verstecken.

Für die seit 1942 geplante Vertreibung zu Kriegsende waren jedoch tschechischerseits alle Vorkehrungen, sei es psychologisch, sei es organisatorisch für eine Vertreibung der Deutschen getroffen worden.

Um den Alliierten vor Augen zu führen, dass ein weiteres Verbleiben der Deutschen in der ČSR friedensbedrohend wäre, wurden allerorts wie bereits berichtet Massaker an Deutschen inszeniert. Die Großmassaker des Brünner-Todesmarsches sowie das gerade noch zur rechten Zeit schnell durchgeführte Massaker von Aussig, haben zum Teil mit Erfolg die Alliierten beeinflusst, doch noch den Transfer der Deutschen auf der Potsdamer Konferenz zu verhandeln. Jedoch auch in dieser Konferenz erfolgte keine Zustimmung zur forcierten Vertreibung, die schon längst den Charakter eines Völkermordes angenommen hatte. Im Gegenteil: die sofortige Einstellung dieses Treibens wurde verlangt. Das Geschehen, das von der Konferenz toleriert worden wäre, fand nie **statt**, denn die der tschechischen Seite abverlangte Prozedur einer humanen Überführung der deutschen Bevölkerung nach Deutschland wurde vollkommen missachtet und das Verbrechen der unmenschlichen Vertreibung fortgesetzt.

Auch diesmal griff die tschechische Führung – diesmal sogar die Regierung – zu einem ihrer probatesten Mittel, »zur Korrektur des Glückes«. Sie beschloss, die Entscheidungen und Empfehlungen der Konferenz nicht zu befolgen und weiterhin »vollendete Tatsachen« zu schaffen.

Das Ergebnis dieses letzten Kapitels des Völkermordes?
Die Opfer:
- über 3 Millionen Sudetendeutsche wurden vertrieben
- weit über 200.000 Deutsche fanden den Tod
Die Beute:
- die Vertriebenen wurden enteignet, ausgeplündert und misshandelt
- die Sudetendeutschen wurden ihres Anteils am Staatsvermögen der Länder Böhmen, Mähren und Schlesien beraubt. Denn der Aufbau aller staatlichen und kommunalen Einrichtungen der letzten Jahrhunderte wurde zumindest zu einem Drittel in Wirklichkeit jedoch weit überproportional von den deutschen Bürgern direkt geleistet oder durch ihre Steuerleistungen mitfinanziert
Der Lohn:
- für den Staat war die bis heute nicht bezifferte Riesenbeute
- für das Volk war – durchschnittlich berechnet – dass je zwei tschechische Bürger das ganze Vermögen eines Deutschen teilen konnten
Wofür ein Lohn?:
- für das Völkerrechtsverbrechen des ehemaligen tschechoslowakischen Staates und seiner damaligen Bevölkerung:

den Völkermord an den Sudetendeutschen

| Kapitel 21

Rassismus in Reinkultur
Einige Beneš-Dekrete

Die Beneš – Vertreibungs – Dekrete
Vertreibung ist Völkermord

Die Vertreibung der Sudetendeutschen war nicht eine »verständliche« Rache-Reaktion auf das Schicksal des tschechischen Volkes in der Kriegszeit, sondern eine seit Jahrzehnten geplante »ethnische Säuberung« der ehemaligen österreichischen Kronländer Böhmen, Mähren und Schlesien von den deutschen Mitbewohnern durch chauvinistische Tschechen. Die blutige Vertreibung war durch Aufrufe der tschechischen Exilregierung und zum Teil von Dr. Beneš persönlich aus London 1942 - 1945 in Gang gesetzt worden, etliche Beneš-Dekrete gaben ihr eine »administrative« Form, womit eine wesentliche Komponente des Völkermordes – **der Vorsatz** hiezu – dokumentiert ist.

Die Beneš-Dekrete waren im allgemeinen Entscheidungen der im Jahre 1940 durch Großbritannien anerkannten Provisorischen Tschechoslowakischen Regierung, die vom Präsidenten Dr. Beneš in der »Ich«-Form dekretiert wurden. Eine Vielzahl dieser Dekrete befasste sich mit konstitutionellen oder administrativen Themen, einige allerdings, und um diese handelt es sich hier, waren Unikate, waren etwas Einmaliges in ihrer Art, denn noch keine Regierung im Laufe der Geschichte veranlasste in solch krimineller Perfektion Raub- und Verfolgungstaten.

Es ist im Rahmen dieses Buches nicht möglich, alle einschlägigen Dekrete und Gesetze vollinhaltlich wiederzugeben, es seien aber folgende Auszüge angeführt:

Auszüge aus der Liste der völkerrechtswidrigen Beneš-Dekrete und einiger Gesetze

1.) Wichtige Nationalisierungs- und Konfiskationsdekrete bzw. Gesetze

- Dekret Slg. Nr. 5 vom 19. Mai 1945 **Ungültigkeitserklärung** aller vermögensrechtlichen Rechtsgeschäfte ab 29. September 1938

Das Vermögen aller Deutschen wird unter nationale
Verwaltung gestellt.
- Dekret Slg. Nr. 12 vom 21.Juni 1945
  Enteignung des landwirtschaftlichen Vermögens aller Deutschen
- Bekanntmachung des Finanzministeriums vom 22. Juni 1945:
  Sicherstellung des deutschen Vermögens
- Dekret Slg. Nr. 27 vom 17.Juli 1945
  über die einheitliche Steuerung der inneren Besiedlung
- Dekret Slg. Nr. 108 vom 25. Oktober 1945
  Konfiskation des feindlichen Vermögens
- Dekret Slg. Nr. 122 vom 18. Oktober 1945
  Auflösung der Deutschen Universität Prag – Vermögensentzug
- Gesetz Slg. Nr. 131 vom 6. Mai 1948:
  Auflösung der Evangelischen Kirche – Vermögensentzug

2.) **Staatsbürgerschaftsverlust von Personen deutscher und madjarischer Nationalität**
- Verfassungsdekret Slg. Nr. 33 vom 2. August 1945:
  Verlust der Staatsbürgerschaft von Personen deutscher und madjarischer Nationalität

3.) **Dekrete und Gesetze über die Auflösung der Arbeitsverhältnisse der Deutschen und Madjaren, über Zwangsarbeit**
- Dekret Slg. Nr. 71 vom 19. September 1945
  über Arbeitspflicht der Deutschen
- Dekret Slg. Nr. 126 vom 27. Oktober 1945
  Zwangsarbeit – Sonderabteilungen
- Gesetz Slg. Nr. 83 vom 11. April 1946
  Erlöschen aller Arbeits- (und Lehr-) Verhältnisse der Deutschen, Madjaren, der Verräter und ihrer Helfershelfer.

4.) **Das so genannte Straffreiheits- bzw. Amnestiegesetz:**
- Gesetz Slg. Nr. 115 vom 8. Mai 1946
  Über die Rechtmäßigkeit von Handlungen, die mit dem Kampf um die Wiedergewinnung der Freiheit der Tschechen und Slowaken zusammenhängen

5.) **Das Dekret über die Landzuteilung als Ausdruck des reinen Rassismus als Triebfeder für alle Gesetze und Dekrete:**
- Dekret Slg. Nr. 28 vom 20. 7 1945
  Über die Besiedlung des landwirtschaftlichen Bodens der Deutschen, der Madjaren und anderer Staatsfeinde durch tschechische, slowakische und andere slawische Landwirte.

Analyse einiger wesentlicher Dekrete

Soweit ein Überblick über jene Dekrete und Gesetze, welche genozide Auswirkungen auf das Schicksal der Sudetendeutschen hatten und haben. Auf die Inhalte dieser juridischen Machenschaften zumindest auszugweise einzugehen ist unverzichtbar, um ermessen zu können, wieviel Hass man in Gesetzen auszudrücken vermag. Und wie dieser Hass über Jahrzehnte in Teilen des tschechischen Volkes weiterlebt, wird dadurch bewiesen, dass deren Rechtsempfinden dem derzeitigen Parlament der Tschechischen Republik erlaubt, diese Gesetze – 60 Jahre nach der Vertreibung – ausdrücklich gut zu heißen und zu bestätigen, um dieses Unrecht weiterhin aufrecht zu erhalten.

> Dekret des Präsidenten der Republik Slg. Nr. 5 vom 19. Mai 1945 **über die Ungültigkeit einiger vermögensrechtlicher Rechtsgeschäfte aus der Zeit der Unfreiheit und über die nationale Verwaltung der Vermögenswerte der Deutschen, der Madjaren, der Verräter und Kollaboranten und einiger Organisationen und Anstalten** (Auszug).
>
> §1 (1) Ausnahmslos alle **Vermögensübertragungen** und vermögensrechtlichen Rechtsgeschäfte ohne Rücksicht darauf, ob sie bewegliches oder unbewegliches, öffentliches oder privates Vermögen betreffen, **sind ungültig**, sofern sie nach dem 29. September **1938** unter dem Druck der Okkupation oder der nationalen, rassischen oder politischen Verfolgung vorgenommen wurden.
> §2 (1) Das im Gebiete der Tschechoslowakischen Republik befindliche **Vermögen der staatlich unzuverlässigen Personen** wird gemäß den weiteren Bestimmungen dieses Dekretes **unter nationale Verwaltung gestellt...**
> §4 Als staatlich unzuverlässige Personen sind anzusehen: **Personen deutscher und madjarischer Nationalität...**

Dieses Dekret Nr. 5 stellt den Anfang der völkerrechtswidrigen und einmaligen Beraubung des Gesamtbesitzes der Sudetendeutschen dar.

Weitere ähnliche Dekrete folgen.

> Dekret des Präsidenten der Republik vom 21. Juni 1945 Slg. Nr. 12 **über die Konfiskation und beschleunigte Aufteilung des landwirtschaftlichen Vermögens der Deutschen, Madjaren, wie auch der Verräter und Feinde des tschechischen und des slowakischen Volkes** (Auszug).

Um dem Rufe der tschechischen und slowakischen Bauern und Landlosen nach einer konsequenten Verwirklichung einer neuen Bodenreform entgegenzukommen und geleitet vor allem von dem Streben, **ein für allemal den tschechischen und slowakischen Boden aus den Händen der fremden deutschen und madjarischen Gutsbesitzer wie auch aus den Händen der Verräter der Republik zu nehmen und ihn in die Hände des tschechischen und slowakischen Bauerntums** und der Landlosen zu geben, bestimme ich auf Vorschlag der Regierung:

§ 1 (1) Mit augenblicklicher Wirksamkeit und **entschädigungslos** wird für die Zwecke der Bodenreform das landwirtschaftliche Vermögen **enteignet**, das im Eigentum steht:
aller Personen deutscher und madjarischer Nationalität, ohne Rücksicht auf die Staatsangehörigkeit,...

§ 7 (1) Von dem durch den Nationalen Bodenfonds verwalteten landwirtschaftlichen Vermögen ist **Boden an Personen slawischer** Nationalität als **Eigentum zuzuteilen** ...
(2) In Bezirken mit einer überwiegenden Bevölkerungsmehrheit deutscher Nationalität bleibt der Boden unter der Verwaltung des Nationalen Bodenfonds für die Erfordernisse der Innenkolonisation, wenn nicht genügend nach Abs. 1 Buchst. a) bis f) qualifizierte Bewerber **tschechischer oder anderer slawischer Nationalität** vorhanden sind.
(3) **Waldboden** bis zu 50, bzw. bis zu 100 ha (§ 6 Abs. 2) kann Gemeinden und Waldgenossenschaften zugeteilt werden. Dieser Boden unterliegt der Staatsaufsicht.
(4) **Konfiszierte Gebäude**, Einrichtungen, die der eigenen land- und forstwirtschaftlichen Wirtschaftsführung dienen, Betriebe der landwirtschaftlichen Industrie, **Parkanlagen, Denkwürdigkeiten,** Archive u. ä. wie auch **alle konfiszierten Liegenschaften** können, sofern sie nicht öffentlich-rechtlichen Subjekten zugeteilt werden, als Eigentum zugeteilt werden:
a) an Genossenschaften, die von berechtigten Bewerbern zum Zwecke gemeinsamer Nutzung gebildet werden,
b) ausnahmsweise an die in Abs. 1, Buchst. a) bis c) angeführten einzelnen Zuteilungsempfänger.

Bei den Beratungen des Textes dieses Dekretes hatte Dr. Beneš Bedenken gegen das Wort »Konfiskation« geäußert:
»Aus allgemeinen politischen Gründen möchte ich darauf hinweisen, dass in der »**Überschrift**« des Gesetzes die Worte Dekret des Präsidenten der Re-

publik »über die Konfiskation« durch die Worte Dekret des Präsidenten der Republik »über die Enteignung« ersetzt werden sollten ...

Schließlich schlage ich der Regierung vor, im Zusammenhang mit der Lösung der Frage der Bodenreform folgende grundsätzliche Dinge zu erwägen: **Die Bodenreform hängt sehr eng mit der Frage des allgemeinen Transfers der deutschen** und magyarischen Bevölkerung aus der Republik zusammen. (Hervorhebungen durch den Autor) Während unseres Aufenthaltes in London erörterten wir mit britischen Autoritäten die Frage des Transfers in Verbindung mit den durch die Deutschen bei uns angerichteten Schäden und mit den Reparationen, die wir dafür von Deutschland fordern werden. **Um den Alliierten das Problem des Ersatzes der Kriegsschäden zu erleichtern, erörterten wir die Möglichkeit, diese Schäden gerade durch das Vermögen der Deutschen, die von uns ausgewiesen und mittels Transfer nach Deutschland verlegt werden, zu kompensieren.** Zweifellos würde dieser Vorschlag sowohl die **Lösung des Transfers der Deutschen** als auch unsere eventuelle Entschädigung für die Kriegsschäden erleichtern.

Die Regierung behält sich die Möglichkeit vor, im Zusammenhang mit dem Transfer der deutschen Bevölkerung aus der Republik noch einmal diese Frage zu überprüfen und vom **Konto der Reparationen Deutschlands** diejenigen Bürger deutscher und magyarischer Nationalität zu **entschädigen**, die nach **eventuellen** weiteren gesetzlichen Regelungen das **Recht** auf eine solche Entschädigung **erhalten würden**.« *(Quelle: Karel Jech: »Die Deutschen und Madjaren ...«)*

In diesem Zusammenhang hat am 19. Juni 1945 das Ministerium für auswärtige Angelegenheiten dem Amt des Präsidiums der Regierung diesen vertraulichen Hinweis als Warnung zugeschickt:

»**Betreff: Entwurf zum Dekret des Präsidenten der Republik über die Konfiskation und beschleunigte Verteilung des landwirtschaftlichen Vermögens der Deutschen und Magyaren sowie der Verräter und Feinde der tschechischen und slowakischen Nation.** *(Auszug)*

An das Amt des Präsidiums der Regierung in Prag
Mit dem Brief vom 12. Juni 1945, mit dem der Herr Präsident der Republik dem Ministerpräsidenten einige Anmerkungen zum oben angeführten Entwurf mitgeteilt hat, schlägt der Herr Präsident zum Punkt 6 vor, die Regierung solle erwägen, dass die **neue Bodenreform eng mit der Frage des allgemeinen Transfers** der deutschen und magyarischen Bevölkerung aus der Republik zusammenhängt und dass die Möglichkeit besteht, **die Kriegsschäden mit dem Vermögen der von uns ausgewiesenen und nach Deutschland transferierten Deutschen zu kompensieren.**

Dazu erlaubt sich das Ministerium für auswärtige Angelegenheiten zu bemerken, dass **in dem Memorandum, welches am 24. August 1944 der Europäischen Beratungskommission** in London übergeben wurde, im Kapitel über den Transfer folgender Passus war: »Deutschland (Ungarn) zahlt die vom tschechoslowakischen Staat den transferierten Personen ausgestellten (Kassa-) Scheine für das in der Tschechoslowakei zurückgelassene Vermögen bar aus und tauscht das Geld, welches sie aus der Tschechoslowakei mitbringen und das in Deutschland (Ungarn) nicht im Umlauf ist, gegen Geld um, das in Deutschland (Ungarn) im Umlauf ist.«

Im Memorandum über den Transfer, das der Europäischen Beratungskommission übergeben wurde, wird weiterhin in den Punkten 18 und 19 folgendes festgehalten:

18. **Es besteht nicht die Absicht, das Vermögen der transferierten** Personen zu konfiszieren, sofern dieses nicht als Strafe verfällt. **In der Regel wird es ihnen ermöglicht, ihre Habseligkeiten mitzunehmen,** mit Ausnahme von Waren, deren Ausfuhr allgemein verboten wird (z.B. Vieh, Maschinen, einige Valuten, Gold usw.)

19. **Für das Eigentum,** das sie in der Tschechoslowakei zurücklassen und dessen Wert nach festgelegtem Standard ermittelt wird, **erhalten sie eine Quittung,** die ihnen sicherstellt, dass sie ein **Entgelt** auf Rechnung des tschechoslowakischen Anspruches gegenüber dem deutschen Staat, der Reichsbank oder deutschen Staatsangehörigen bekommen, oder **sie werden mit deutschem Geld bezahlt,** das auf dem tschechoslowakischen Territorium gefunden wird.

Der Entwurf über die Konfiskation des landwirtschaftlichen Vermögens **weicht von dem Standpunkt ab,** der den alliierten Regierungen in London mitgeteilt wurde. Da jedoch der Herr Präsident in seinen Anmerkungen wieder auf das Problem zurückkommt, **hält es das Ministerium für auswärtige Angelegenheiten für seine Pflicht, das Amt des Präsidiums der Regierung auf den Inhalt des oben angeführten Londoner Memorandums aufmerksam zu machen.**
Für den Minister: Procházka«

(Quelle: Karel Jech: »Die Deutschen und Madjaren ...«)

Und zum vorangeführten Einwand des Dr. Beneš über den Austausch des Wortes »Konfiskation« mit dem Begriff »Enteignung«, erhielt er am 13. Juni in der Regierungssitzung vom Minister Ďuriš folgende Entgegnung (auszugsweise):

»...Soweit vorgeschlagen werde, statt von Konfiskation von Enteignung zu sprechen, sei der Minister gleichfalls gegen diese Änderung; er sehe in ihr gegebenenfalls eine Andeutung dahingehend, doch wohl mit einer Enteignung gegen Ersatzleistung rechnen zu müssen, **wobei es bei einer Konfiskation klar sei, dass kein Ersatz geleistet werde.**«

(Quelle: Karel Jech: »Die Deutschen und Madjaren ...«)

Die Geister, die Dr. Beneš rief, zeigten ihrem Meister den »Herrn«
Das Rad der Zeit wird zurückgedreht

Im Konzept des Antwortschreibens der Regierung an Dr. Beneš vom 13. Juni 1945 ist nachzulesen: »Ebenso wie Sie, Herr Präsident, geht auch die Regierung in ihrem Entwurf zu dem Dekret von der Notwendigkeit aus, das historische **Unrecht, welches der tschechischen Nation in der Zeit nach dem Weißen Berg angetan wurde,** wiedergutzumachen und von der staatlichen, nationalen und politischen Notwendigkeit, **ein für allemal mit den Feinden der Republik ... abzurechnen,** ....

Zu Punkt 6 Ihrer Anmerkungen, wonach unsere Regierung auf Rechnung der Reparationen Deutschlands bei der Abschiebung der Deutschen diejenigen Deutschen entschädigen soll, welche ein Recht auf Entschädigung erhielten, führt die Regierung aus:

Es handelt sich um den Boden der tschechischen Nation, der vor 300 Jahren dem tschechischen Volke von den Deutschen geraubt wurde, und seit dieser Zeit wurde dieser Boden und die auf ihm arbeitende bäuerliche Bevölkerung ununterbrochen **ausgebeutet.** Eine Entschädigung steht deshalb nur denen zu, **die beraubt und 300 Jahre lang ausgebeutet worden sind** und den Boden, auf dem sie arbeiten, schon mit einem Vielfachen bezahlt haben. ...
... Die Regierung bittet Sie, Herr Präsident, im Hinblick auf die historische Bedeutung des Entwurfs zu dem Dekret und im Hinblick auf das Bedürfnis einer schnellen Lösung dieser Angelegenheit – mit der auch die Möglichkeit einer schnellen Besiedlung der Grenzgebiete mit tschechischer Bevölkerung unmittelbar zusammenhängt – **sich den Standpunkt der Regierung zum Entwurf des Dekrets zu eigen zu machen und den im Geiste eines einmütigen Standpunkts vorgelegten und berichtigten Entwurf für das Dekret zu unterzeichnen.**«

Soweit die Nachbetrachtung zur Endfassung des Dekretes Nr. 12.

Mit welcher Akribie die planmäßige Beraubung der Deutschen vorbereitet und durchdacht war, ist aus folgend angeführter Bekanntmachung ersichtlich:

Bekanntmachung des Finanzministeriums vom 22. Juni 1945, Amtsblatt Nr. 83
Gesch. Z. 461/45-IV/5 über die Sicherstellung des deutschen Vermögens *(Auszug):*

Das Finanzministerium verordnet gemäß § 23 Abs.1 der Regierungsverordnung vom 23. Juni 1939, Slg. N. 155, durch die eine Devisenordnung erlassen wird:

§ 8 (1) **Die Deutschen** (die deutschen Unternehmungen und deutschen Institutionen) **sind verpflichtet**, spätestens innerhalb von 15 Tagen nach der Veröffentlichung dieser Bekanntmachung in ein auf ihren Namen lautendes Sperrdepot bei irgendeinem hierzu vom Finanzministerium ermächtigten Geldinstitut **zu hinterlegen:**

    a) In- und Ausländische Aktien, Kuxe, festverzinsliche Werte und andere Wertpapiere,
    b) Edelmetalle und aus ihnen verfertigte Gegenstände,
    c) Edelsteine und Perlen,
    d) Wert- und Kunstgegenstände, wie auch Sammlungen solcher Gegenstände,
    e) Briefmarkensammlungen und –sätze, welche sich am Tage des Inkrafttretens dieser Bekanntmachung in ihrem Eigentum, Miteigentum oder Besitz befinden...

§ 11 (1)Vom Tage des Inkrafttretens dieser Bekanntmachung an ist den **Deutschen** (den deutschen Unternehmungen und den deutschen Institutionen) der entgeltliche **Erwerb** des in § 8 Abs. 1 erwähnten Vermögens im Inlande **verboten. Erwerben** sie derartiges **Vermögen unentgeltlich**, so sind sie verpflichtet, es innerhalb von drei Tagen in ein **Sperrdepot zu hinterlegen** (§ 8).

(Quelle: Karel Jech: »Die Deutschen und Madjaren ...«)

Selbstverständlich musste man als Folge der Delogierungen und Zwangsverbringung der beraubten Bevölkerung geeignete Maßnahmen zur Besiedlung der entstandenen Leerräume treffen. Hiezu diente unter vielen anderen das nachfolgende Dekret:

**Dekret des Präsidenten der Republik Sb. Nr. 27
vom 17. Juli 1945 über die einheitliche Steuerung der inneren
Besiedlung**
Auf Vorlage der Regierung und im Einvernehmen mit dem Slowakischen Nationalrat ordne ich an, (Auszug):

§ 1 Als innere Besiedlung ist die Gesamtheit aller Maßnahmen zu verstehen, durch die entsprechend den dazu erlassenen besonderen Vorschriften die **Rückführung** aller Regionen der Tschechoslowakischen Republik **hin zu ihrem ursprünglichen slawischen Element** bewirkt werden soll.

§ 2 (1) Zum Zwecke einer einheitlichen Steuerung und Ausrichtung der inneren Besiedlung werden ein Besiedlungsamt mit Sitz in Prag für die Region der Länder Böhmen und Mähren-Schlesien und ein Besiedlungsamt mit Sitz in Pressburg (Bratislava) für die Slowakei errichtet. Diese Behörden üben ihre Tätigkeit unter der zentralen Leitung der Zentralkommission für innere Besiedlung (im Folgenden nur: Zentralkommission) aus.
(2) Die durch besondere Vorschriften geregelte Sachtätigkeit der einzelnen Ministerien und anderer Zentralbehörden im Bereich der inneren Besiedlung bleibt davon unberührt;

Es folgen weitere 4 Paragraphen über organisatorische Maßnahmen.

Hier wird eindeutig bekundet, dass nicht die Verhaltensweise der Sudetendeutschen die Haupttriebfeder zur Vertreibung war, sondern die »Rückführung aller Regionen zu ihrem ursprünglichen slawischen Element«. Also purer Rassismus.

Dieses Dekret wirkt unvollständig und ist defacto auch nur ein Torso eines ursprünglich anderen Entwurfs zu einem Dekret, das logischerweise in der Reihe der Repressalien gegen Deutsche und Madjaren zu fehlen schien:

Ein Dekret über die Abschiebung, den Transfer bzw. über die Vertreibung der »fremden Bevölkerung«. Dieses Dekret war lediglich vorbereitet:

Nicht verabschiedeter Alternativentwurf zu einem Dekret des Präsidenten der Republik über die Abschiebung der fremden Bevölkerung und die innere Besiedlung, vorgelegt vom Ministerium des Inneren (Min. Nosek) und beraten von der Regierung am 15. Juni 1945.

Dekret des Präsidenten der Republik vom ..... 1945 *(Auszug)*:
**über die Abschiebung der fremden Bevölkerung und die innere
Besiedlung**
Auf Vorlage der Regierung und im Einvernehmen mit dem Slowakischen Nationalrat ordne ich an:

§ 1 Als innere Besiedlung ist die Gesamtheit aller Maßnahmen zu
verstehen, die entsprechend den dazu erlassenen besonderen
Vorschriften (§ 3 Abs. 4) auf die Rückführung aller Regionen
der Tschechoslowakischen Republik zu ihrem ursprünglichen
slawischen Element abzielen.

§ 2 (1) **Die Abschiebung der Bevölkerung deutscher oder ungarischer Staatsangehörigkeit** und der übrigen Deutschen und
Magyaren (ohne Rücksicht darauf, ob diese Personen früher die
tschechoslowakische Staatsbürgerschaft besaßen oder nicht) aus
dem Gebiet, das der inneren Besiedlung unterliegt, wird durch
Richtlinien des zuständigen Organs geregelt (§ 3 Abs. 1)

(2) Nicht abgeschoben werden diejenigen Deutschen und Magyaren, **denen laut § 2 des Verfassungsdekrets** des Präsidenten der
Republik über die Regelung der tschechoslowakischen Staatsbürgerschaft die tschechoslowakische Staatsbürgerschaft erhalten bleibt, ...

§ 3 (1) Die einheitliche Lenkung der inneren Besiedlung und die
Regelung der Abschiebung der fremden Bevölkerung steht dem
Obersten Rat für Abschiebung und innere Besiedlung zu, des-
sen Sitz sich am Regierungssitz befindet.

Vorsitzender des Obersten Rates für Abschiebung und innere Besiedlung
ist der Ministerpräsident, seine Mitglieder sind die Minister für auswärtige Angelegenheiten, für nationale Verteidigung und des Inneren.

(Quelle: Karel Jech: »Die Deutschen und Madjaren ...«)

Dem abschließenden Begründungsprotokoll zu diesem Dekret, das als Dekret
Nr. 16 beraten wurde, ist folgendes zu entnehmen:

Auszug:

»Zweck dieses Rahmenentwurfs ist es, in Grundzügen eine einheitliche Organisation für die Durchführung der inneren Besiedlung zu
schaffen wie auch **die Abschiebung der fremden Bevölkerung** zu
regeln und gleichzeitig **eine Rechtsgrundlage** für die Gesetzgebungs-
und Verwaltungstätigkeit auf diesen Gebieten zu schaffen. **Dieser Ent-**

> **wurf hängt mit** dem parallel laufenden Entwurf des Dekrets des Präsidenten der Republik über die **Regelung der Staatsbürgerschaft zusammen**, auf den er sich in § 2 bezieht. ...
>
> Soll dieses großartige Unternehmen nicht unzweckmäßig aufgesplittert werden, ist es unabweislich notwendig, dass es einheitlich gesteuert und geregelt wird. Zum Brennpunkt dieser Anstrengungen soll nach dem Entwurf der **Oberste Rat für Abschiebung und innere Besiedlung** (§ 3) werden, dessen Hilfsorgan die Interministerielle Gruppe für Abschiebung und innere Besiedlung (§ 4) und dessen ausführendes Organ das Institut für Besiedlung (§ 5) ist. ...
>
> Zu § 2: **In den Richtlinien des Obersten Rates für Abschiebung** und innere Besiedlung über die **Abschiebung** wird insbesondere ein lokales Programm den **zeitlichen Ablauf und das Tempo** zu bestimmen haben, in dem dieses Unternehmen durchgeführt wird. Für die Abschiebung der Bevölkerung aus dem Gebiet, das der inneren Besiedlung unterliegt, werden grundsätzlich die geltenden Vorschriften **für die Ausweisung von Ausländern maßgebend sein.«**
>
> *(Quelle: Karel Jech: »Die Deutschen und Madjaren ...«)*

Um dieses Dekret zu rechtfertigen wurde sogar auf die Gesetze
- Nr. 88/1871 RG Blatt über »die Regelung der polizeilichen Abschaffung und des Schubwesens«, und dem
- Art. V/1903 über das »Aufenthaltsrecht von Ausländern«, sowie laut Gesetz
- Nr. 52/1935 Sb über den »Aufenthalt von Ausländern« zurückgegriffen, sowie auch vorausdenkend auf
- das Verfassungsdekret Nr. vom 2. August 1945. Der Text dieses Dekretes war demnach bereits im Juni 1945 bekannt.

Hier wurden die sudendeutschen Bürger durch Rückgriff auf ein 74 Jahre altes Gesetz, kriminellen Personen gleichgestellt, die zu einem Abschub über die Staatsgrenzen gerichtlich verurteilt wurden. Daraus ist zu ersehen, dass den Verfassern dieser Gesetze kein Mittel zu geistesarm war, um daraus eine »Rechtfertigung« der Vertreibung zu konstruieren.

Dieser Entwurf zum Dekret Nr. 16 wurde in der Regierungssitzung vom 15. Juni 1945 weiterbehandelt. Allerdings hat man inzwischen den Vorsatz, ein Dekret über die Abschiebung zu verfassen, vorerst fallengelassen. Dies kommt in der Dokumentation über die o.a. Regierungssitzung wie folgt zum Ausdruck:

Auszug:

»Der Minister des Inneren wird beauftragt, im Einvernehmen mit den Ministern der Finanzen, für Industrie, für Landwirtschaft, für Binnenhandel sowie für Arbeitsschutz und soziale Fürsorge für die nächste Sitzung der Regierung den Entwurf zum Dekret des Präsidenten der Republik über die Errichtung eines Amts für Besiedlung vorzubereiten, welcher den **bisherigen Entwurf zum Dekret des Präsidenten der Republik über die Abschiebung der fremden Bevölkerung** und die innere Besiedlung **ersetzen würde**.«

(Quelle: Karel Jech: »Die Deutschen und Madjaren ...«)

Und am 26. Juni äußerte der Innenminister Nosek in seinem Eröffnungsreferat:

Auszug:

»Der ursprüngliche Entwurf zum **Dekret des Präsidenten über die Abschiebung** der fremden Bevölkerung und die innere Besiedlung, über den auf der Sitzung der Regierung vom 15. Juni d. J. beraten worden war, wurde vor allem mit Rücksicht auf die von slowakischer Seite vorgetragenen Wünsche überarbeitet. Der angeschlossene Entwurf regelt jetzt **nur die einheitliche Steuerung der inneren Besiedlung .....**«

(Quelle: Karel Jech: »Die Deutschen und Madjaren ...«)

Der wahre Grund war ein anderer:
»Im Verlauf der Beratungen in der Regierung wurde die Problematik der **Abschiebung der fremden Bevölkerung** ausgeklammert. Zu den Gründen dafür zählte offensichtlich die Tatsache, dass bis dahin noch nicht bekannt war, **welche** abschließenden Entscheidungen in Sachen Abschiebung **die Siegermächte treffen würden**.«

Auch in den folgend angeführten Dekreten äußert sich purer Rassismus:

Auszug:

Dekret des Präsidenten der Republik Slg. Nr. 28 vom 20. Juli 1945 über die Besiedlung des landwirtschaftlichen Bodens der Deutschen, der Madjaren und anderer Staatsfeinde durch tschechische, slowakische und andere slawische Landwirte.

Auf Vorschlag der Regierung bestimme ich:

§ 1   Das auf **Grund des Dekretes** des Präsidenten der Republik vom 21. Juni 1945, Slg. Nr. 12, über die **Konfiskation und die beschleunigte Aufteilung des landwirtschaftlichen Bodens der Deutschen, der Madjaren, wie auch der Verräter** und Feinde der tschechischen und der slowakischen Nation **konfiszierte und dem Nationalen Bodenfonds gehörende landwirtschaftliche Vermögen** wird, soweit es nicht im Sinne des Konfiskationsdekretes aufgeteilt wird, durch Zuteilung von Boden an berechtigte Bewerber (§ 2) aus Bezirken, in denen ein Mangel an Boden besteht oder in denen für die Landwirtschaft ungünstige Bedingungen herrschen, besiedelt.

§ 2   (1) Um eine Bodenzuteilung im Rahmen der Besiedlung können staatlich und national zuverlässige Angehörige der tschechischen, der slowakischen oder einer **anderen slawischen Nation** ansuchen, und zwar....

Nicht einmal deutsche Widerstandkämpfer durften Boden behalten oder erwerben, nein, es mussten »Slawen« sein. Darum allein ging es Dr. Beneš und seiner Regierung, wie dies auch aus dem Dekret Nr. 108 ersichtlich ist:

Auszug:

Dekret des Präsidenten der Republik Slg. Nr. 108
vom 25. Oktober 1945, **über die Konfiskation des feindlichen Vermögens und die Fonds der nationalen Erneuerung**

Auf Vorschlag der Regierung und im Einvernehmen mit dem Slowakischen Nationalrat bestimme ich:
Teil I Konfiskation des feindlichen Vermögens.

§ 1 Umfang des konfiszierten Vermögens.
(1) **Konfisziert wird ohne Entschädigung** – soweit dies noch nicht geschehen ist – für die Tschechoslowakische Republik das **unbewegliche und bewegliche Vermögen**, namentlich auch die Vermögensrechte (wie Forderungen, Wertpapiere, Einlagen, immaterielle Rechte), das bis zum Tage der tatsächlichen Beendigung der deutschen und madjarischen Okkupation im **Eigentum stand oder noch steht:**
des Deutschen Reiches, des Königreiches Ungarn, von Körperschaften des öffentlichen Rechtes nach deutschem oder ungari-

schem Recht, der deutschen nazistischen Partei, der madjarischen politischen Partei und von Personenvereinigungen, Fonds und Zweckvermögen dieser oder von deren Formationen, Organisationen, Unternehmungen, Einrichtungen, Personenvereinigungen, Fonds und Zweckvermögen dieser oder der mit ihnen zusammenhängenden Regime, wie auch anderer deutscher oder ungarischer juristischer Personen, oder **physischer Personen deutscher oder madjarischer Nationalität** mit Ausnahme der Personen, die nachweisen, dass sie der Tschechoslowakischen Republik treu geblieben sind, ...

Dieses Dekret diente der Sicherheit, dass nicht in den früheren Dekreten vergessen wurde, auch nur ein mögliches »Raubgut« zu enteignen.

Jedoch nicht nur materielle Werte unterlagen der Konfiskation, sondern auch kombiniert mit dieser, höchste ideelle Werte deutscher Kultur, wie zum Beispiel die Deutsche Universität in Prag:

Dekret des Präsidenten der Republik Slg. Nr. 122
vom 18. Oktober 1945
über die Auflösung der deutschen Universität Prag *(Auszug)*:

Um die seit langem andauernden historischen Bemühungen des ganzen tschechischen Volkes in der Frage der Prager Universität zum Abschluss zu bringen und die Früchte der nationalen Revolution und des Kampfes um die Befreiung der Tschechoslowakischen Republik rechtlich zu sichern, bestimme ich auf Vorschlag der Regierung:

§ 1 Die Deutsche Universität Prag, die am 5. Mai 1945, dem ersten Tage des Aufstandes der Prager Bevölkerung, zu bestehen aufgehört hat, wird **als ein dem tschechischen Volk feindliches Institut für immer aufgelöst.**

Dieses Dekret spricht für sich, denn in der Geschichte der zivilisierten Völker ist der Fall wohl einmalig, dass eine durch Jahrhunderte bestrenommierte wissenschaftliche Universität als »feindliches Institut« bewertet und »für immer aufgelöst wird«.

Der Entzug bürgerlicher Rechte

Da man nicht eigene Staatsbürger in ein fremdes Land abschieben kann, war es unabdingbar, diesen Bürgern ihre tschechoslowakische Staatsbürgerschaft zu entziehen. Zu dieser zwangsweisen Entrechtung diente das folgend angeführte Dekret.

Verfassungsdekret des Präsidenten der Republik Slg. Nr. 33
vom 2. August 1945 **über die Regelung der tschechoslowakischen Staatsbürgerschaft der Personen deutscher und madjarischer Nationalität,** *(Auszug)*:

Auf Vorschlag der Regierung und im Einvernehmen mit dem Slowakischen Nationalrat bestimme ich:

§1 (1) **Die tschechoslowakischen Staatsbürger deutscher oder madjarischer Nationalität,** die nach den Vorschriften einer fremden Besatzungsmacht die deutsche oder madjarische Staatsangehörigkeit erworben haben, haben mit dem Tage des Erwerbs dieser Staatsangehörigkeit die tschechoslowakische Staatsbürgerschaft verloren.
Die übrigen tschechoslowakischen Staatsbürger deutscher oder madjarischer Nationalität verlieren die tschechoslowakische Staatsbürgerschaft **mit dem Tage, an dem dieses Dekret in Kraft tritt.**

(3) Dieses Dekret erstreckt sich nicht auf die Deutschen und Madjaren, die sich in der Zeit der erhöhten Bedrohung der Republik (§ 18 des Dekrets des Präsidenten der Republik vom 19. Juni 1945, Slg. Nr. 16, über die Bestrafung der nazistischen Verbrecher, der Verräter und ihrer Helfershelfer sowie über die außerordentlichen Volksgerichte) bei der amtlichen Meldung als Tschechen oder Slowaken bekannt haben.

(4) Tschechen, Slowaken und Angehörige anderer slawischer Völker, welche sich in diesem Zeitraum durch Zwang oder besonders berücksichtigungswürdige Umstände genötigt als Deutsche oder Madjaren bekannt haben, werden nicht nach diesem Dekret als Deutsche oder Madjaren angesehen, wenn der Minister des Inneren eine Bescheinigung über die nationale Zuverlässigkeit genehmigt, die der zuständige Bezirksnationalausschuss (die Bezirksverwaltungskommission) nach Überprüfung der angeführten Tatsachen ausstellt.

Und dieses Verfassungsdekret schaffte die Ausgangsbasis für alle weiteren Schanddekrete und Gesetze, die in der Folge angeführt werden. (Dekrete Slg. Nr. 126 und Slg. Nr. 71 und Gesetze Slg. Nr. 83 und Slg. Nr. 115)

Auszug:

Dekret des Präsidenten der Republik Slg. Nr. 126
vom 27. Oktober 1945 **über die Zwangsarbeits- Sonderabteilungen**

Auf Vorschlag der Regierung bestimme ich:

§ 1 (1) Nach den Bestimmungen des § 14, Buchst. b) des Dekretes
des Präsidenten der Republik vom 19. Juni 1945, Slg. Nr. 16, über
die Bestrafung der nazistischen Verbrecher, der Verräter und ihrer
Helfershelfer sowie über die außerordentlichen Volksgerichte werden in den **Gefängnissen** der Kreisgerichte und **in den Strafan-
stalten Zwangsarbeits-Sonderabteilungen** (weiterhin nur »Abteilungen« genannt) aufgestellt.
Der Justizminister kann für solche Abteilungen **auch besondere
Lager** errichten und ihre Organisation regeln.

§ 4 **Die Sträflinge haben keinen Anspruch auf Entlohnung** für die
Arbeit in den Abteilungen. Das für ihre Arbeiten vereinbarte Entgelt fällt an den Staat. Bei der Festsetzung der Höhe dieses Ent-
gelts ist darauf zu achten, dass die Löhne der Arbeiterschaft nicht
unterboten werden.

Auszug:

Dekret des Präsidenten der Republik Slg. Nr. 71
vom 19. September 1945
**Über die Arbeitspflicht der Personen, welche die tschechoslowaki-
sche Staatsbürgerschaft verloren haben**

Auf Vorschlag der Regierung bestimme ich:

§ 1 (1) **Zur Beseitigung und Wiedergutmachung** der durch den
Krieg und die Luftangriffe verursachten Schäden, wie auch zur
Wiederherstellung des durch den Krieg zerrütteten Wirtschafts-
lebens wird **eine Arbeitspflicht der Personen eingeführt**, die nach
dem Verfassungsdekret des Präsidenten der Republik vom 2.
August 1945, Slg. Nr. 33, über die Regelung der tschechoslowakischen Staatsbürgerschaft der **Personen deutscher und madjarischer Nationalität**, die tschechoslowakische Staatsbürgerschaft
verloren haben. ...

§ 2 (1) Der Arbeitspflicht unterliegen **Männer vom vollendeten 14.
bis zum vollendeten 60. Lebensjahr und Frauen vom vollendeten
15. bis zum vollendeten 50. Lebensjahr.**

Auszug:

**Gesetz Slg. Nr. 83 vom 11. April 1946
über die Arbeits- (Lehr-) Verhältnisse der Deutschen, der Madjaren,
der Verräter und ihrer Helfershelfer**

Die vorläufige Nationalversammlung der Tschechoslowakischen
Republik hat folgendes Gesetz beschlossen:

§ 1 (1) **Die Arbeits- (Lehr-) Verhältnisse der Personen**, welche die
tschechoslowakische Staatsbürgerschaft nach dem Verfassungsdekret des Präsidenten der Republik vom 2. August 1945, Slg. Nr.
33, über die Regelung der tschechoslowakischen Staatsbürgerschaft der Personen **deutscher und madjarischer Nationalität**,
verloren haben, **erlöschen** an dem Tage, an dem dieses Gesetz in
Kraft tritt, soweit darin nicht anders bestimmt wird.
Mit dem Ablauf von drei Monaten seit dem Tage, an dem dieses Gesetz in Kraft tritt, erlöschen, soweit sie nicht gemäß § 3 oder § 4
bereits früher erloschen sind, die Arbeits- (Lehr-) Verhältnisse ...
Soweit sie nicht bereits früher erloschen sind, erlöschen an dem
Tage, an dem dieses Gesetz in Kraft tritt, auch die Arbeits- (Lehr)
Verhältnisse der deutschen und madjarischen Staatsangehörigen
deutscher und madjarischer Nationalität, auf die sich das Verfassungsdekret Slg. Nr. 33/1945 nicht erstreckt.

Auszug:

Gesetz Slg. Nr. 115 vom 8. Mai 1946
**Über die Rechtsmäßigkeit von Handlungen, die mit dem Kampf um
die Wiedergewinnung der Freiheit der Tschechen und Slowaken
zusammenhängen.**

Die vorläufige Nationalversammlung der Tschechoslowakischen
Republik hat folgendes Gesetz beschlossen:

§ 1 Eine Handlung, die in der Zeit vom **30. September 1938** bis zum
28. Oktober 1945 vorgenommen wurde und deren Zweck es war,
einen Beitrag zum Kampf um die Wiedergewinnung der Freiheit
der Tschechen und Slowaken zu leisten, **oder die eine gerechte
Vergeltung** für Taten der Okkupanten oder ihrer Helfershelfer
zum Ziele hatte, ist auch dann **nicht widerrechtlich, wenn sie
sonst** nach den geltenden Vorschriften **strafbar gewesen wäre.**

§ 2 (1) **Ist jemand** für eine solche Straftat **bereits verurteilt** worden, so ist nach den Vorschriften über die **Wiederaufnahme** des Strafverfahrens vorzugehen.

(2) Zuständig ist das Gericht, vor dem das Verfahren in erster Instanz stattgefunden hat oder, falls ein solches Verfahren nicht stattgefunden hat, das Gericht, das jetzt in erster Instanz zuständig sein würde, wenn die Rechtswidrigkeit der Tat nicht nach § 1 ausgeschlossen wäre.

(3) Trifft mit einer in § 1 genannten Tat eine Straftat zusammen, für die der Angeklagte durch dasselbe Urteil verurteilt wurde, so fällt das Gericht für diese andere Tat durch Urteil eine neue Strafe unter Berücksichtigung des bereits erfolgten Schuldspruches.

Das Gesetz Slg. Nr. 115, welches auch »Straffreistellungsgesetz« genannt wird, wird gerne fälschlicherweise mit anderen Straffreistellungsgesetzen verglichen. Auch andere Staaten, zum Beispiel auch Österreich, haben ähnliche Gesetze erlassen. Der Unterschied zwischen den Gesetzen liegt jedoch entscheidend zwischen der Menge der Straftäter, der Art der Straftaten und der Handhabung in der Anwendung der Gesetze. Dieses Gesetz außer Kraft zu setzen, wäre heute wahrscheinlich eine reine Fleißaufgabe, da die Aufhebung bereits heute – wegen des Ablebendes oder der Strafunfähigkeit der Täter – keine Folgen nach sich ziehen würde. Im Gegenteil, **dieses »Gesetz«** sollte als ewige Schande der Verfasser der Beneš-Dekrete der Nachwelt erhalten bleiben.

Betrachtungen über Dekrete der Vermögenskonfiskation

Die Vermögenskonfiskationen nach den Dekreten Nr. 112 und 108/1945 wurden nicht als Strafe für einen allfälligen Verrat der Sudetendeutschen an der ČSR und deren Bestimmungen, daher nicht als Strafrechtsnormen angesehen. Nach seinerzeitiger Rechtsansicht des tschechoslowakischen Obersten Verwaltungsgerichtes (OVG) war diese Konfiskation eine gesetzliche, das heißt automatische Folge des in den Dekreten angeführten Tatbestandes der Zugehörigkeit zur deutschen bzw. ungarischen Ethnie. Das OVG vertrat dabei den Rechtsstandpunkt, dass gemäß der ČSR-Verfassungsurkunde des Jahres 1920 schon durch ein gewöhnliches Gesetz bzw. ein »Beneš-Dekret« ohne Verfassungsrang in das Eigentum aller fremden Staatsbürger (die in der ČSR lebten oder in der ČSR Eigentum besaßen) mittels Konfiskation eingegriffen werden kann, ohne dafür irgendeine Entschädigung leisten zu müssen.

Dem Einwand, dass nach dem (auch damals geltenden!) Völkerrecht das Eigentum eines fremden Staatsbürgers, – die Sudetendeutschen waren inzwischen ja Staatsbürger des Deutschen Reiches geworden, – nur nach den für die ČSR-Staatsbürger geltenden Grundsätzen entzogen werden könne, begegnete das OVG mit dem Argument, dass in erster Linie die innerstaatlichen Normen anzuwenden wären, sodass man sich nicht mit Erfolg auf irgendwelche, vielleicht in ausländischen Staaten anerkannte Grundsätze des Völkerrechtes berufen könne.

Diese Rechtsauffassung des OVG war auch nach der seinerzeitigen verfassungsrechtlichen Lage in der Nachkriegs-ČSR »Rassismus in Reinkultur« und überdies eine zynische Manifestation der damals in der ČSR über die Sudetendeutschen ausgeübten Willkürherrschaft, die auch heute noch in den Aussagen der maßgebenden tschechischen Politiker und in der Rechtssprechung des Obersten Verfassungsgerichtes in der ČR ihre Fortsetzung findet.

Alle rechtlichen Finessen, Beschönigungen und fadenscheinigen Rechtfertigungen werden nicht im Stande sein, das dunkle und schmachvolle Kapitel der tschechischen Politik, die Vertreibung und Beraubung der Sudetendeutschen aus nationalistischen Motiven – dem Endziel, der seit 1918 einsetzenden Vertreibung – aus der Geschichte zu verdrängen.

Der einzige Weg dazu wäre eine Schuldeinsicht, ein Schuldbekenntnis und eine möglichste Wiedergutmachung der Verbrechen, die jedoch von tschechischer Seite noch immer nicht erwogen werden.

Zur Schande der tschechischen Machthaber und ihrer Anhänger.

Folgen, Erkenntnisse
und Konsequenzen

Die tschechische Schulderkenntnis und
Gesprächsbereitschaft im Wandel der Zeit

Martialische Töne: Entgermanisierungsziel durch Krieg erreicht
Man hörte noch am 29. Mai 1945 von Informationsminister Kopecky in Prag:
»Wir wollen unseren großen Sieg über die Deutschen zu einer gewaltigen
nationalen Offensive ausnutzen, um das Grenzgebiet unseres Landes von
den Deutschen zu säubern. General Svoboda schickt seine Truppen und
bewährte Partisaneneinheiten, um diese Gebiete von Deutschen zu säubern,
...« und am 27. Mai 1946 von **Klement Gottwald** (Vorsitzender der KPTs
und späterer Präsident der ČSSR):
»... Die zweite Aufgabe nach der Befreiung der Republik bestand darin, die
militärische Niederlage Hitlerdeutschlands und seiner Satelliten vollständig
auch in dem Sinn auszunutzen, dass wir die Republik von **der Fünften Kolonne in der Form der deutschen Minderheit befreien...**
...Gleichzeitig mit dem Abschub der Deutschen kommt mit Riesenschritten
das große geschichtliche Werk der Neubesiedlung des tschechischen Grenzge-
bietes mit tschechischen Menschen auf uns zu. Wir werden die einst deutschen Anwesen, Werkstätten und Geschäfte zu außergewöhnlich günstigen
Bedingungen in die Hände kleiner Leute, Landwirte, Handwerker und Kauf-
leute legen. Wir werden die konfiszierten deutschen Industrien und das Geld-
wesen in den Sektor unserer nationalisierten Wirtschaft eingliedern, wir werden für den Staat die riesigen Waldkomplexe, die großen Bäderzentren und
den **gesamten unterirdischen Reichtum sicherstellen. ....«**

Friedliche Töne: Gemeinsam nach »Europa«

Dem gegenüber stellte **Wenzel Jaksch** (1958) fest, dass General **Lev Prchala**
am 12. 12. 1945 in London eine Erklärung abgab, in der gegen die Vertreibung der Deutschen »from Czech teritory« protestiert wurde.
**Dieser General, unbeeinflusst von kommunistischen Gedanken, versuchte,
eine friedliche Lösung des sudetendeutsch – tschechischen Konfliktes herbeizuführen.**

Des weiteren wurde im sogenannten »Wiesbadener Abkommen« vom 4. August 1950 – abgeschlossen zwischen dem »Tschechischen Nationalausschuss, London« und der »Arbeitsgemeinschaft zur Wahrung Sudetendeutscher Interessen, München« – das Heimat- und Selbstbestimmungsrecht für beide Partner behandelt. *Auszug:*

1. Beide Teile stehen auf dem Boden der demokratischen Weltanschauung und lehnen jedes totalitäre System ab. Beide Teile betrachten eine demokratische Ordnung der Verhältnisse im böhmisch-mährisch-schlesischen Raum als einen Teil des Kampfes für ein einheitliches Europa....

3. **Beide Teile betrachten die Rückkehr der vertriebenen Sudetendeutschen in ihre Heimat als gerecht und daher selbstverständlich.**

4. Beide Teile lehnen die Anerkennung einer Kollektivschuld und des aus ihr fließenden Rachegedankens ab; sie verlangen aber die Wiedergutmachung der Schäden, die das tschechische Volk und das sudetendeutsche Volk erlitten haben.....

5. Beide Teile sind darin einig, dass aber die endgültigen staatspolitischen Verhältnisse beide Völker entscheiden sollen, sobald die Befreiung des Tschechischen Volkes und die Rückkehr der Sudetendeutschen erfolgt sein werden. Da die Voraussetzung heute nicht überblickt werden kann, ... haben beide Teile beschlossen, einen Föderativausschuss einzusetzen, der die Voraussetzungen hierfür schaffen soll. Beide Teile nehmen an diesem Ausschuss gleichberechtigt teil.

Quelle: F. P. Habel »In Dokumente der Vertreibung«, S. 316

Und in seiner Rede vom 29. Mai 1955 vor den Teilnehmern des Sudetendeutschen Tages in Nürnberg fand wiederum der Vorsitzende des tschechischen Nationalausschusses, Lev Prchala, folgende Worte: »... Als Mensch und Europäer verurteile ich die Verbrechen, die 1945 an den Sudetendeutschen begangen wurden. Als Tscheche und Christ fühle ich mich verpflichtet, Sie, sudetendeutsche Männer und Frauen, um Verzeihung zu bitten. Dies tue ich aus freiem Willen, ohne Furcht und ohne Zwang, weil mein Gewissen rein ist.« *Quelle: ebenda, S. 325*

Darüber hinaus entnehmen wir auszugsweise einem Schreiben der »Tschechischen Christlich-Demokratischen Bewegung im Exil« vom November 1954 an Bundeskanzler **Konrad Adenauer**:
»... Freiheit im tiefsten Sinne beinhaltet aber die Anerkennung und

Verwirklichung der Menschenrechte für alle Bürger, ohne Rücksicht auf ihre Religion oder Volkszugehörigkeit. Wir betrachten das Heimatrecht, den unabdingbaren Anspruch aller Völker und Volksgruppen auf ihr Siedlungsgebiet, als eines der grundsätzlichen Menschenrechte.

... Als tschechische Patrioten verurteilen wir auf das schärfste den Völkermord, der 1945 – 1948 an den Sudetendeutschen durch die Kommunisten und ihre Helfershelfer begangen wurde. So wie wir früher dem nationalsozialistischen Terror entgegenarbeiteten, so geloben wir, uns für die Aufhebung aller seit April 1945 durchgeführten Enteignungs- und Ausbürgerungsmaßnahmen einzusetzen.

Wir hoffen, die rückkehrenden Sudetendeutschen in einem freien Heimatlande willkommen heißen und mit ihnen einen neuen Staat auf der Grundlage der Gleichberechtigung aller Völker aufbauen zu können...«

Quelle: F. P. Habel »In Dokumente der Vertreibung«, S. 324

In diesem Sinne ist auch die Entschließung der »Tschechoslowakischen Christdemokraten im Exil« anlässlich des Nationalfeiertages, am 28. Oktober 1958, festgehalten im sogenannten »Passauer Manifest«, von großer Bedeutung.

Auszug:

»...Als Christen **verurteilen wir** eine politische Moral, die **den Grundsatz der Kollektivschuld** aufstellte. Ihre Anwendung erfolgte vor allem durch die **Massenausweisung der nichtslawischen Bevölkerung** aus der Tschechoslowakei, wobei unter oft unmenschlichen Umständen ohne hörbaren Protest der Mehrheit der politischen und moralischen Autoritäten (des Landes) auch diejenigen Bürger vertrieben wurden, die sich gegenüber dem tschechischen Staat nichts zuschulden hatten kommen lassen ...«

Quelle: F. P. Habel »In Dokumente der Vertreibung«, S. 332

Aber nicht nur von tschechischer Seite wurden Ansätze für eine wirklich europäische Nachkriegsordnung signalisiert, sondern auch, – ebenfalls noch unbeeinflusst von kommunistischer Raubsicherungsmentalität – von slowakischer Seite.

Am 5. Juli 1953 kam es zu folgend zitierter Vereinbarung, die am 30. 7. 1961 und letztmalig am 4. 5. 1984 vom Weltkongress der Slowaken in Toronto (Kanada) bekräftigt wurde, Auszüge:

»Im Vertrauen auf Gott, im Sinne einer 800jährigen gemeinsamen Geschichte und im Zeichen des friedlichen und fruchtbaren Zusammenlebens des slowakischen Volkes mit den Deutschen aus der Slowakei schließt der Slowakische Nationalrat im Ausland ... mit der Karpatendeutschen Landsmannschaft Slowakei .... dieses Abkommen ab ...

1. ... Die Lebensbedingungen sowohl des slowakischen Volkes als auch der Bürger deutscher Nationalität der Slowakei können nur in einem **selbständigen Slowakischen Staate** voll gesichert werden...

2. ... Der Slowakische Nationalrat im Ausland anerkennt die volle staatsbürgerliche **Gleichberechtigung der Deutschen**....

3. Der Slowakische Nationalrat im Ausland verurteilt die kollektive **Persekution** der slowakischen Staatsbürger deutscher Nationalität, ... 4. Der Slowakische Nationalrat im Ausland anerkennt das Recht auf **Entschädigung aller geschädigten Staatsbürger**....

4. Der Slowakische Nationalrat im Ausland wird sich bemühen, die erwähnten Grundsätze in die Verfassung und die Gesetze des Slowakischen Staates einzufügen. ...«

Visionäre und Ewig-Gestrige

Am Beispiel des General **Lev Prchala** und des Vorsitzenden des Slowakischen Nationalrates **Karel Sidor** sowie den **Mitgliedern des Weltkongresses der Slowaken** ist zu ersehen, dass der Zeitraum von 5, 8 oder 10 Jahren für Menschen mit moralischer Qualität genügt, um Untaten als solche zu erkennen, zu bedauern und diese nach Möglichkeit wiedergutzumachen. Im Gegensatz zur moralischen Einstellung der Gefolgsleute des Dr. Beneš und der tschechischen Gottwald-Kommunisten, die an der Entrechtung, Enteignung und Vertreibung, also einer Entgermanisierung, in – man kann sagen – klassischer Form eines Genozides (Ermacora) festhielten.

Dieser Lichtblick der Bereitschaft zu einer Schulderkenntnis und zur Sühne der Schuld war in den ersten Jahren nach dem Zusammenbruch des kommunistischen Regimes in der ČSFR, dem Nachfolgestaat der ČSSR ab dem Jahre 1989 zu erkennen. Als designierter Präsident der ČSFR erklärte **Vaclav Havel** – jedoch bereits leicht abgeschwächt – im tschechischen Fernsehen am 23. 12. 1989 vorsichtig: »Ich möchte mich mit diesem Thema nicht befassen, mir steht nur zu, meine Ansicht zu äußern. ... Ich denke, dass wir den Deutschen gegenüber, die nach dem Zweiten Weltkrieg abgeschoben wurden, verpflichtet sind, uns zu entschuldigen. Das war ein Akt sehr harter Trennung einiger Millionen Menschen von ihrer Heimat, und es war genau genommen **etwas Böses, ...** **Und ich denke, dass wir, wenn wir Böses mit Bösen beantworten, das Böse nur weiter und weiter verlängern. ....«**

Und auch diese weisen Worte – Zeugen ungetrübten humanistischen Empfindens des Reformers Havel – verhallten mit der Zeit. Sie wurden von der Taktik der Kommunisten überdeckt, durch Angstmache vor einer Wiedergutmachung den Verteidigungsinstinkt von Raubgut im tschechischen Volk wach zu halten. Wie den sonst – wenn nicht als Garanten gegen die Rückgabe des beschlagnahmten Privateigentums ihrer ehemaligen Mitbürger – sollten die Kommunisten nach dem Abhandenkommen jeglicher Ideologie, ihre alten Wähler bei der Stange halten bzw. zur Parteitreue motivieren?

Dies gilt bis heute und ist wohl die Ursache des Phänomens, dass der Sinn und die Texte der Dokumentationen aller bisherigen Tschechisch-Deutschen offiziellen Verhandlungen und Erklärungen, gleich wie in der Zeit des Kommunismus so auch in den postkommunistischen 15 Jahren, immer wieder Gelegenheit zu Fehlinterpretationen auf tschechischer Seite bieten, die wiederum einer Willensbildung der tschechischen Öffentlichkeit zu Versöhnungskompromissen entgegenwirken und eher ein Gefühl der Rechtfertigung des Völkermordes und eines damit verbundenen Hasses gegenüber den Sudetendeutschen herbeiführen.

Schon **Czeslav Milosz** schreibt in »Die Suche nach Wirklichkeit« im Jahre 1980: **»Denn nicht öffentlich bekannte und verurteilte Menschenrechtsverletzungen sind ein langsam wirkendes Gift, das Feindschaft statt Freundschaft zwischen den Völkern stiftet.«**

Nachkriegsverfolgung der Sudetendeutschen

Richtlinien der US-Militärregierung für Deutschland vom 1. April 1947: **Vertriebenenparteien werden nicht genehmigt,**
Auszug:
»...Politische Parteien von Vertriebenen und Flüchtlingen.
Um die Einfügung der Vertriebenen und Flüchtlinge in das Leben des deutschen Volkes zu erleichtern, werden politische Parteien, als deren Hauptziel die Förderung von Interessen von Vertriebenen und Flüchtlingen anzusehen ist, nicht genehmigt. ....«

Kaum war das »Werk« der genoziden Vertreibung der deutschen Bevölkerung der ČSR zu einem schrecklichen Ende geführt, schlug der Größenwahn und die Euphorie der »Siegernation« in verständlicher, jedoch unterschiedlicher Weise in eine nachfestliche Stimmung um. Angesichts der Leichen, der Blutspuren, der Gräber und des durch Plünderungen zerstörten Eigentums der ehemaligen Nachbarn wurde – außer den hartgesottensten Verbrechern – die Tragweite der Folgen des von Dr. Beneš inszenierten Massenverbrechens vielen Tschechen bewusst. Der Fluch des Anteils an den Verbrechen lastete schwer auf allen anständigen Menschen und unbewusst noch mehr auf den Nutznießern von Raub und Mord. Denn diese mussten ab der Zeit der Inbesitznahme fremden Eigentums unentwegt um den »Verlust« dieses Raubgutes fürchten. Sie befürchteten – und es waren unendlich viele – eine Rückkehr der Deutschen und sie lebten und leben in Angst.

Was war also nötig, um sich dieser Angst zu entledigen? Man musste die Rückkehr der Vertriebenen – dieser armen geschundenen, heimatlosen, recht- und besitzlosen Mitbürger – verhindern, man musste sie beobachten, diffamieren und dazu auch nach deren Vertreibung weiterverfolgen!

Verweigerung demokratischer Prinzipien für Flüchtlinge Dokumente beweisen diese unfassbare Gemeinheit

Memorandum vom 6. Oktober 1947 der tschechoslowakischen Militärmission beim Alliierten Kontrollrat in Berlin an die US-Militärregierung in Deutschland, Auszug:
Sudetendeutsche Organisationen in Deutschland verbieten!

»Bis vor kurzem verhinderte die Politik der Amerikanischen Militärregierung die Organisation von Vereinigungen derjenigen Deutschen, die aus der Tschechoslowakei nach Deutschland überführt worden waren. Anscheinend ist diese Politik geändert worden. Vor kurzer Zeit wurde die Mission darüber informiert, dass jetzt politische Vereinigungen der überführten Deutschen aufgebaut werden. Landsmannschaftliche Vereinigungen der Ostsudetendeutschen«. Die Amtsträger und führenden Mitglieder dieser Vereinigung sind: Josef Ertel aus Krnov, jetzt Nördlingen; Adolf König aus Opava, jetzt Freising; Otto Kreisel aus Vitkov, jetzt Malzstätten; Dr. Rhomberg, Memmingen; Otto Schürer aus Opava, jetzt Waldheim, Fürstenzell; Rudolf Poloschek, Memmingen; Wilhelm Thanel; Rudolf Tallaschek; Dr. Felix von Luschka aus Opava, jetzt Zeil a.M.; Friedrich Graf Stolberg von Stolberg; Rudolf Mader aus Opava, jetzt Frieshausen Nr. 60. Kreis Hofheim, Unterfranken.

Einer der Gründer, Adolf König, erklärte am 10. Juni 1947 in München, das Ziel der Vereinigung sei, die Deutschen ihre frühere »Heimat« nicht vergessen zu lassen und sie auf eine baldige Rückkehr vorzubereiten. Bei dieser Gelegenheit erklärte König, dass Opava eine deutsche Stadt sei und die Deutschen deshalb berechtigt seien, dort zu leben. Die ganze Rede war ein Schrei nach Rache.
Die oben erwähnte Vereinigung organisiert die überführten Deutschen in ganz Bayern.
Auch frühere Mitglieder der Nazipartei dürfen ihr beitreten.
Die Vereinigung hat Zweigstellen in München mit 2.500 Mitgliedern, in Esslingen mit 400, in Liessen mit 500 und in Schweinfurt mit 300 Mitgliedern.
Die Tschechoslowakische Militärmission erhielt Informationen über eine ähnliche lokale Vereinigung in Dingolfing, »Verein der Sudetendeutschen Dingolfing, e.V.«. Die Amtsträger dieser Organisation heißen Frydecky, Piesche, Stummvoll und Alfred Czerny. Ziele und Maßnahmen dieser Vereinigung decken sich mit denen der oben angeführten.
Die Tschechoslowakische Militärmission hat die Ehre, die amerikanische Militärregierung um das Verbot aller Vereinigungen überführter Deutscher zu ersuchen ...«

Daraufhin erfolgte folgende Antwort der US-Militärregierung in Deutschland am 21. Oktober 1947 an die tschechoslowakische Militärmission beim Alliierten Kontrollrat für Deutschland:
Sudetendeutsche politische Organisationen nicht erlaubt! *Auszug:*

»...Bezug genommen wird auf das
Memorandum mit Datum 6. Oktober 1947
Die US-Militärregierung hat die Bildung von Gruppen dieser Personen nie verboten, soweit ihr Zweck der Schutz des materiellen Wohlergehens ihrer Mitglieder war. Nicht gestattet sind Organisationen, deren Hauptzweck politische Aktivitäten sind und deren Mitgliedschaft auf Vertriebene beschränkt ist. Die US-Militärregierung beabsichtigt, diese Leute in die deutsche Wirtschaft und Gesellschaftsstruktur zu assimilieren und ihre Interessen denjenigen Deutschlands so rasch wie möglich anzugleichen.
Wir wollen dies jedoch in demokratischer Weise tun, um damit ein Beispiel für ihr künftiges Verhalten und ihre künftigen Handlungen zu setzen. Sie werden verstehen, dass diese Ziele angesichts des Durch-

einanders und der Ungewissheit, die mit der Entwurzelung einherge-
hen, nicht sofort erreicht werden können.
Unter diesen Umständen können einzelne oder Gruppen von Zeit zu
Zeit in Versuchung geraten, ihre Unzufriedenheit über ihr Los auszudrücken. Sie werden jedoch unter Beobachtung gehalten ...«

Die Beharrlichkeit der tschechoslowakischen Militärmission in der
Verfolgung der deutschen Opfer, beweist ein neuer Vorstoß dieser
Mission vom 23. Oktober 1947 an den Alliierten Kontrollrat für
Deutschland in Berlin, Auszug:
Landsmannschaftliche Organisationen verbieten!

»... Die Regierung der Tschechoslowakischen Republik verfügt über
bestimmte Beweisstücke für illegale Betätigungen von Ausgesiedelten,
von illegal gedruckten Flugblättern, Versammlungen und Vereinigungen. Die Tschechoslowakische Republik ist überzeugt, dass die jetzigen gesetzlichen Vorkehrungen nicht genügen, um die Rache- und
Revisionsbestrebungen der Ausgesiedelten zu bekämpfen und den
Frieden in Deutschland zu stärken.
Wenn ein solches Verhalten auf die Dauer stillschweigend übersehen
wird, wird es höchstwahrscheinlich die Wiedergeburt von militantem
Pangermanismus fördern und eine ständige Gefahr für Deutschlands
friedliebende Nachbarn und den generellen Weltfrieden bedeuten. ...
Die Tschechoslowakische Militärmission möchte darauf hinweisen,
dass der Nazismus ganz ähnlich begann: In kleinen regionalen Vereinigungen und mit Flugblättern in derselben rachedurstigen und
revisionistischen Tonart. Deshalb erscheint es notwenig, die neue Propaganda schon im Ansatz zu stoppen.
Mit ihrer tausendjährigen Erfahrung deutscher Expansionsmethoden
legt die Tschechoslowakei größten Wert darauf, der Neubildung von
revisionistischen Vereinigungen nicht stillschweigend zuzusehen, die –
unter Vorwand von kulturellen, sozialen oder anderen scheinbar friedlichen Aktivitäten – nur die Wiedergeburt revisionistischer Tendenzen
fördern würden. ...
Die Tschechoslowakische Militärregierung ist zutiefst davon überzeugt, dass die Errichtung eines Ausschusses der ausgesiedelten Deutschen (»Flüchtlingsausschuss«) in irgendeiner Besatzungszone sich
nicht nur als ein ernstes Hindernis auf dem Weg zu rascher und voll-
ständiger Assimilierung der Ausgesiedelten, sondern auch als eine
Ursache zukünftiger Differenzen zwischen Deutschland und seinen
Nachbarn erweisen würde. ....

Deswegen beehrt sich die Tschechoslowakische Militärregierung zu verlangen, dass ein Gesetz erlassen werde, in dem

1. jede revisionistische und revanchistische Propaganda bei Bestrafung Zuwiderhandelnder verboten wird,
2. ausgesiedelten Deutschen verboten wird, sich auf Grundlage ihrer territorialen Herkunft zu vereinigen und Zuwiderhandelnde bestraft werden, ...«

Beispiele internationaler und tschechischer Beurteilungen des Vertreibungsverbrechens

Dr. Beneš alleinverantwortlich für die Austreibung

Dem Buche »Otto von Habsburg – Die Biografie«, erschienen im Amalthea-Verlag (2002), entnehmen wir nachfolgend angeführte Textpassagen: »... Der Gedanke der Austreibung der Sudetendeutschen ist – dafür bin ich persönlicher Zeuge – ausschließlich auf dem Mist von Beneš gewachsen. Weder Stalin noch Roosevelt wollten anfänglich diese Austreibung...« (S. 174). Immer wieder betont Otto von Habsburg, dass Beneš, Josef Stalin eingeredet habe, Roosevelt sei mit der Vertreibung der Sudetendeutschen einverstanden. Roosevelt habe dann, als Stalin davon überzeugt war, aus Angst vor diesem zugestimmt. Roosevelt habe ihm diese Taktik schlussendlich sogar bestätigt, sagt Otto von Habsburg. Gegenüber dem amerikanischen Botschafter Averell Harriman hatte sich Stalin ursprünglich sogar reserviert über die Vertreibungspläne geäußert: Er wolle weder seine Leute dem Westen zeigen, noch seinen Leuten den Westen zeigen, habe seine Formel gelautet (S. 175).

Die »Chicago Sun« zitiert Otto von Habsburg am 23. Feber 1943: »Wenn Präsident Beneš sagt, Minderheiten müssten vertrieben werden, dass sie aus den Staaten und ihren selbstgewählten Ghetto hinausgejagt werden müssten, dann lädt er zu einem neuen Krieg ein.« In zahllosen Reden, auch vor dem US-Kongress, erläutert Otto von Habsburg, dass diese Menschen seit Jahrhunderten in dieser Region lebten und dass die Vertreibung ganzer Volksgruppen aus ihrer angestammten Heimat die Atmosphäre in Mitteleuropa vergiften würde. Auch bei Präsident Roosevelt leistet Otto gegen Beneš' Pläne Widerstand, mit dem Argument, dass die Vertreibung eine typisch hitlerische Politik sei und es daher ein Verbrechen wäre, wenn die Alliierten diese selbst aufnehmen würden« (Biographie S. 175).

Einen weiteren Bericht entnehmen wir auszugsweise der Zeitschrift »**Hraničař v Svědectví**« vom Dezember 1979.

»Ich wohne und lebe seit langer Zeit in den Sudeten und in einem Haus, welches früher den Deutschen gehörte. Habe ich also ein Recht in die Diskussion einzugreifen? Ich glaube, dass ich dieses Recht habe, auch wenn ich kein Intellektueller oder ein ehemaliger Politiker bin. Manche, wie ich im »Svědectví« las, bewerten die Vertreibung der Deutschen als eine endgültige Lösung, die im Interesse der Sicherheit und der Souveränität des tschechoslowakischen Staates notwendig war. Da ich im einstigen Sudetenland wohne, sehe ich alles anders. Ich kann beim besten Willen nichts Positives an der Vertreibung der Deutschen aus diesem Gebiet erkennen. Das Hab und Gut der Deutschen wurde zum größten Teil gestohlen und bildete nicht den Grundstein zur ökonomischen Prosperität der Republik. Das Grenzgebiet ist verkommen, die einst herrlichen Wälder in einem erbärmlichen Zustand, die Wiesen sind schon zum Sumpf geworden, die Felder durch Unkraut überwuchert, oder dienen als militärische Übungsplätze. Das ganze Grenzland, mit Ausnahme einiger Städte und Erholungszentren, stellt heute in Mitteleuropa eine absurde Kuriosität dar: Ein verwildertes Land. ....

Und wie ist es mit der »endgültigen historischen Lösung? Die idiotische tschechische Politik hat 1945 einen Präzedenzfall geschaffen, der auch nach Jahrhunderten wie ein Bumerang auf die Köpfe unserer Enkelkinder einschlagen kann. .... Für unser Volk ist die Vertreibung eine offene Wunde, die immer noch eitert. Für mich, einen tschechoslowakischen Bürger, der im Grenzgebiet wohnt, bedeutet die Vertreibung der Deutschen aus ihrer Heimat nur eine zeitlich begrenzte Unterbrechung eines Zusammenlebens mit Bürgern deutscher Nationalität. ....Sucht also schnell nach Alternativen und merkt euch: Wenn jemand unsere Ehre beschmutzt, dann sind es diejenigen, die die volle Verantwortung für die Vertreibung der Deutschen tragen und bis heute nicht klug und vernünftig reden und handeln können. ....«

Taktiken und Praktiken des Herrn Dr. Beneš

Dr. Beneš verfolgte in den Jahren 1914 bis 1945 mehrere Taktiken, um seine Ziele, vorerst die Entgermanisierung und später den Völkermord, zu erreichen durch:

1. Lüge
2. Täuschung
3. Schaffung vollendeter Tatsachen
4. Zutodeverhandeln eines Problems
5. Schuldumkehr

Während der Gründungszeit bediente sich Dr. Beneš:
- **der Lüge**, als er den Alliierten während der Friedenskonferenz versprach, mit den **Deutschen** der Sudetengebiete als **zweitem Staatsvolk** einen Viel-

völkerstaat nach »**Schweizer Modell**« zu gründen und – sofort anschließend – das krasse Gegenteil davon durchführte.

- **der Täuschung** mit der Behauptung, dass die ethnischen Grenzen zwischen tschechischem und deutschem Siedlungsraum mit den historischen Grenzen des ehemaligen Böhmischen Königreiches (ca. 1520) und der Mährischen Markgrafschaft beinahe übereinstimmen.

– **der Schaffung vollendeter Tatsachen** mehrfach, z.B. bei der militärischen Besetzung der deutschen Grenzgebiete bis an die Landesgrenzen Böhmens; Mährens und Österreichisch-Schlesiens, um der Friedenskonferenz eine diesbezügliche Entscheidung vorwegzunehmen.

- **des Zutodeverhandelns** der Probleme während der Zeit der unerbittlichen, konsequenten und deklarierten »Entgermanisierung«. Die langatmigen Verhandlungen über eine Regelung des deutschen Problems in der ČSR scheiterten erst im Jahre 1938 an der Ungeduld der englischen und französischen Staatsführungen, die alle vier »Lösungspläne« des Dr. Beneš verwarfen und die Radikallösung – die Abtretung der Sudetendeutschen Gebiete von der ČSR – forderten. Das war das Ergebnis einer Fehlspekulation des Dr. Beneš, der im Umfeld der internationalen Spannungen den Zeitfaktor falsch eingeschätzt hatte.

- **perfider Schuldumkehrungen** ebenso immer wieder. Z.B. leistete er sich eine solche, als er 1919 Schießbefehl gegen unbewaffnete Demonstranten erteilte, diese wahllos erschießen ließ und diesen Staatsmord mit einer frechen Protestnote an den französischen Ministerpräsidenten übertünchte, indem er die Schuld für die blutigen Ereignisse der Deutsch-Österreichischen Regierung zur Last legte und strenge Maßnahmen der Alliierten gegen Österreich verlangte!

- **oder vielleicht der gravierendsten Schuldumkehr:** Statt entsprechend der internationalen Meinungen und Ermittlungen die Schuld für die Abtretung der Sudetendeutschen Gebiete und des Zerfalles der Tschechoslowakei bei sich selbst zu suchen, wurde die Schuld der tschechischen Führung im Laufe der Zeit den Sudetendeutschen, diesen immer loyalen Bürgern, angelastet.
Dies wird bis heute praktiziert!

Und in der letzten Phase des Dramas des Völkermordes an den Sudetendeutschen wurde wiederum eine Schuldumkehr versucht.
Während die seit 5. Mai 1945 auf dem ganzen Protektoratgebiet beginnende und seit Jahren von Dr. Beneš und seinen Konsorten psychologisch und

organisatorisch geplante Vertreibungs- und Mordorgie programmgemäß blutig ablief, mussten die – im Punkt eines Transfers der Sudetendeutschen plötzlich zögernden – Teilnehmer an der Potsdamer Konferenz motiviert werden, **doch noch den tschechischen Vertreibungsplänen** zuzustimmen. Dazu organisierte u.a., wie bereits berichtet, das tschechische Innenministerium eine nicht zu übersehende Sprengung eines Munitionslagers mit anschließendem Massaker an der deutschen Bevölkerung in Aussig. Daraufhin erfolgte die **Schuldumkehr:** Man wollte beweisen, dass die Tschechen in Zukunft vor solchen deutschen Akten des Terrors unbedingt durch Eliminierung aller Deutschen geschützt werden müssten.

Dem allem wurde noch die Krone der **Schuldabschiebung** aufgesetzt: Dadurch, dass die Tagungsteilnehmer an der Potsdamer Konferenz mit der **vollendeten Tatsache** einer von grausamen Mordtaten begleiteten **Vertreibung** konfrontiert waren, mussten sie beschließen, dieses nicht mehr zu verantwortende Verbrechen vorerst einzustellen, um später, nach einem durch die Alliierten ausgehandelten Übereinkommen, einem geregelten humanen Transfer zustimmen zu können.

Dieser Beschluss der Konferenz war demnach alles andere als eine Genehmigung zur weiteren Vertreibung, wurde jedoch von tschechischer Seite bewusst ignoriert und in das Gegenteil umgedeutet: Zur ausdrücklichen Genehmigung der Vertreibung oder gar zu einer Aufforderung zur Begehung dieser genoziden Verbrechen.

Diese Umdeutung wird auch heute noch allen Ernstes nicht nur von tschechischer Seite vertreten, sondern auch von Wissenschaftlern, die tschechischer Propaganda unkritisch gegenüberstehen.

Wie sich die Dinge gleichen

Diese Taktiken des Dr. Beneš und seiner Regierung wurden perfekt praktiziert, waren jedoch nicht neu. Schon William Shakespeare legt »Richard dem Dritten« folgende Worte in den Mund:

»Ich tu das Bös', und schreie selbst zuerst.
Das Unheil, das ich heimlich angestiftet,
Leg ich den anderen dann zur Last...
Und schein' ein Heil'ger, wo ich Teufel bin.«

| Kapitel 23

Die Rehabilitation der Sudetendeutschen
Vergeudete Wirtschaftsimpulse der ČSR
Dr. Beneš, ein »Genius des Bösen«

Rückblick

In den vorangegangen Kapiteln über den Völkermord an den Sudetendeutschen wurde bisher versucht, das Leben und Schicksal der deutschen Volksgruppe nach deren Abtrennung vom österreichischen Heimatland und der folgenden Zwangseingliederung und Einbürgerung in die neu gegründete »Tschechoslowakische Republik« – dem Zeitablauf entsprechend – aus sudetendeutscher Sicht zu schildern.

Viele der dokumentierten Fakten und Zusammenhänge sind zum Teil nicht bekannt, zum Teil verdrängt oder teilweise vergessen. Das Zusammenrücken der Volksgruppen im »Vereinten Europa« bedingt, dass alle Nationen ihre Vergangenheit möglichst objektiv aufarbeiten und auch für die Sichtweise der Nachbarnationen Verständnis aufbringen. Ein »blauäugiges in die Zukunft schauen« mit seichten Lippenbekenntnissen einer Verbrüderung, wird für einen langfristigen Abbau latenter »Feindgefühle« mit Sicherheit nicht ausreichend sein. Dieses Buch soll dazu beitragen, durch klare Aussagen in möglichst kurzer Zeit die Aufarbeitung der tschechisch-sudetendeutschen Geschichte zu aktivieren und zu erleichtern.

Die Rehabilitation der Sudetendeutschen

Sowohl den bereits verstorbenen als auch den derzeit noch lebenden sudetendeutschen Opfern der an ihnen in den Jahren 1945 bis 1947 verübten genoziden Verfolgung und Vertreibung ist in ihrem legitimen Bemühen um eine Rehabilitation durch die Tschechische Republik bisher kein Erfolg beschieden. Rehabilitation bedeutet sinngemäß einerseits, »jemanden wieder zu Ehren zu bringen« und andererseits seine »Einsetzung in den früheren Stand«.

Beiderlei wird jedoch den Opfern seitens der damaligen Täter und der heutigen Befürworter und Verteidiger der damaligen Verbrechen bis heute verwehrt. Verwehrt mit Geschichts-Klitterungen, Versuchen der Schuldumkehr, Unterdrückung von Dokumenten, Verschweigen von erwiesenen Zusammenhängen, Verniedlichungen, Bemäntelung mit literarischen Halbwahrheiten und wenn all dies nicht möglich erscheint, dann durch zum Teil lügenhafte oder übertriebene Aufrechnungsversuche.

Die Wiederherstellung der Ehre

Der erste Akt wäre daher, die Wiederherstellung der Ehre zu verlangen. Dies ist legitim und nötig, da allen Millionen Sudetendeutschen nachgesagt wird, sie hätten einer gegen den tschechischen Staat gerichteten »5 Kolonne« angehört. Sie seien »Verräter« gewesen – wie dies auch vor nicht allzu langer Zeit einer der höchsten »Würdenträger« der Tschechischen Republik öffentlich von sich gegeben hat. Verräter, die man – und dies sei angeblich ein Vorzug gewesen – lediglich vertrieben hat, statt sie folgerichtig als Verräter zu erschießen.

Zur Wiederherstellung der Ehre bedarf es aber auch der Richtigstellung der pauschalen Beschuldigung, die Sudetendeutschen wären dem Tschechoslowakischen Staat gegenüber nicht loyal gewesen. Die Unterstellung sudetendeutscher »Illoyalität« **ist eine gleich in mehrerer Hinsicht vollkommen unqualifizierte Beschuldigung. Schon grundsätzlich stellt sich die Frage, ob ein zweites Staatsvolk – und ein solches waren die Sudetendeutschen mit 3,5 Mill. Staatsbürgern – das von seiner Regierung bekämpft und benachteiligt wird, wegen des Versuches, seine Rechte in Anspruch zu nehmen, von den Unterdrückern als »illoyal« bezeichnet werden darf.**

Hat nicht eher die Regierung die Pflichttreue gegenüber einem Drittel der Staatsbürger verletzt, also ihre Illoyalität gegenüber den Deutschen im wahrsten Sinne des Wortes bewiesen? War die ČSR eine Demokratie – in der der Wille des **gesamten** Volkes die Richtlinien der Regierungsarbeit vorgibt – oder war die ČSR-Demokratie ein diktatorisches Instrument tschechischer Chauvinisten? Trotz Allem erwiesen sich die Sudetendeutschen als vorbildliches Staatsvolk: Im Militärdienst, im öffentlichen Dienst, in Gesetzestreue, in Steuerdisziplin, im kommunalen und im politischen Leben. So wie sie dies früher immer in der Monarchie und später in Österreich und Deutschland waren und sind.

Dass die Sudetendeutschen nach langem Erdulden von Unrecht und nationaler Unterdrückung und nach jahrzehntelangen aussichtslosen Verhandlungen im Jahre 1938 ihre Zustimmung zum Anschluss an Deutschland – der ihnen 20 Jahre vorher versagt blieb – freudig gaben, kann man absolut nicht als Illoyalität gegenüber dem tschechischen Staat werten.

> Die richtige, die allein befriedigende Antwort auf die Frage Loyalität
> – Illoyalität gibt Art. 12 des Vertrages vom 23.4.1925 zwischen
> Polen und der Tschechoslowakei. Der Artikel sagt, dass »die Vertei-
> digung der Minderheitenrechte nicht als Illoyalität angesehen« wer-
> den kann.

Diese und keine andere Auslegung ist die allein richtige Beantwortung der
Frage von Loyalität und Illoyalität. Abwehrmaßnahmen von Minderheiten
gegen Unterdrückung, Entnationalisierung und Minderberechtigung sind
legitim und können daher niemals als Illoyalität abgestempelt werden. Gesin-
nungsloyalität kann nicht erzwungen werden, sondern kann nur durch die
Haltung des Staates zum Bürger entstehen.

Die Einsetzung in den früheren Stand

Einem Memorandum, das einer Auslandsvertretung Österreichs vorgelegt
wurde und das die Ergebnisse einer völkerrechtlichen Untersuchung im Jahre
2000 enthält, entnehmen wir folgende Passagen.

Normen des Völkerrechts:
»Aus der Sicht des Völkerrechtes ist die Enteignung und Vertreibung der angestammten deutschen Bevölkerung bei Kriegsende ein Verstoß gegen zwingen-
de Normen. Es ist nach herrschender Ansicht nicht möglich, Tatsachen durch
zwischenstaatliche Verträge anzuerkennen, die unter Verletzung zwingender
Normen des Völkerrechtes geschaffen wurden. Es mutete auch eigenartig an,
wollte ein Staat (ohne jede Vertretungsmacht) auf Ansprüche von betroffenen
Verbliebenen ›verzichten‹.«

Rückkehrrecht in die Heimat:
»Das Recht auf die Heimat ist nicht mit territorialen Ansprüchen oder dem
Anspruch auf Naturalrestitution gleichzusetzen. Es bedeutet vielmehr, in den
angestammten Gebieten Wohnsitz zu nehmen, Wohnsitz zu erhalten, freizü-
gig zu sein und die Muttersprache öffentlich und privat zu gebrauchen.«

»Nach ständiger UN-Praxis enthält das Recht auf die Heimat die Befugnis »to
return to their homes and properties«, zu deutsch, zurückzukehren in ihre
Heimat und ihr Eigentum. Zum selben Ergebnis kommt man auch, wenn
man als rechtliche Grundlage für das Heimatrecht die völkerrechtliche
Deliktshaftung der Tschechischen Republik heranzieht: der ursprüngliche,
nach dem Grundsatz der Naturalrestitution wiederherzustellende Zustand
wäre eben diese Rückkehr zu Heimatstätte und Besitz.«

Restitution allen Eigentums:
»Nach derzeitiger Rechtslage, können Ausländer nur in ganz wenigen Ausnahmefällen Grundeigentum erwerben (etwa durch Erbschaft). Die Sudetendeutschen sind daher nicht nur gehindert, ihre spezifischen ehemaligen Besitztümer zurückzuerlangen, sondern auch ganz allgemein (etwa durch Kauf) Grundeigentum in ihren angestammten Gebieten zu erwerben.«

»Aus streng rechtlicher Sicht müsste die Tschechische Republik die Beneš-Dekrete aufheben und die ursprüngliche tatsächliche Lage im Sinne einer Naturalrestitution wiederherstellen. Dies bedeutet, die Vertriebenen und ihre Erben wären in die Lage zu versetzen, ihre ehemaligen Besitztümer als Eigentum wiederzuerlangen.«

Soweit ein Rechtsgutachten auszugsweise aus der Zeit der Jahreswende 2000/2001, mit ähnlichem oder gleichem Inhalt, wie die früheren Gutachten der weltbekannten Völkerrechtler Prof. Felix Ermacora, Prof. Alfred-Maurice de Zayas, Prof. Dieter Blumenwitz, Prof. Gilbert Gornig und vieler weiterer.

Wieso sollten all diese seriösen und streng objektiv-wissenschaftlichen Gutachten heute keine Geltung haben?

Der Wandel der Bedeutung des tschechischen Volkes

– im moralischen Ansehen:
Die in der EU vereinigten Völker werden nach Abflauen der ersten Euphorie über die grundsätzlich großartige Idee der Zusammenschlüsse der europäischen Völker mit gemeinsamer Kultur und traditioneller Geisteshaltung beginnen, die einzelnen Nachbar-Völker genauer kennen zu lernen und ihre Eigenheiten objektiv zu beurteilen. Dann werden, neben wirtschaftlichen und kulturellen, auch die moralischen Werte der Völker Bedeutung erlangen.

Man wird sich zum Beispiel für den moralischen Stellenwert der tschechischen Politiker Masaryk und Beneš interessieren, die der Friedenskonferenz im Jahre 1918/19 zum Erreichen der Zustimmung zur Gründung der ČSR Versprechungen abgegeben haben, dass dieser Staat eine zweite Schweiz werde, in die Sudetendeutschen das zweite Staatsvolk darstellen würden. Und zwei Monate später hatten beide Herren all diese Versprechen »vergessen«.

In weiterer Folge – es würde dies Bücher füllen – reihten sich Lügen an Lügen in der Zeit der ersten Republik, bei den Gebietsabtretungen im Jahre 1938, während der Exilperiode der »Tschechischen Regierung«, ab Ende des zweiten

Weltkrieges, nach dem Krieg und bis heute bei der Verniedlichung aller Verbrechen, die an den Sudetendeutschen begangen wurden.

Die Nachbarn werden vom Völkermord tschechischer Täter an ihren deutschen Mitbürgern erfahren sowie auch dem Bestreben dieser Täter, sich einer Verurteilung wegen dieses Verbrechens, zu entziehen. Die Meinungen der Nachbarn werden sich verändern. Denn wer hat schon in seinem Hause gerne Mordtäter, auch wenn sich diese »ratione temporis«, auf deutsch ungefähr »durch Verjährung" des Verbrechens, den Konsequenzen der Missetat zu entziehen versuchen?

– im Hinblick auf die belastete Psyche
der Nutznießer und Befürworter der Vertreibung
Je schneller sich im tschechischen Volk und bei seinen Politikern die Erkenntnis durchsetzen sollte, dass der an den seinerzeitigen deutschen Mitbürgern 1945 begangene Raub- und Völkermord ein kriminelles Verbrechen war, das es zu sühnen gilt, umso früher wird der über hundert Jahre bestehende Deutschenhass zumindest großteils abgebaut werden.
Denn alleine die psychische Belastung, dass der Besitz von 30 % der Bevölkerung aus geraubtem Eigentum ermordeter oder vertriebener hochanständiger und fleißiger deutscher Bürger besteht ist mit dem Fluch des Unrechtes behaftet, dem sich die »Goldgräber« oder Nutzzieher der Verbrechen nicht entziehen können. Diese Menschen stehen, bewusst oder unbewusst, in der Geiselhaft einer Zwangsrechtfertigung der Verbrechen, die ihrerseits eine feindliche Einstellung zu den Opfern der Enteignungen benötigt.

Es beweist sich dies fast täglich seit Jahrzehnten. Die Kommunistische Partei der ČSFR/ČR bekam erst seit der Zeit wieder Zulauf und hält ihre Wähler bei der Stange, seitdem sie sich als Hüterin der Verweigerung vor Restitutionsansprüchen der deutschen Eigentümer offen deklariert. Der mentale Einfluss auf die Stimmung der Bevölkerung in den deutschen Heimatgebieten und in den tschechischen Stammgebieten, fällt jedem Besucher dieser Gebiete deutlich auf.

– in wirtschaftlicher Hinsicht:
Man muss den wirtschaftlichen Werdegang des tschechischen Staates seit 1918 in Betracht ziehen, wenn man ökonomische Zukunftsperspektiven der tschechischen Republik in der EU erwägt.
1918 beanspruchte die unter Zuhilfenahme von Lügen, List, Tücke, (Versprechen der Gründung einer neuen Schweiz) und Gewalt (militärische Besetzung deutscher Gebiete mit Erschießungen etc.) gegründete ČSR durch die Zwangseinverleibung der Sudetendeutschen Gebiete mit ca. 3,5 Millionen deutscher überdurchschnittlich fleißiger, fähiger und anständiger altös-

terreichischer Bürger ca. **75 % der gesamten Industrieproduktionen** der Monarchie.

Der grenzpsychopathische nationalistische Fanatismus schürte die Gier mancher tschechischer Politiker, den kostbaren Besitz der Deutschen raschest in tschechische Hände zu überführen, naturgemäß ohne hierfür Führungskräfte mit nötiger Qualifikation einsetzen zu können. Dies zeitigte vorhersehbare Folgen.

Ein anderer Schlag gegen das Eigentum der Deutschen und somit gegen deren wirtschaftliche Existenzen war die **Bodenreform** in welcher bis zu 61 % der Fläche pro deutschem Bezirk beschlagnahmt und zu **94 % in tschechische Hände** übertragen wurde! Die Entgermanisierung von Post, Bahn, Militär, Justiz, Kultur, Sozialwesen, öffentliche Verwaltung, Schulwesen, Banken, Forstwirtschaft, Industrie, Gewerbe und Handel schwächte gezielt die Deutschen so stark, dass nach Eintreten der Weltwirtschaftskrise von insgesamt 800.000 Arbeitslosen, **500.000 Deutsche arbeitslos** waren. **Die einstmals blühende deutsche Wirtschaft in der ČSR lag darnieder.**

Dies war kein »unglückliches Schicksal«. Wie schon erwähnt, hat sich Dr. Beneš am 14. Februar 1946 vor einer Abordnung der Treuhänder von 9000 enteigneten Betrieben gerühmt, er habe schon seit dem Jahre 1920 für die systematische wirtschaftliche Verdrängung der Deutschen gearbeitet. (»Svobodný Směr«, Pilsen 17.2.1946)

Wertet man die Vereinnahmung von 75 % der österreich-ungarischen Industrieproduktion als ersten wirtschaftlichen enormen Impuls für die ČSR, so erfolgte der zweite Impuls im Verlaufe des zweiten Weltkrieges. Der deutsche Rüstungsbedarf einerseits und die »Kriegsruhe« und der »Arbeitsfrieden« im Protektorat »Böhmen und Mähren« veranlasste die deutsche Kriegswirtschaft zu immensen Investitionen sowohl in der Industrie, im Gewerbe, den Zulieferbetrieben aber auch in modernste Infrastrukturen des Verkehrs und der Energieversorgung. Diese **Einrichtungen waren die besten Europas.** Wenn auch ein Teil davon durch Kriegseinwirkungen verloren ging, so waren diese Investitionen gigantisch und sicherten der tschechischen Industrie einen Vorteil vor allen Industrieeinrichtungen des Nachkriegs-Europas. Somit hatte die tschechische Wirtschaft besonders vor englischen und französischen Produktionsstätten einen großen Vorteil, den sie allerdings durch den selbstgewählten Anschluss an die Sowjetunion, eingeleitet durch Dr. Beneš im Jahre 1942, also durch Selbstverschulden, nicht nützen konnte.

Den dritten »wirtschaftlichen Impuls« holten sich die tschechische Führung 1945. Dabei ist nicht an die als »Reparationen« beschlagnahmten Vermögenswerte des deutschen Reiches auf Protektoratsboden gedacht, die ordnungsgemäß der Reparationskonferenz gemeldet wurden, sondern vielmehr an die willkürlichen und von keiner Instanz der Welt auch nur annähernd sanktionierten Konfiskationen, Beschlagnahmen, Enteignungen, in Verwahrung nehmen – oder wie die missbrauchten »Rechtstitel« auch immer hießen, die den dekretierten oder verordneten Staatsraub an seinen Bürgern verbrämen sollten. Es war dies ein Raubzug gegen die sudetendeutschen Mitbürger, die man gewissenlos in Geiselhaft für nichtpräzisierte »Forderungen« gegen den deutschen Staat nahm – dessen Bürger sie vorübergehend für sechs Jahre waren – allerdings in Verbindung mit Mord und einer unvorstellbar hohen profitablen Raubsumme, einem der größten Kapitalverbrechen der Neuzeit.

Eine Tat, die heute noch weite Teile der tschechischen Bürger, unter anderem Herrn Pavel Kohout, der sich heute noch als Mitglied einer Siegernation des Zweiten Weltkrieges **als Teil der Nachkriegsordnung bezeichnet**, verteidigen. Herr Kohout meinte, die Sudetendeutschen müssten endlich akzeptieren, dass Deutschland den Krieg verloren habe. (Aussage in Schloss Štiřín. 9.11.2001) Diese Aussagen wurden von offizieller tschechischer Seite ohne den geringsten Protest akzeptiert.

Aber auch diesmal bewahrheitete sich das Sprichwort: »Unrecht Gut gedeiht nicht.« Seit dem Jahre 1989 fließen pausenlos riesige Summen an EU-Geldern, somit auch deutsches und österreichisches (sudetendeutsches) Geld in die ČSFR/ČR zur wirtschaftlichen Hilfe!

– in militärstrategischer Bedeutung:
Sowohl für die Alliierten Mächte des 1. Weltkrieges als auch für die bolschewistisch-aggressive Sowjetunion war die geographische Lage der ČSR von großer Bedeutung. War doch bereits ihre Gründung das Ergebnis der »Einkreisungsbestrebungen« gegen Deutschland. Dieser Umstand wurde bis zum zweiten Weltkrieg von der ČSR weidlich ausgenützt, indem sie ihre Stellung zwischen Ost und West gekonnt ausspielte. Mit Frankreich wurde ein Beistandspakt geschlossen und später auch – zum Missfallen der immer vorsichtigen Engländer – der Unheil bringende Beistandspakt mit der UdSSR. Dr. Beneš war dadurch Liebkind in allen Lagern. Man pflichtete ihm auch bei all seinen frühen Vertreibungsplänen für Minderheiten zumindest verbal – jedoch nicht und nie schriftlich – zu. Und zu Kriegsende zierten sich alle Verbündeten, außer der UdSSR, in Potsdam das Problem der Umsiedlung zu thematisieren.

Die früher so große strategische Bedeutung einer ČSR gegen Deutschland ist in der EU weggefallen und die ČR dadurch für europäische Mächte strategisch fast bedeutungslos geworden.

Der sudetendeutsche Fall
Ein Genozid, ein Völkermord

Universitätsprofessor Dr. Felix Ermacora, ein österreichischer Gelehrter von internationalem Rang, Mitglied der Europäischen Menschenrechtskommission und Chefdelegierter Österreichs bei der UNO, UNESCO-Preisträger für Menschenrechte, Sonderbeauftragter der UN u.a. in Südafrika, Chile und zum Schluss in Afghanistan – was ihm in der Folge das Leben kostete – hat 1991 in einem Rechtsgutachten für die Bayrische Staatsregierung festgestellt, dass die Vertreibung und Enteignung der Sudetendeutschen geradezu ein klassischer **Fall eines Genozids ist.**

Im Schlusswort zu dem Thema Völkermord schreibt er:

Auszug:

»Gerade diese Vorgänge, die heute in der Völkermordkonvention in Tatbestände juristisch aufgegliedert sind, haben die sudetendeutsche Bevölkerung getroffen – die Tötung von Mitgliedern der Gruppe – weil sie Sudetendeutsche gewesen sind, wobei es gleichgültig ist, ob die Zahl der Toten 6.000 oder 250.000 ist; die absichtliche Auferlegung von Lebensbedingungen, um die Gruppe ganz oder teilweise physisch zu vernichten: die Einrichtung von Konzentrationslagern, der globale Eigentumsentzug, die Strafdrohungen, die Inhaftierungen, die Vernichtung der Umwelt waren so umfassend, dass die Existenz der Gruppe in ihren angestammten Gebieten in ihren Lebensgrundlagen getroffen worden ist. Zu diesen Tatbestandsmerkmalen kommt die Absicht, die Gruppe zu zerstören. Diese Absicht ist nicht auf die physische Vernichtung der Gruppe, wie der Holocaust, gerichtet gewesen, sondern auf die Beseitigung der Gruppe aus ihrem angestammten Gebiet. Hier ist hervorzuheben was im 6. Ausschuss der Generalversammlung der UNO gesagt wurde (Official Records of the General Assembly, Third session, Part I, Sixth Committee ...) »that what distinguished genocide from the common crime of murder was the intention to destroy a group. Genocide was characterized by the factor of particular intent to destroy a group ...”
Diese Tatbestandsmerkmale verdichten sich so zu einem Maße, dass eine andere Interpretation des Komplexes der Vertreibung der Sudetendeutschen wie in diesem Gutachten angeführt ... bei bestem Wissen und Gewissen für den Gutachter nicht denkmöglich ist.«

Quelle: Ermacora, »Die sudetendeutsche Frage«, Rechtsgutachten, S 284; München 1992, Verlag Langen Müller.

Kommentare zur Vertreibung

Jose Ayala-Lasso, Hochkommissar für Menschenrechte der Vereinten Nationen, **äußerte während seiner Amtszeit:**

»Das Recht, aus der angestammten Heimat nicht vertrieben zu werden, ist ein fundamentales Menschenrecht.«

Awn Shawkat Al-Khasawneh, Sonderberichterstatter stellt in seinem Bericht (E/CN.4/Sub.2/1994/18) die **Völkerrechtswidrigkeit von Vertreibungen** fest.

Die UNO-Völkerrechtskommission beschäftigt sich auch mit dieser wichtigen Frage. Im Artikel 21 des »Draft Code of Crimes against the Peace and Security of Mankind« **wird die Vertreibung von Menschen aus ihrer angestammten Heimat als besonders gravierende Menschenrechtsverletzung** bzw. als **internationales Verbrechen** bezeichnet.

Die UNO lieferte am 26. August 1994 in einer Unterkommission das jüngste Bekenntnis zum Recht auf die Heimat in ihrer Resolution 1994/24, welche das Recht jedes Menschen, in Frieden in seinem eigenen Heim, auf seinem eigenen Grund und Boden und in seinem eigenen Land zu leben, bekräftigt. Außerdem unterstreicht die Resolution das Recht von Flüchtlingen und Vertriebenen, **in Sicherheit und Würde in ihr Herkunftsland zurückzukehren.**

Victor Collancz der britische Publizist veröffentlichte im Oktober 1946 das vielbeachtete Buch »Our Threatened Values« mit zahlreichen Vertreibungsberichten. Seine Zusammenfassung zur ČSR besagte u. a.: »**Wir hatten die Tschechoslowakei früher als anständig und tolerant angesehen,** als einen Musterstaat der liberalen Demokratie. Und was geschieht heute?

Ungeachtet seiner während des Krieges in London gehaltenen Vorträge hat Dr. Beneš sofort nach seiner Rückkehr die **fast ausnahmslose Massenvertreibung** der gesamten sudetendeutschen Bevölkerung **eingeleitet.** Augenzeugen haben mir die **abscheulichen Grausamkeiten** geschildert, mit denen die Vertreibung durchgeführt wird. Dass die (sudetendeutsche) Arbeiterbewegung ihr Alles für die Bekämpfung des Nationalsozialismus gegeben hatte, gilt heute für nichts. Es scheint Dr. Beneš' ausdrücklicher Wunsch zu sein, **sein Land von allen nichtslawischen Elementen** »zu befreien«.

Einschließlich der Sudetendeutschen sind rund 14 Millionen Deutsche von den Massenvertreibungen betroffen. Sollte **das Weltgewissen eines Tages wieder auferstehen, wird man dieser Vertreibungen gedenken, zur ewigen Schande aller, die sie durchgeführt oder geduldet haben.«**

Prof. Dr. Alfred Maurice de Zayas, ist nordamerikanischer Völkerrechtler (J.D. Harvard) und Historiker (Dr. phil. Göttingen), Rechtsanwalt in New York und wissenschaftlicher Mitarbeiter am Institut für Völkerrecht der Universität Göttingen und beurteilt Vertreibungen wie folgt:

»Im Artikel 18 des UNO-Codex über Verbrechen gegen den Frieden und die Sicherheit der Menschheit wird die Praxis der »willkürlichen Deportation oder des erzwungenen Bevölkerungstransfers« als Verbrechen gegen die Menschlichkeit definiert und im Kommentar zum Artikel 18 wird erläutert: **»Dieses Verbrechen kann sowohl in Frieden – als auch in Kriegszeiten begangen werden.** Vertreibungen bezwecken die Entfernung einer Bevölkerung aus der angestammten Heimat aus **rassischen** oder religiösen Gründen.« **»Dies kann in Völkermord münden.«**

Und so geschah es auch

Zeit-Bezug:

Beispiele latenten Hasses und von Feindseligkeit gegen Österreich sind im tschechischen Volk seit Bestehen des Habsburgerreiches historisch erwiesen. Besonders trat dies in der Zeit der Gründung der ČSR in den Jahren 1914 – 1918 durch Dr. Beneš zutage, als er sich mit seiner Parole »détruisez l'Autriche« zu deutsch »zerstöret Österreich« den Alliierten andiente.

Erweitert um den Hass gegen alle Deutschen gipfelte dieser in den Jahren 1942 – 1945 in eindeutigen Mordaufrufen gegen Deutsche. Und auch heute noch schlagen diese Emotionen am Beispiel der Sudetendeutschen in erschreckender Weise in Äußerungen höchster Staatsrepräsentanten durch, mehrfach bei Ministerpräsident Milos Zeman, die von einem großen Teil des tschechischen Volkes akzeptiert werden.

Denn wenn ein Volk heute zu über 60 % die Vertreibung von über drei Millionen seiner deutschen Mitbürger als gerechtfertigt ansieht, dann kann man diese Zustimmung keinesfalls als ein Signal einer freundschaftlichen Gesinnung werten. Kann eine derartige Gesinnung der Ausgangspunkt für gute Perspektiven einer gemeinsamen und friedlichen Nachbarschaft von Tschechen und Deutschen in der Europäischen Union sein? Welche Entwicklung soll das immer noch ungelöste Problem der Vertreibung in Zukunft nehmen?

Verantwortungsbewusst für die Zukunft müssen daher folgende Fragen an die europäischen Politiker und Vertreter des tschechischen Volkes gerichtet werden:

Wie lange soll noch – angesichts des geschilderten und lange bekannten Schicksals, das den Sudetendeutschen zuteil wurde – der Völkermord an dieser Volksgruppe unbeachtet bleiben?

Wie lange noch wird man sich der im Völkerrecht bei Völkermord zwingend verlangten Pflicht zur Wiedergutmachung entziehen?

Wie lange noch sollen die Opfer der Vertreibung der Missachtung und Diffamierung ausgesetzt werden?

Wie lange noch will man die Geduld der Vertreibungsopfer missbrauchen?

Nachwort

Diesem Buch liegt das Bemühen zugrunde, in möglichst kompakter Form und einfacher Ausdrucksweise unter Verwendung wissenschaftlich fundierter Unterlagen der Öffentlichkeit und einer interessierten Leserschaft Gelegenheit zu bieten, zum Teil bisher unbekannte Geschehnisse und vor allem Zusammenhänge von Plänen und Geschehnissen sowie deren Auswirkungen kennen zu lernen.

Denn es liegt im allgemeinen Interesse, die in steigendem Maß zugänglichen historischen Quellen zu nutzen, um einer hauptsächlich von fremden Interessen getragenen, – bewusst oder unbewusst – wahrheitsfeindlichen Propaganda, überzeugend entgegentreten zu können.

Den bisher geschilderten Schwerpunkten des sudetendeutschen Schicksalsweges muss noch eine Schlussbetrachtung hinzugefügt werden. Einerseits muss man darauf hinweisen, welch edle Mentalität die als »Revanchisten« geächteten deutschen Vertreibungsopfer bald nach Kriegsende zum Ausdruck gebracht haben. Es geschah dies durch die »**Charta der Heimatvertriebenen**«, einer Willenskundgebung aller deutschen Vertriebenen.

Es ist gut, dass Menschen, denen unvorstellbares Unrecht angetan wurde, bereit sind, den Teufelskreis von Rache und Vergeltung gegenüber den Tätern zu durchbrechen und sich auf friedlichen Wegen für die Anerkennung des Rechtes auf die Heimat und sich aus eigener Kraft für den Wiederaufbau und die Integration Europas einzusetzen. Dieser Wille könnte nicht glaubwürdiger dokumentiert werden, als durch den Text dieses einmaligen Bekenntnisses.

Charta der Deutschen Heimatvertriebenen *Auszug:*

Im Bewusstsein **ihrer Verantwortung vor Gott und den Menschen**, im Bewusstsein ihrer Zugehörigkeit zum christlichen-abendländischen Kulturkreis, im Bewusstsein ihres deutschen Volkstums und in der **Erkenntnis der gemeinsamen Aufgabe aller europäischen Völker** haben die erwählten Vertreter von Millionen Heimatvertriebenen nach reiflicher Überlegung und nach Prüfung ihres Gewissens beschlossen, dem deutschen Volk und der Weltöffentlichkeit gegenüber eine feierliche Erklärung abzugeben, die die Pflichten und Rechte festlegt, welche die deutschen **Heimatvertriebenen als ihr Grundgesetz** und als unumgängliche Voraussetzung für die Herbeiführung eines freien und geeinten Europas ansehen.

Wir **Heimatvertriebenen verzichten auf Rache und Vergeltung.** Dieser Entschluss **ist uns ernst und heilig** im Gedenken an das unendliche Leid, welches im Besonderen das letzte Jahrzehnt über die Menschheit gebracht hat.
Wir werden jedes Beginnen mit allen Kräften unterstützen, das auf die **Schaffung eines geeinten Europas** gerichtet ist, in dem die Völker ohne Furcht und Zwang leben können.
Wir werden durch **harte, unermüdliche Arbeit** teilnehmen am **Wiederaufbau** Deutschlands und **Europas.**

Die Charta der deutschen Heimatvertriebenen wurde am 5. August 1950 in Cannstatt bei Stuttgart von den beiden großen Organisationen der Vertriebenen feierlich verkündet. Sie trägt die Unterschrift des Vorsitzenden und sämtlicher Landesverbandsvorsitzenden des Zentralverbandes der vertriebenen Deutschen und aller Sprecher der Vereinigten Ostdeutschen Landsmannschaften.
Fünf Jahre nach ihrem Schicksalsschlag wird von den Opfern dieses Bekenntnis zur Humanität und zu Versöhnungsbereitschaft abgegeben. Auch die Sudetendeutschen setzten mit diesem eingehaltenen Gelöbnis einen Akt, der wohl auf der ganzen Welt einmalig war, und ist.

Wird dieses Opfer eines Tages besser gewürdigt werden?

Andererseits wird auch heute noch, 60 Jahre nach dem Beginn der Totalvertreibung aller Sudetendeutschen aus ihrer Heimat mit Begleitumständen eines Völkermordes, dieses Völkerrechtsverbrechen von großen Teilen der tschechischen Politiker, aber auch von vielen Angehörigen des tschechischen Volkes nicht nur geleugnet, verharmlost oder als »verständliche Reaktion auf nationalsozialistische Gräuel« dargestellt, sondern sogar gutgeheißen und – unglaublicherweise – begrüßt.

Zu dem Jahrzehnte dauerndem Bemühen der sudetendeutschen überlebenden Opfer des Genozids um eine wahrheitsgetreue Aufarbeitung geschichtlich erwiesener Fakten als erstem Schritt zu einer Annäherung im Sinne europäischer Einigung, will dieses Buch – wie schon gesagt – beitragen.

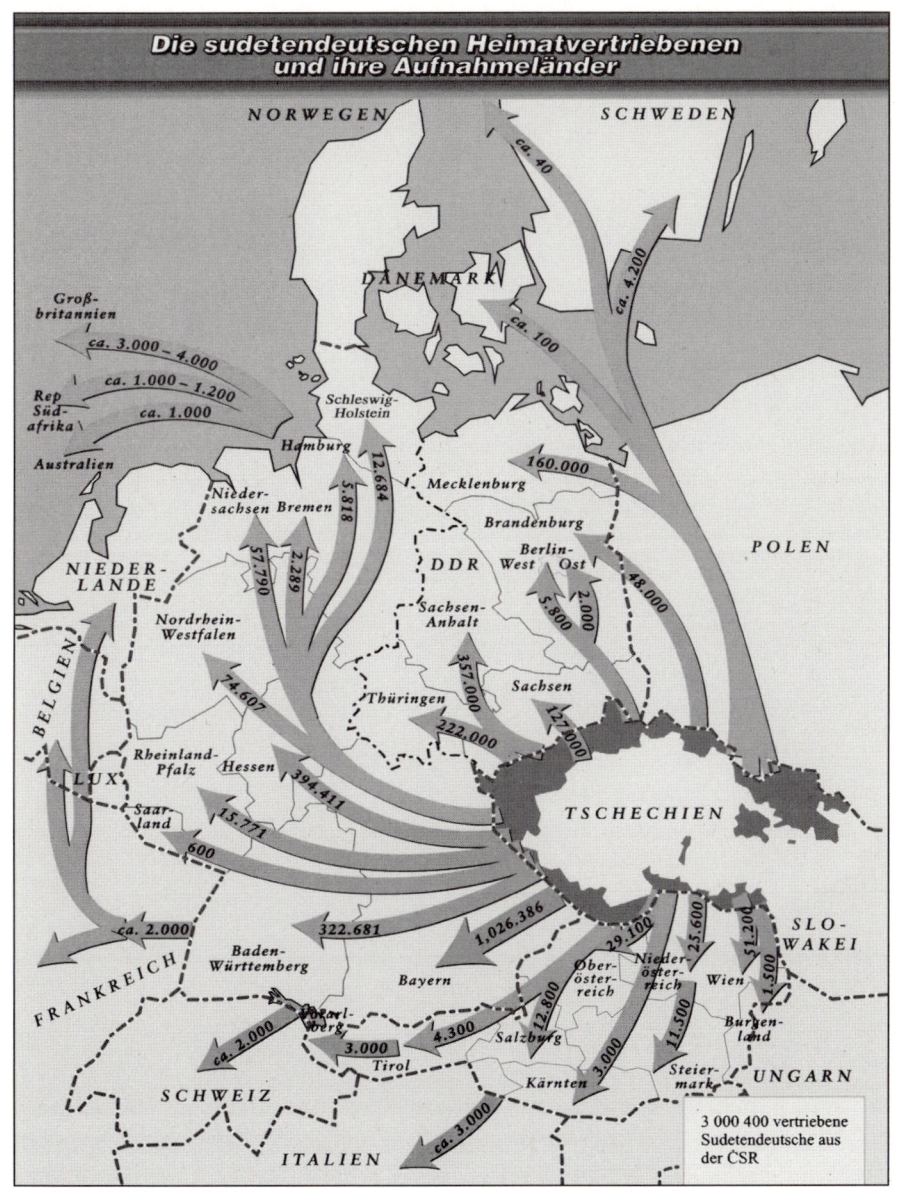

Die sudetendeutschen Heimatvertriebenen und ihre Aufnahmeländer

NORWEGEN

SCHWEDEN

ca. 40

ca. 4.200

DÄNEMARK

Groß-
britannien

ca. 3.000 - 4.000

ca. 100

ca. 1.000 - 1.200

Rep
Süd-
afrika

ca. 1.000

Schleswig-
Holstein

8.00

160.000

Australien

Hamburg

12.684

Mecklenburg

Nieder-
sachsen Bremen

5.818

Brandenburg

48.000

NIEDER-
LANDE

57.790

2.289

DDR

Berlin-
West Ost

2.000

POLEN

Nordrhein-
Westfalen

5.800

Sachsen-
Anhalt

357.000

BELGIEN

74.607

Thüringen

222.000

Sachsen

127.000

Rheinland-
Pfalz Hessen

394.411

LUX

Saar-
land

15.771

TSCHECHIEN

600

ca. 2.000

322.681

1.026.386

29.100

25.600

51.200

SLO-
WAKEI

FRANKREICH

Baden-
Württemberg

Bayern

Ober-
öster-
reich

Nieder-
öster-
reich

Wien

1.500

ca. 2.000

orarl-
berg

12.800

11.500

Burgen-
land

3.000

4.300

Salzburg

3.000

SCHWEIZ

Tirol

Kärnten

Steier-
mark

UNGARN

ca. 3.000

3 000 400 vertriebene
Sudetendeutsche aus
der ČSR

ITALIEN

Weiterführende Literatur:

»Die Beneš-Denkschriften«, Helmut Gordon, Druffelverlag, 1990

»Die Sudetendeutsche Frage«, Felix Ermacora, Langen-Müller-Verlag,
ISNB 3-7844-2412-0

»Vertreibungsverbrechen an Deutschen«, Heinz Navratil, Verlag für Zeitgeschichte,
ISNB 3-548-33084-3

»München 1938«, Sudetendeutscher Rat, Wolf & Sohn, 1965

»Die Vertreibung der Deutschen Bevölkerung aus der Tschechoslowakei«,
Bundesministerium für Vertriebene, ISBN 3-89350-560-1

»Verfolgung 1945«, Tomáš Stanék, Böhlau-Verlag, Wien,
ISBN 3-205-99065-X

»Die Sudetendeutschen«, Fritz Peter Habel, Langen-Müller-Verlag,
ISBN 3-7844-2379-5

»Sudetendeutsche Geschichte«, Emil Franzel, Adam Kraft-Verlag,
ISBN 3-8083-1131-2

»Völkerrecht und Völkermord«, Gilbert Gornig, Felix-Ermacora-Institut, Wien,
ISBN 3-902272-01-5